国家出版基金项目
NATIONAL PUBLICATION FOUNDATION

陈云手迹故事

孙东升 蒋永清 主编

刘贵军 王达阳 孔昕 王桢 撰稿

重庆出版集团
重庆出版社

图书在版编目(CIP)数据

陈云手迹故事 / 孙东升，蒋永清主编. —重庆：重庆出版社，2016.4
ISBN 978-7-229-11113-7

Ⅰ.①陈… Ⅱ.①孙…②蒋… Ⅲ.①陈云(1905～1995)—生平事迹 Ⅳ.①K827=7

中国版本图书馆CIP数据核字(2016)第071005号

陈云手迹故事
CHENYUN SHOUJI GUSHI
孙东升 蒋永清 主编

责任编辑：林 郁
责任校对：廖应碧
装帧设计：重庆出版集团艺术设计有限公司·蒋忠智 刘 颖

重庆出版集团
重庆出版社 出版
重庆市南岸区南滨路162号1幢 邮政编码：400061 http://www.cqph.com
重庆出版集团艺术设计有限公司制版
重庆普天印务有限公司印刷
重庆出版集团图书发行有限公司发行
E-MAIL：fxchu@cqph.com 邮购电话：023-61520646
全国新华书店经销

开本：787mm×1092mm 1/16 印张：17.75 字数：237千
2016年4月第1版 2016年4月第1次印刷
印数：1～3 000
ISBN 978-7-229-11113-7
定价：76.00元

如有印装质量问题，请向本集团图书发行有限公司调换：023-61520678

前　言
Preface

在老一辈党和国家领导人中，像陈云这样在70多年的革命生涯中，长期担任中央重要领导工作，经历了革命、建设、改革各个历史时期几乎所有重大事件，多次在关键时刻发挥重要作用，是凤毛麟角的。他把毕生心血和精力贡献给了党和人民，他的一生是伟大的、光辉的一生。习近平总书记指出："陈云同志为新中国的建立、为社会主义基本经济制度和政治制度的确立、为改革开放和社会主义现代化建设建立的功勋，党和人民将永远铭记。""陈云同志身上表现出来的坚定理想信念、坚强党性原则、求真务实作风、朴素公仆情怀、勤奋学习精神，永远值得我们学习。"

陈云思想深邃，人格高尚，作风朴实，情趣雅致，是一位冷静、理性的革命家、战略家、实干家。他一生留有大量珍贵手迹，包括题词题字、书信短笺、讲话提纲、批示批注、文电手稿、书法赠言等等，内容精粹，资料珍贵，含蓄蕴藉，意味无穷。这些手泽，或关涉重大事件，或蕴含深刻思想，或饱含丰富感情，或寄寓深厚期望，可以说这些文字活动几乎陪伴了他的一生。在纪念他诞辰110周年之际，将这些珍贵手迹串联成有趣的故事，讲述手迹背后反映他在革命、建设和改革不同时期的不平凡业绩和伟大贡献，我们认为是一件很有意义的事情。

陈云自幼喜欢写毛笔字，练就了扎实的书法功底。他晚年重操笔墨，从80岁开始，每天悬腕习字，一直写到90岁，十年如一日，去世时留下的书法墨宝有两万多张。他的书法清秀隽永，结构严谨庄重，行笔流畅自然。他不仅把练习书法作为一项锻炼身体的方法，更重要的是借以表达思想、抒发情怀。他经常书写一些书法作品赠送给同志、亲友，大部分则是应邀题字题词，均寓意深刻，耐人寻味。

无论在工作中还是在生活中，陈云都始终善于用哲学的思辨方法思考问题、探索问题、解决问题。“不唯上、不唯书、只唯实，交换、比较、反复”，是他一生学习哲学最精辟的总结，是一个充满唯物辩证法的领导原则和工作方法，是对马克思主义哲学和党的思想路线的重要贡献。在许多同志手里，都珍藏着陈云的书法作品，而这十五字条幅，是陈云最爱写的内容之一，也是很多同志珍藏的陈云手泽。

陈云常说：“一个人最愉快的事，就是参加革命，为人民的利益而斗争。”他始终把自己看作一名普通党员，把人民利益放在第一位。他常常书写“个人名利淡如水，党的事业重如山”，并把它赠送给有关同志，反映出他始终具有的“我们是党员，在党的领导下，适合老百姓的要求，做了一点事，如此而已，一点不能骄傲”的崇高品格。

在党内，陈云以敢于坚持真理、党性原则坚定著称。他经常教育子女：对敌人，要横眉冷对、毫不屈服；对人民，要甘心俯首、尽心服务。他多次书写鲁迅的诗句“横眉冷对千夫指，俯首甘为孺子牛”，赠送子女、党内同志，给予勉励、激励。

字如其人。欣赏、品味陈云的书法作品，可以窥见其敦厚朴实的人品，稳重内敛的性格，坚如磐石的精神，柔中寓刚的风格。这既是了解陈云、走进陈云内心世界的一条捷径，也是学习陈云精神风范的一种方法。

《陈云手迹故事》这本书，正是这样以陈云生平业绩为线索，选取他不同历史时期的珍贵手迹，以图文并茂的形式，讲述手迹背后鲜为人知的精彩故事，解读他的思想主张，以小见大，从不同侧面生动反映陈云的品格风范和对中国革命、建设、改革的卓越功勋。

本书由中央文献研究室编审孙东升、蒋永清担任主编，参加撰稿的青年学者有刘贵军、王达阳、孔昕、王桢。在写作过程中，我们借鉴、吸收了学术界的一些研究成果，在此致以谢意。由于水平所限，书稿难免挂一漏万，敬请广大读者批评指正。

目录
Contents

前言

///////

在商务印书馆当学徒 / 3

杰出的工人运动领袖 / 11

领导小蒸、枫泾农民暴动 / 17

金沙江畔渡江壮举 / 24

弥足珍贵的遵义会议手稿 / 29

延安时期七年中组部部长 / 36

抓住南满敌人的“牛尾巴” / 43

关心革命后代成长 / 48

///////

领导打赢财经战线的“淮海战役” / 59

抗美援朝后的财经工作方针 / 65

两担“炸药”中选一个 / 70

奠定千秋大业之基 / 75

粮食定，天下定 / 79

对国家基本建设的思考和期望 / 85

向毛泽东汇报基本建设工作 / 90

调整落实钢铁指标 / 96

国难思良将 / 101

建设强大的人民空军 / 107

彻底的唯物主义者 / 112

在江西“蹲点”的日子里 / 116

应当怎样读书？ / 120

调研秋季广交会 / 126

///////

同邓小平在历史转折的关头 / 135

推动经济体制改革的先声 / 140

目录
Contents

坚持实事求是的革命作风 / 146
大声疾呼提拔培养中青年干部 / 152
特区第一位的问题是总结经验 / 157
发展农业是头等大事 / 163
批示要求严厉打击经济犯罪活动 / 169
纪委干部必须有一股正气 / 176
终生萦怀教育事业 / 183
环境保护是一项大国策 / 192
支持文化出版事业 / 196
继承祖国宝贵的文化遗产 / 200
了解世界大势的窗口 / 206
关心曲艺事业 / 210
寄情评弹艺术 / 217
喜爱杭州的山山水水 / 222
同毛泽东的深厚感情 / 228
和刘少奇相知甚深 / 236

///////

高瞻远瞩的战略家 / 243
心系人民群众 / 246
善于学习的榜样 / 250
用好调查研究这个“利器” / 255
逆境中坚忍不拔 / 259
提倡做不怕吃亏的老实人 / 263
为党和人民鞠躬尽瘁的“老臣” / 268
学习哲学的要言妙道 / 273

3 ★

在商务印书馆当学徒

商务印书馆是我在那里当过学徒、店员，也进行过阶级斗争的地方。

应该说商务印书馆在解放前是中国的一个很重要的文化教育事业单位。

陈　云

八二、二、七日

商务印书馆九十年

陈　云

一九八六、四、十三

发扬革命传统，做好印刷工作

上海商务印刷厂九十周年

陈　云

一九八六、十、十九

这三幅题词中，第一幅是陈云为商务印书馆建馆85周年所写的题词，第二、三幅是为建馆90周年所写的题词。

1919年，中国社会正处在大变动的前夜。这年暑假，从美丽的家乡——青浦县练塘镇颜安小学高小毕业后，家境贫寒的陈云不得不辍学在家。颜安小学的教师张行恭在家访中得知这一情况后，深为品学兼优的陈云惋惜。张行恭后来回忆说，对陈云的升学，我无多余经济补助，在就业方面，或可与他想想

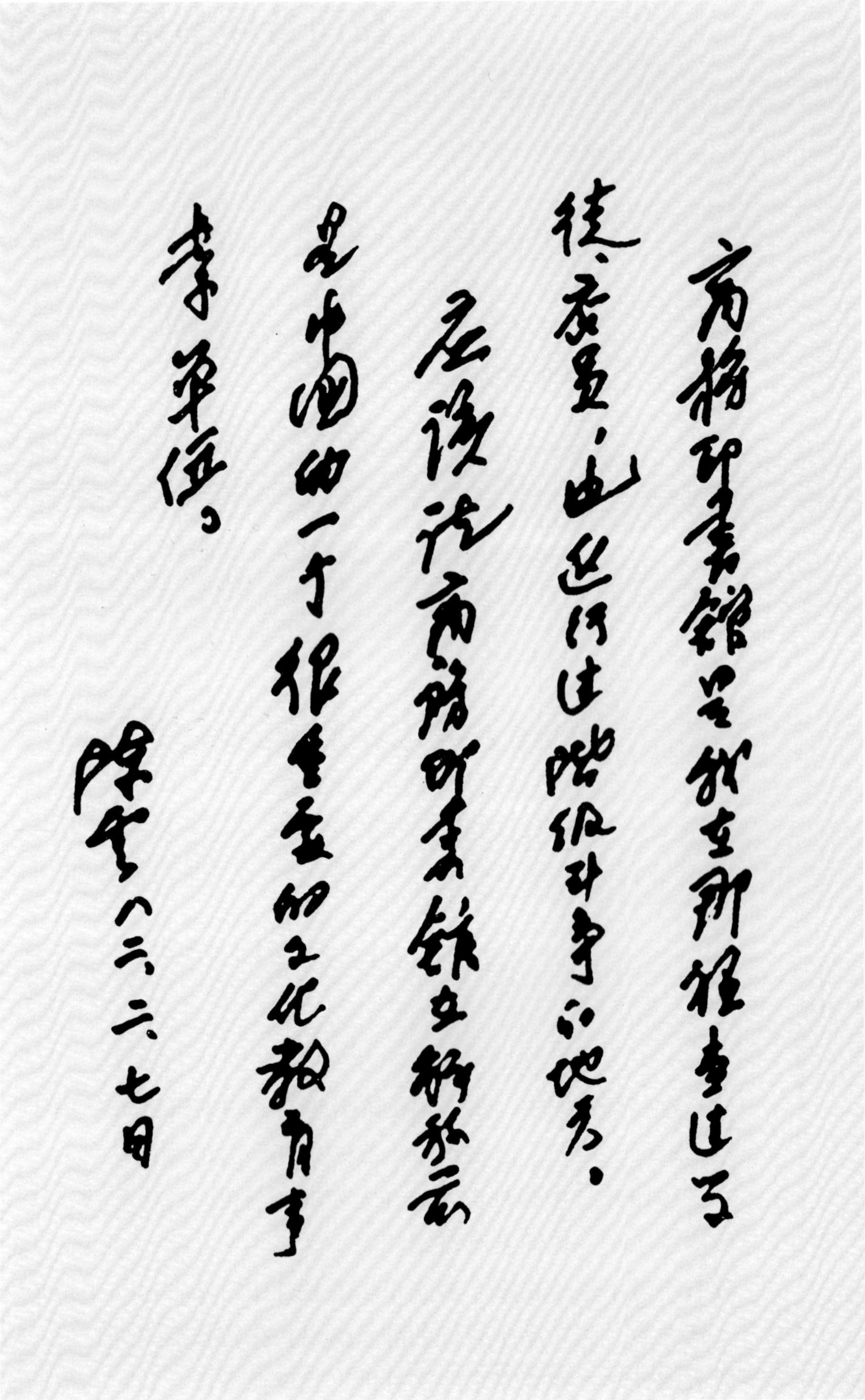
商务印书馆是我在那里当过学
徒、店员，也是进行过阶级斗争的地方。
应该说商务印书馆在解放前
是中国的一个很重要的文化教育事
业单位。
陈云 八二、二、七日

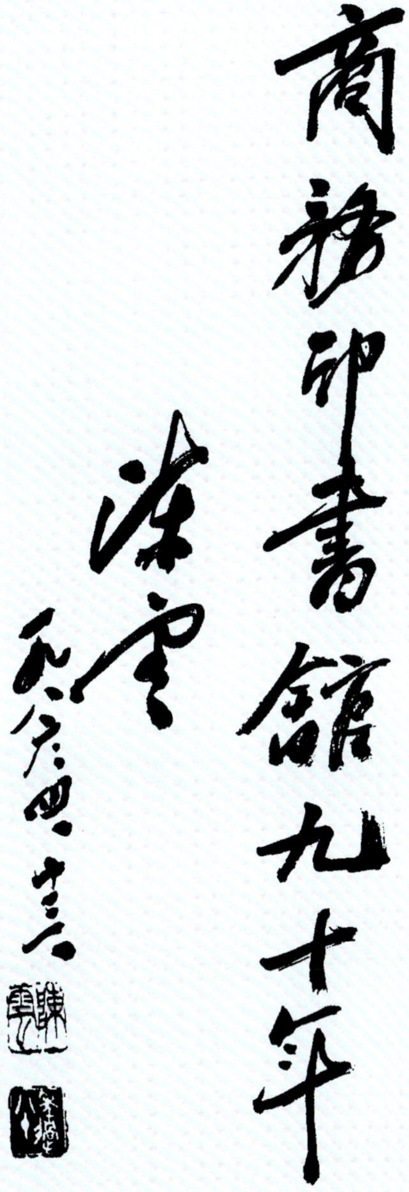
商務印書館九十年

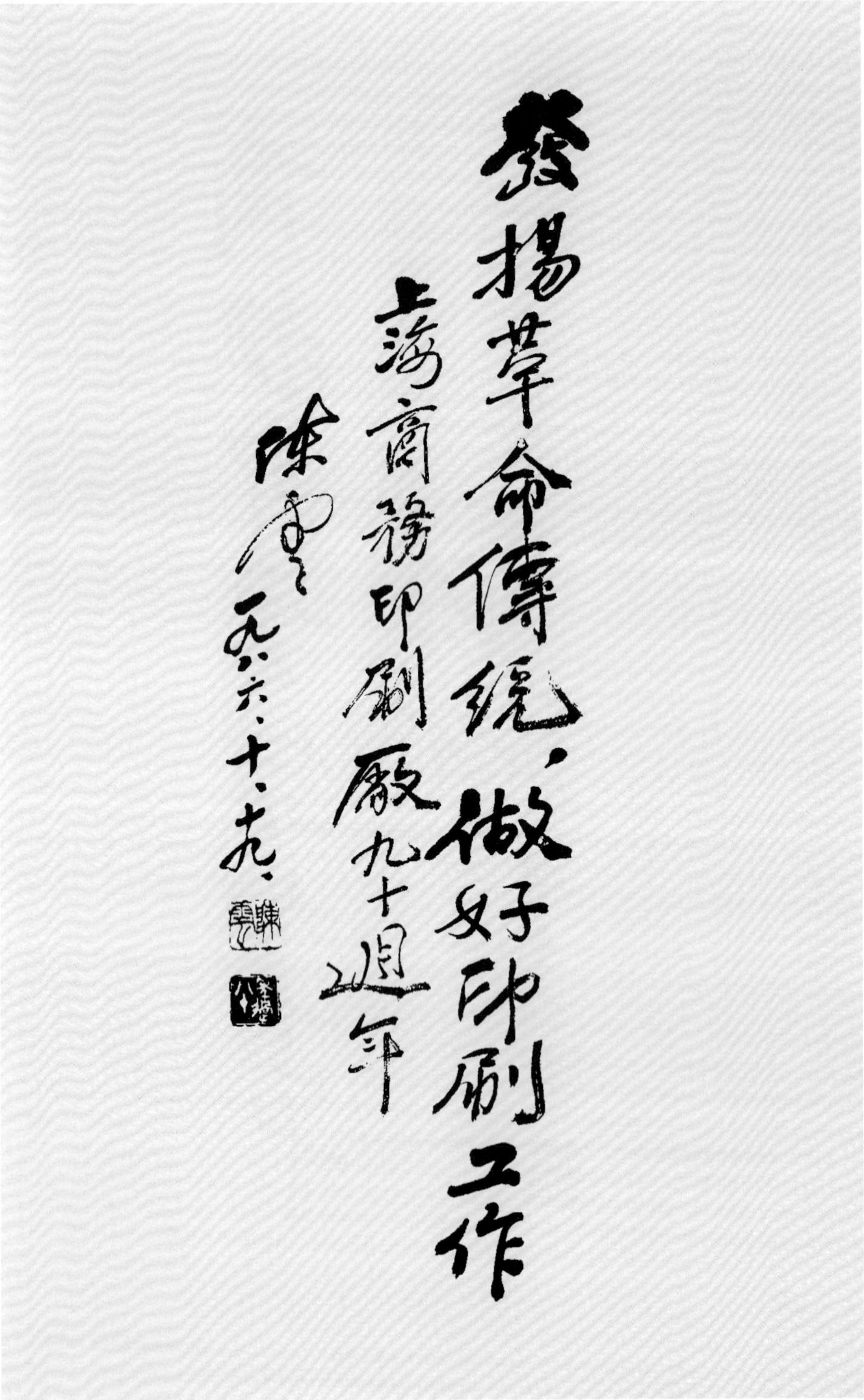
發揚革命傳統，做好印刷工作
上海商務印刷廠九十週年
陈云
一九八六、十、九、

办法。他们听了很兴奋地感谢我的关怀。这访问就告一段落了。当日我回到学校，在课余后，就写一信与二弟张子宏。因子宏在1909年考进商务印书馆后已经十年，早已当上了文仪部主任。请他留意，或许有希望。果然不到一个月，他就来信招廖陈云同学去了。

张老师回忆中提到的“廖陈云”，就是陈云。他自幼过继给舅父廖家，所以他当年的姓名是廖陈云。

上海商务印书馆创立于1897年，是中国首屈一指的图书出版、印刷、发行机构，也是中国共产党在上海职工运动的发源地之一。陈云于1919年12月进上海商务印书馆，到1927年5月离开，长达近八年时间。这一时期，正是他世界观的形成和开始从事革命活动的重要时期。

进入印书馆后，陈云被分配到发行所文仪部做练习生。练习生和学徒不同，学徒三年满师后要到车间当老师傅，练习生满师后就升为职员。据商务印书馆的老员工回忆，陈云进来时年纪较小，只有十四五岁，而且由于自小营养不良，他的个头同柜台差不多高，所以只能踩在小板凳上卖货。每天“八进八出”，从早上8点到晚上8点，对于少年陈云来说，工作非常辛苦。但陈云非常珍惜这来之不易的工作机会，在和顾客的交流中，他深感自己知识上的不足，千方百计挤时间如饥似渴地学习各种文化知识，每天起早摸黑，苦练打算盘、记账等业务。工作之余，陈云继续保持从小养成的刻苦学习的习惯，读书、写字、背英语，成了他早晚的必修课。由于他悟性好，业务熟悉很快，对待顾客诚恳，服务热情、周到，手脚勤快，工作非常出色，深受顾客和师傅们的好评。尽管月薪很少，每月只有三四元钱，陈云仍然省吃俭用，结余下来一些钱寄给舅舅、舅母，有时还资助生活困难的同事。陈云经受住了艰苦劳动的磨炼，也培养了坚强的意志和注重实干的精神。由于陈云聪颖过人，做事谨慎细心，各部门常常争相调用。陈云在商务印书馆工作了近八年，后来还当上了分店文仪部主任。

商务印书馆作为传播新文化的阵地，产生了一批共产党员和革命先进分子。陈云在工作中不断接受进步思想的熏陶，参加了上海通讯图书馆的读书活动，阅读了大量进步书刊。这为他树立崇高的革命理想，确立共产主义世界观，献身于中国革命的伟大事业奠定了坚实的思想基础。

陈云怀着满腔热情，投身于火热的工人运动之中。1925年，五卅惨案发生后，中共中央决定进一步发动上海各阶层群众、学生进行罢工、罢市、罢课斗争，商务印书馆职工响应党的号召，纷纷走上街头，参加游行示威。不久，商务印书馆下属的印刷所、发行所、编译所、总务处相继成立各自的职工组织，由于在领导罢工斗争中显示出卓越的组织才能、非凡的智慧和胆识，陈云被选为商务印书馆发行所职工会第一届执行委员会委员长。8月，陈云参与组织、领导了商务印书馆三所一处的职工为改善生活待遇举行的罢工斗争。因这次罢工部署得当，组织周密，最终馆方不得不接受增加工资等复工条件。1925年，在商务印书馆大罢工取得胜利之时，由中共党员董亦湘、恽雨棠介绍，陈云加入中国共产党，随即编入商务印书馆编译所、总务处、发行所联合支部。

加入中国共产党，是陈云人生的一个转折点。陈云曾在早期的一份自传中这样回忆自己的入党经过："入党动机显然由于罢工运动和阶级斗争之影响。此时看了《马克思主义浅说》、《资本制度浅说》，至于《共产主义ABC》还看不懂。这些书看来它的道理比三民主义更好。罢工斗争和看了两本书就加入了党，但是我自觉入党时经过考虑，而且入党以后，自己觉得此身已非昔比，今后不是做成家立业的一套，而是要干革命，这个人生观的改革，对我以后有极大的帮助。""那时确了解了必须要改造社会，才能解放人类。这个思想对于我影响很大。做店员的人，有家庭负担的人，常常在每个重要关头，个人利益与党的利益有冲突时，要不止一次的在脑筋中思想上发生矛盾。而这种矛盾的克服，必须赖于革命理论与思想，去克服个人利益的思想。比如，当我在参加革命后，资本家威胁我时，我想到吃饭问题会发生危害，但立即又想到：怕什么？手足健全的人到处去得，可以到黄埔军校，可以卖大饼油条，只要立志革命，不怕没饭吃，归根结底，只有推翻现在的社会制度以后，才大家有饭吃。”

随着年龄的增长和文化水平的提高，陈云开始尝试公开发表文章来表达自己的政治观点。据统计，在商务印书馆期间，陈云用不同的笔名发表了多篇文章，现在确定的至少有7篇。其中，在发行所职工会创办的地下刊物《职工》上先后发表6篇文章：《总工会是什么?》（署名“怀”）、《职工在现社会的地位》（署名“民”）、《罢工后职工应有的觉悟》（署名“民”）、《中国民族运动之过去与将来》（署名“怀民”）、《和平之路》（署名“民”）、《自治与民众》（署名“民”）。此外，1925年11月9日《民国日报》附刊《觉悟》上发表一篇《悼苏民先生》（署名“民”）。发表文章不仅提高了陈云的文字功底和理论水平，更是陈云从事革命活动的一种方式，通过文章宣传革命，扩大影响。1926年10月至1927年3月，陈云还参加了上海工人为配合国民革命军北伐而举行的三次武装起义。

1927年，蒋介石悍然发动“四一二”反革命政变，大肆屠杀中共党员，陈云也遭到了国民党反动派的通缉。他不得不离开商务印书馆，转入秘密状态，开始了职业革命家的奋斗生涯。对于陈云的安危，他的恩师张行恭虽然得不到消息却十分关心。张行恭回忆说，直到1944年（民国三十三年）在重庆书铺子里，见到一本杂志的一则新鲜消息，标题是《商务印书馆出了两个财政部长》。另外，加一行小标题，是《一个是总经理，一个是学徒》。一看内容，总经理是王云五，是反动派国民政府财政部长；学徒是陈云，是苏区延安中央政府财政部长。并说明陈云部长原顶舅父家姓，学名廖陈云，现因舅父家已有了表弟，故恢复本姓。

对于自己的革命起点——商务印书馆，陈云终生怀有难以割舍的情感。解放战争时期，在领导接收东北大城市时期，陈云曾分别视察商务印书馆在长春、沈阳的分馆，并委托沈阳分馆转上海总馆问候张行恭、张子宏。新中国成立初期，陈云在拜访商务印书馆创始人之一张元济时还特意提起："我不久前在东北工作，看到沈阳、长春这两个商务分馆各方面都很好。请放心！"后来张行恭给陈云写信，陈云回信表示感谢："我衷心感谢你和子宏先生，因为你们帮助我离开练塘，进入商务，在那里使我有可能走向革命的方向。"

新中国成立以后，陈云受命领导全国财经工作，再次回到作为全国经济中心的上海。尽管工作忙碌，陈云却一直惦记着帮助过、关心过自己的人。1951年12月，陈云邀请张行恭兄弟和一些老同事前往兴国宾馆就餐。席间，谈到从青浦练塘到商务印书馆的这一段经历时，陈云一再对张行恭说："没有先生你，就没有我今天。"

陈云始终关心、关注着商务印书馆的发展。一次，在会见商务印书馆工会主席石敏良时，陈云嘱咐道："商务印书馆的工会工作，不能再像我们过去那样领导工人搞经济斗争了，否则就是自己拆自己的墙脚。解放了，政权掌握在工人阶级手里，工会首要的任务就是领导工人抓生产，搞经济建设。"在商务印书馆建馆85周年和90周年之际，陈云都亲笔题词。这些题词，热情赞扬了商务印书馆对中国教育文化事业和革命事业作出的独特贡献。

11 ★

杰出的工人运动领袖

纪念五卅运动六十周年

陈　云

五卅运动纪念碑

陈　云

这是陈云为纪念五卅运动60周年所写的题词和碑铭。

陈云是中共早期高级领导人中为数不多的工人出身的领导人，也是卓越的工人运动领导人。周恩来曾说过，党的六大和六大以后，党中央领导层陆续充实了一些工人出身的同志。工人对马列主义容易接受。陈云就是其中之一。

陈云参与大规模的工人运动并走上革命道路，是从五卅运动开始的。1925年5月，上海、青岛的日本纱厂先后发生工人罢工的斗争，遭到日本帝国主义和北洋军阀的镇压。上海内外棉第七厂日本资本家枪杀了工人、共产党员顾正红。日本帝国主义的暴行激起了上海工人、学生和市民的愤慨。5月30日，两千余名学生走上公共租界各马路游行示威，却遭到租界内警察的逮捕。反动警察的恶劣行径引起了学生和市民的更大愤慨，他们聚集在巡捕房门口，要求释放被捕学生。反动警察向群众开枪，打死打伤许多爱国群众，制造了震惊中外的五卅惨案。五卅惨案激起了全国人民的公愤。6月1日，由中国共产党领导的上海总工会宣告成立，并宣布为反对帝国主义屠杀中国人民，举行总同盟罢工。上海学生联合会和总商会也宣布总

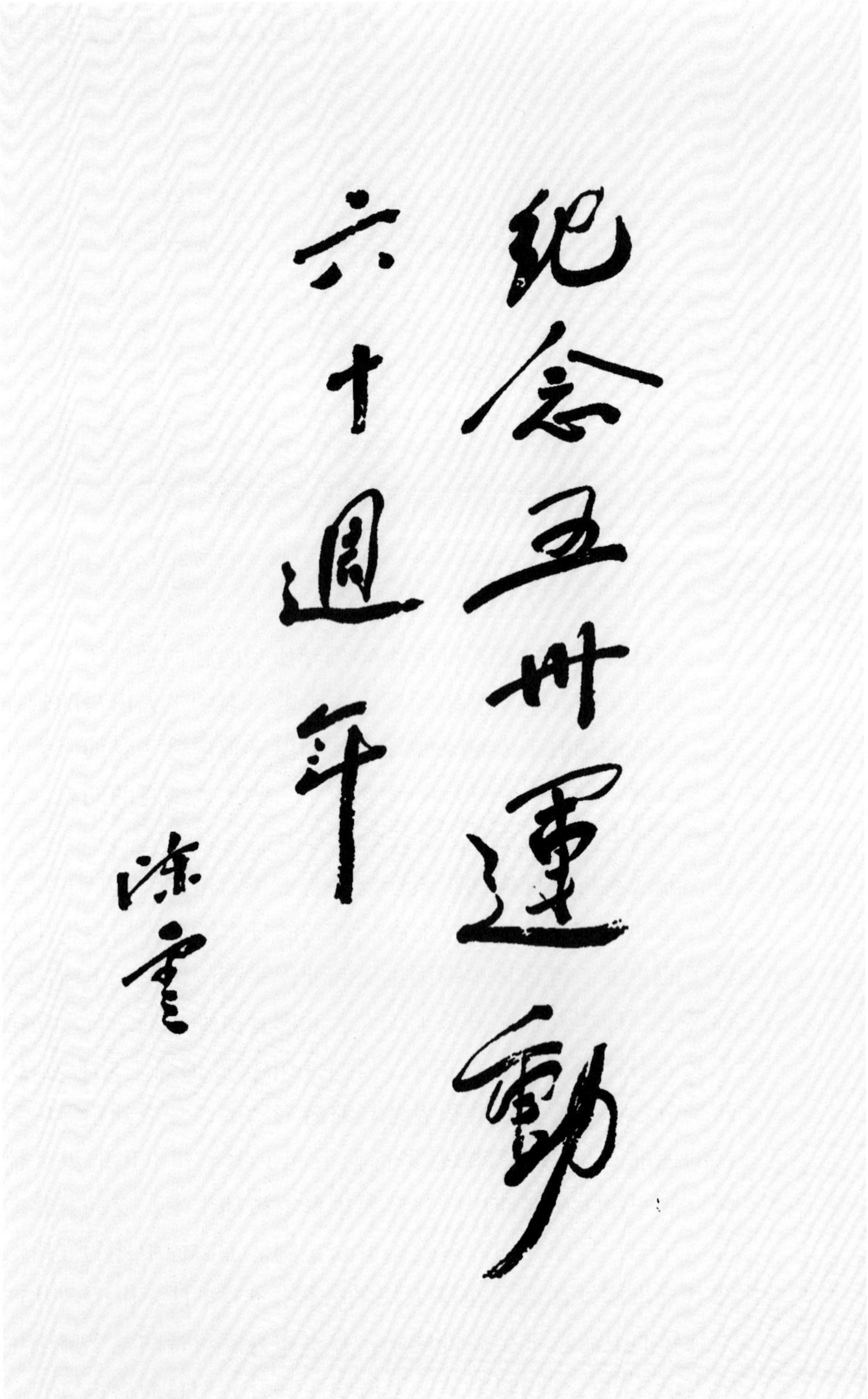
紀念五卅運動
六十週年
陳雲

五卅運動紀念碑

陈云

罢课和总罢市，形成了全国规模的反帝爱国运动。陈云此时作为商务印书馆的杰出工运分子，也积极参与了这次运动。

6月3日，商务印书馆编译所编辑郑振铎、沈雁冰、胡愈之、叶圣陶等人联合12个学术团体，创办《公理日报》。《公理日报》是五卅运动中重要的舆论工具，对事件真相作了如实报道，声讨了帝国主义的血腥罪行，在广大群众中产生了很大的影响。陈云积极参加商务印书馆举行的罢市、游行、募捐、义卖《公理日报》等活动。在运动中，陈云表现出了卓越的领导才能和组织才能。

五卅运动后，反动军阀大肆镇压工人运动，取缔工会组织，中共中央决定将上海的总罢工转向局部的经济斗争，并把商务印书馆作为党发动罢工的重点之一。与此同时，商务印书馆中部分中低级职员和学徒，受到上海邮务工人为增加工资罢工三天且取得胜利一事的鼓舞，也开始酝酿举行罢工。陈云积极参与了对罢工的酝酿。8月，陈云担任商务印书馆发行所职工会委员长，参加领导全馆职工大罢工。在罢工过程中，陈云总结五卅运动的经验和教训，周密计划，认真准备，在东方图书馆广场召开的商务印书馆四千职工大会上，代表罢工职工向馆方提出经过协商取得一致的复工条件，内容包括：承认工会，增加工资，缩短工时，废除包工制，优待女工，优待学徒，不得因此次罢工开除工人，罢工期间工资照发等。陈云等人和馆方多次谈判，反复交涉，据理力争，并最终取得了胜利。在此次罢工前后，陈云的思想受到了彻底的洗礼，在罢工实践斗争中也进一步深化了对共产主义的认识。1925年八九月间，陈云加入中国共产党。从此，陈云以一名共产党员的标准来要求自己，也逐步成长为党内一名杰出的工人运动领袖。

1926年10月至1927年3月，陈云参加了上海工人为配合国民革命军北伐而举行的三次武装起义，他曾受上海总工会的派遣，与驻扎在龙华的北伐军东路军谈判。1932年3月，陈云担任全国总工会党团书记，开始参与领导全国工人运动。

1933年1月，由于上海的白色恐怖日益严重，中共临时中央决定将党中央机关迁往中央苏区。时任中共临时中央政治局常委兼全国总工会党团书记的陈云同博古一起，在中央特科的安排和护送下，于1月下旬抵达中央革命根据地。这时，中华全国总工会机关也由上海迁往苏区，同全总苏区执行局合并，改称全总苏区中央执行局，陈云任党团书记、副委员长兼福利部部长。陈云到达苏区以后，经过多次深入基层、深入群众的调查研究，对党和工会在领导苏区工人经济斗争中脱离实际、脱离群众的官僚主义、命令主义错误进行了严肃的批评，为苏区经济发展、巩固工农联盟、巩固苏维埃政权作出了重要贡献。

1948年8月，在哈尔滨举行的第六次全国劳动大会上，陈云作了《关于职工运动当前任务的报告》，指出，打倒蒋介石，建立新中国，是工人阶级和全国人民的根本利益所在，也是当前职工运动的总任务。职工运动在国民党统治区的任务是：聚集力量，扩大队伍，准备迎接解放军；联合民族资本家，共同反对帝国主义和官僚资本；保护一切公私营企业及其机器、物资；加强职工内部的团结，等等。在解放区，职工的任务则是：提高自己的觉悟，有组织地自觉地积极参加新民主主义建设工作，特别是发展工业生产，以保证战争胜利，满足人民需要。解放区工会工作的任务是：在发展生产、繁荣经济、公私兼顾、劳资两利的总方针下，团结、教育职工，使其在国营、公营和合作经营的企业中发挥管理能力；在私营企业中起监督作用；在个体劳动中促进技术改良和生产合作。陈云的报告适应了解放战争的形势发展，提出工人运动的不同任务，正确阐明实现工人运动的总任务与维护工人眼前具体经济利益间的关系，为全国工人运动的发展指明了方向。10月10日，在中华全国总工会第六届执行委员会第一次全体会议上，陈云当选为中华全国总工会主席。

新中国成立后，面对国民党遗留下来的烂摊子，各项社会建设任务繁重。如何在人民民主政权下建立不同以往的新型劳动关系，理顺企业内部的各种关系，促进全体员工在新的政治基础上的团结，以调动一切积极因素，迅速地恢复和发展生产，成为工会工作新的任务。陈云呼吁重视技术和技术人员，主张工人加强自身学习，提高工作能力，适应国家经济建设的需要。

晚年陈云依然关注着工人运动事业的发展。1984年5月10日，陈云为《中国职工劳模列传》题写书名，用自己的方式表达对工人们的关心。1985年2月，五卅运动爆发60周年前夕，陈云挥笔写下“纪念五卅运动六十周年”、“五卅运动纪念碑”，表达了自己对工人运动的热爱和对革命烈士的怀念之情。

17 ★

领导小蒸、枫泾农民暴动

吴志喜烈士永垂不朽

陈云敬书

一九八四年八月

陆龙飞烈士永垂不朽

陈云敬书

一九八四年八月

这是陈云为在小蒸、枫泾暴动中牺牲的农民革命军总指挥吴志喜和枫泾农民军指挥陆龙飞所写的题词。

1926年7月，陈云在领导上海商务印书馆大罢工胜利后撰写了《中国民族运动之过去和将来》，总结和分析了中国多次运动失败的原因，提出“在以农立国的中国，占全国人口百分之八十之强的农民，是民族运动中唯一大主力。农民不参加运动，中国革命鲜有希望。中国农民不是柔弱的，是富有革命性的。怎样补救以往的失败和准备应付将来的策略，这是每个中国人的切身问题。尤其是已经觉悟的青年，应该担负起这种责任。到民间去，这是今后中国民族运动中的重要口号”。在中共早期高级领导人中，陈云较早地注意到了农民问题，也身体力行地领导了小蒸、枫泾农民暴动，为中国共产党早期革命道路的尝试与探索积累了宝贵的经验。

1927年，蒋介石发动“四一二”反革命政变后，陈云所在的发行所职工会遭到国民党当局强行改组，职工会的权力被夺

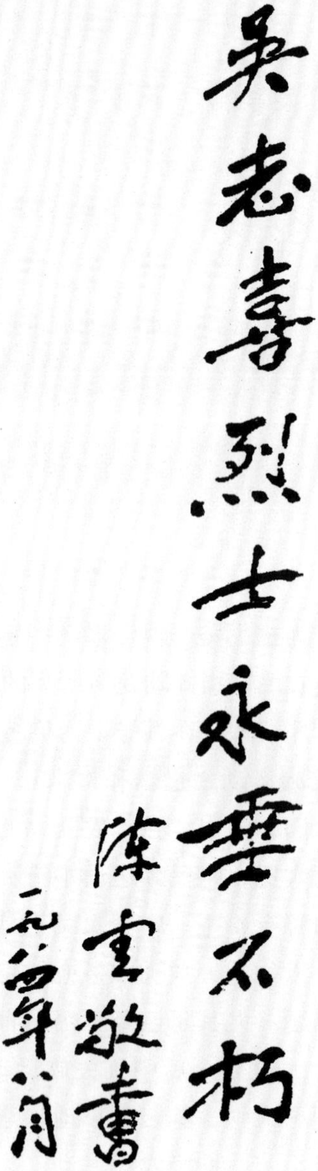
吴志喜烈士永垂不朽
陈云敬书
一九八四年八月

陸龍飛烈士永垂不朽

陳雲敬書

一九八四年八月

去，陈云等被排除出职工会。反革命军队血腥屠杀游行群众，查封了上海总工会，上海被一片白色恐怖笼罩。陈云回忆说："四一二后我在发行所还能立脚，吴开先来改组我们工会，我们拒绝了三次，第四次硬要改选，我和其他共产党员（大多是1925年8月罢工之后加入了共产党）仍占最多数票，被吴开先硬圈去。""工会被黄色领袖（即右派国民党）夺去。"这时，上海的革命形势已异常严峻，但陈云仍执着地坚持革命斗争。他写了一首打油诗，勉励一起工作的战友们："铁窗风味，家常便饭。杀头枪毙，告老还乡。"在国民党反动派的残酷镇压下，革命暂时进入低潮，陈云不得不离开商务印书馆，转入秘密状态。其间，陈云还曾托青浦同乡、中共党员俞仿莲将一箱重要文件和马列主义书籍由上海运回青浦隐藏。

党的八七会议，坚决纠正了以陈独秀为代表的右倾机会主义，确立了实行土地革命和武装起义的方针，把发动农民举行秋收起义作为当前党的主要任务。会后，中共江苏省委发出的《农民运动计划》中指出，目前主要工作是抗租抗税抗捐，"利用今年冬防土匪盗起时，造成各地暴动"，动员在上海的共产党员到外县去发动农民，组织秋收暴动。为加强领导，全省被划为13个区，其中松江区包括松江、金山、青浦3县。陈云回忆说："我即报名，经过区委康生允许，即与省委王若飞同志商量，派我回青浦章练塘去作农民运动。"1927年9月底，陈云同中共青浦独立支部取得联系，参加了中共青浦独立支部会议，研究和决定了返回青浦的计划。为了躲避国民党反动派的追捕，陈云先是由上海绕道嘉善西塘。据当时掩护过陈云的高庭梁回忆说："约在民国十六年（1927年）深秋，陈云穿了一件灰色熟罗绸长衫来寻我，我留他在店里楼上和我一起住宿。他告诉我，在上海，有一天商务印书馆里出现了三四个身穿对胸纽短衫、头戴'大英'帽、不三不四的人，他感到有危险，就暂避到西塘。他不愿抛头露面，我陪他到镇郊东岳庙、七老爷庙等处白相相（上海方言，即游玩——编者注）。住两三天，他说要到练塘去，我给他雇了一只脚划船送去。我们在一起只讲些别后情况，我当时也不知道他参加了共产党。”这样，陈云秘密回到了青浦小蒸，同中共地下党员陆铨生、吴志喜等取得联系，随后又同在青浦县国民党党部任秘书、坚持地下斗争的夏采曦等取得联系，组织开展起轰轰烈烈的农民运动。

在家乡青浦，陈云深入乡村，在重固、练塘、金泽等地亲自召开党员会议，传达党的“八七”会议精神，分析青浦农民运动情况和利弊，确定青浦地区抗租斗争的内容，提出农民减租具体措施，号召广大农民团结起来进行抗租斗争。在陈云的号召下，练塘地区20多个村庄建立了农会。为加强党对农民运动的领导，陈云亲自发展农会骨干曹象波、曹兴达、徐秋松、胡秀清等12人参加中国共产党，组建青浦西乡第一个农村党支部，使练塘、小蒸地区的革命斗争有了一个坚强的领导核心。根据中共江苏省委决定，陈云主持成立了中共青浦县委，担任县委书记，并召开中共青浦县委第一次党员代表会议，传达中共六大精神，作国内外形势报告，提出县委的方针是力求隐蔽，积蓄力量，有条件地发展新党员，重点是整顿组织，设立县委交通站。陈云后来回忆说：“1927年9、10月后回乡作农运时，开始无名义。1、2月后成立县委，我为书记。夏采曦上海受训之后回乡，他为书记，因为他在县城内任县党部（国民党）之秘书，便于领导东西两乡。”在青浦党组织的领导下，工会、农会、妇女协会、共青团、儿童团等群众组织相继建立，青浦到处留下陈云撒播的革命火种。

小蒸“十月朝”祭神仪式结束后，陈云同吴志喜、陆铨生在庙后荒坟地上对3000多名赶庙会的农民发表演说：“为了翻身，我们必须革命，革命是艰苦的。我们穷人只有跟党走，大家心连心，捏成一个拳，才能砸烂千年铁锁链，翻身得解放。”陈云历数地主剥削农民的罪行，说明只有打倒土豪劣绅，实行耕者有其田，农民才能有饭吃、有衣穿，号召广大农民团结起来进行抗租斗争。这次演讲为小蒸、枫泾地区的农民暴动作了思想上的发动。随后，中共江苏省委相继发出《江苏省农民运动的计划》和《江苏省委农民运动之第三次计划》，肯定了上半年以来的斗争，要求在最近几个月内加紧工作，充分发动农民，组织农民革命军，开展暴动和抗租抗税斗争，创造总暴动局面，并明确提出“一切政权归农民委员会”的口号。根据中共江苏省委指示，青浦县委决定建立农民革命军总指挥部，吴志喜任总指挥，陈云任政治委员。接着，观音堂地区建立了农民武装纠察队，小蒸、枫泾地区建立了农民革命军。

在中共江苏省委制定的《江苏各县暴动计划》的指导下，小蒸、枫泾地区武装暴动紧锣密鼓地筹备进行。然而，一向疼爱陈云的舅父担心陈云的个人安危，再三进行劝阻。陈云后来回忆说：“在1927年秋收暴动时，我的舅父已经知道乡下快要暴动了，那时他在我面前哭着说：我们是穷人家，将来靠你吃饭，你如果暴动了，不能立足，家庭将来不知如何过活，你还是去找找朋友找些职业吧！当时矛盾的思想又起来了，‘不推翻现在社会制度，个人及家庭问题没有出路，只有到了革命成功时每个人可以劳动而得食时，人人家庭都可解放，我的家庭也就解放了’。”正是凭借着这种对革命的忠贞和对解放全体劳苦大众的热忱，陈云始终站在革命斗争的前列，坚定不移。

1928年1月3日，因暴动消息泄露，暴动迫在眉睫。陈云得悉水警枪船已向小蒸镇西开来的消息后，同吴志喜、夏采曦决定立即行动，一面派人到小蒸附近的曹家浜、姚渡等村发动群众，造成拦阻枪船的声势；一面由陈云、吴志喜率领农民军在小蒸西北的殷庄头阻击枪船。枪船遭阻击后，向练塘方向逃窜。农民军没有追赶，为保存有生力量，转移至新浜乡钱家草一带待命。至此，小蒸和枫泾地区武装暴动开始。青浦、嘉定两县派出军警，对青浦农运进行“围剿”，反动地主武装也疯狂反扑。1月12日，陈云向江苏省委报告工作后返回枫泾，与吴志喜等布置打下枫泾、进攻嘉善的计划。陈云后来回忆说：“当时是盲动主义，省委发了一支手枪就杀起土豪来，打死10余人，开始不知要枪，后来收集枪支30余，集合百人作队伍，才向土豪要枪。此时有了钱我又回上海买枪。”鉴于敌人增兵枫泾，陈云决定到上海筹集武器，吴志喜等则继续在小蒸、枫泾收缴团防局及地主的武装，加强农民军的力量。

暴动失利后，吴志喜、陆龙飞等十余人在蒋家浜村突围时被捕，押往松江驻军的监狱。松江、青浦一带贴满了陈云等24人的通缉令，白色恐怖中陈云坚持领导农民运动，同时不顾个人安危，转移处于险境中的革命同志，营救被捕同志。吴志喜、陆龙飞在狱中获悉组织正在营救的消息后，由吴志喜执笔给陈云等回信。信中说，入狱的有龙飞与我，还有三位农民，我同龙飞都已承认真实身份，大概我们的命是保不住了。牺牲我两人是不要紧的，你们的工作是要紧的，你们要赶快离开松江，这里危险不能住。中共中央军委派人前来营救，要求打入国民党反动军队中的共产党员组织起义，但由于力量不够，都没有做到。1月26日，吴志喜、陆龙飞分别被敌人杀害于松江和枫泾，为革命献出了年轻的生命。

陈云念念不忘为革命抛头颅、洒热血的战友们。1949年6月，陈云给老战友陆铨生之子陆恺悌回信。在信中，陈云表明了自己对革命者家庭和个人的观点："从个人方面说，我与你父亲都顾不上子弟的入学和生活，没有尽到父兄的责任。但是这点我们当年都计算了的，如果只顾一个人的家庭子弟，就无法努力于改造整个社会，我们就这样决定了弃家奔走。"陈云还深情回顾了当年和老战友们一起战斗的情景："1927年革命失败之后，我与你父亲和吴志喜同志（当年冬被残杀了）在小蒸进行农民运动时就住在吃在你们家里。"陈云鼓励革命子弟要像父兄一样，大公无私，努力为社会作贡献。松江解放一周年时，陈云写信给时任松江区公署专员顾复生，要求他查询陆龙飞、吴志喜尸骨的安葬情况，说："陆龙飞和吴志喜是同时被敌人枪杀的，当时对松江人民影响很大。"1984年8月，陈云为烈士吴志喜、陆龙飞题词，表达了对他们的怀念和敬意。

金沙江畔渡江壮举

红军渡江纪念碑

陈　云

一九九二、四月九日

这是陈云为金沙江畔红军渡江纪念碑题写的碑铭。

遵义会议后，中央红军在毛泽东的领导下，采取声东击西的战略，大踏步进退，四渡赤水，南渡乌江，吸引滇军东调，然后突然从贵州西进，直逼昆明。这时，滇军主力全部东调，云南后方空虚，我军入滇，吓得龙云胆战心惊，忙将各地民团集中昆明守城，我军却虚晃一枪，即向西北方向金沙江边挺进。

为摆脱国民党军队穷追不舍的“围剿”，实现战略上的转移，红军的主要任务是抓紧敌人后方空虚的机会，以最快的速度抢渡天险金沙江，把一直紧紧围追堵截的国民党军队远远抛在后面。陈云后来撰写的《随军西行见闻录》中说：“赤军入滇目的本在渡过金沙江，故即分兵两路入滇：主力则占沾益、马龙、寻甸、嵩明而直逼昆明；而其另一路则先在滇黔边吸引黔滇军，曾击败犹国才之五团，缴获甚多，乘胜入滇占宣威、东川两府，后直趋巧家县而渡过金沙江。赤军之主力逼近昆明时，昆明及全省震动。但赤军目的并不在占昆明，而是引诱滇军不向金沙江边而急援昆明。”

然而，红军“由于没有地图，对云南的地形道路很陌生，靠一份全省略图，地点路线都很不准确。全军都不知道金沙江渡口的位置在哪里，仅靠询问向导探索前进。用这种侦察方

红军渡江纪念碑

法，至多只能查明两三天的行程，往往要走不少弯路”（《随军西行见闻录》）。关键时刻，中央红军巧获了一批军用地图，解了燃眉之急。陈云在后来给共产国际的汇报中说道：“这里必须叙述一件事，就是云南的龙云将军无意中帮了我们很大的忙。龙云本想派飞机给四川的一位将军送去军用地图和大批药品，可是飞行员病了，于是龙云决定派汽车送去。有一位司机自告奋勇，愿意担此重任。我们攻克一座城镇后，我和司令部的其他几位同志从公路上过，发现迎面驶来一辆汽车。我们当即缴获了这辆汽车，在车上发现了几十份军用地图和大批治伤的好药。这些正是我们急需的东西。我们打开这些地图，发现有九处渡口。我们还了解到，有的渡口只有一条渡船，有的渡口有三条渡船。这使我们对成功渡江信心大增。”

金沙江水流湍急，两岸都是悬崖峭壁，中间只有羊肠小道通向岸边。“金沙江宽约等于黄浦江之一半，立于江边不能闻对岸之呼声。水流自西而东，流速极快，计每秒钟约有四五米特。上游山高，水如瀑布而下，平时水浪已有一二尺，而风雨作时，则水浪骤增至三四尺。金沙江之风势，真是吓人。”（《随军西行见闻录》）国民党为防止红军渡江，已下令把所有船只掳往对岸，并控制对岸渡口。红军能否顺利渡过金沙江，关系着全党和全军的安危。5月3日，陈云随军委纵队抵达金沙江边的皎平渡。“但为迷惑追军而故意西占禄劝、武定，更西进而占元谋，由元谋北上至龙街佯作渡河。这一调虎离山之计，追军确又上一大当。”（《随军西行见闻录》）

为了顺利渡过金沙江，中共中央和中革军委成立了渡河司令部。刘伯承为司令员，率领先遣营抢占渡口，消灭江岸敌人，搜集船只，组织架桥，掩护中央纵队和红五军团顺利渡江。陈云被任命为渡河司令部政委，负责在南岸指挥部队上船。据当时在地方工作部工作过的刘英回忆说：“陈云当地方工作部部长时间很短……毛主席等中央纵队的领导同志认为陈云很有能力，善于指挥，部队也信服他。所以，哪里需要，就派他到哪里，就像政治局的一个代表。”

陈云在《随军西行见闻录》中详细生动地描述了这一过程："赤军渡河时，不能架浮桥，只在交西渡渡口及其附近上下渡口搜集6只船，大者可渡30人，小者可渡11人。而且船已破烂，常有水从船底流入，每次来回，均需专人在船舱中将流入之水以木桶倒入江中，才能复渡，故危险异常。渡河速度因水流太急，故每小时只能来往三四次。"为了保证部队在短时间内尽快渡过金沙江，陈云统一指挥调度。他们精心组织，并规定了严格纪律，使渡江秩序井然，"一切渡河部队均需听命于这个渡河指挥部"，要求"各部队按到达江边之先后，依次渡河，不得争先恐后。并在未到江边时，沿途贴布渡河纪律……每一空船到渡口时，依船之能渡多少人，即令多少人到渡口沙滩上，预先指定先上那一只船。海船有号码，船内规定所载人数及担数，并标明座位次序……即如赤军中军团长、师长渡河时，亦需按次上船，听命于渡河司令部，不稍违背"。同时，陈云根据实际情况，发动船夫，"闻每天日夜工资现洋五元。工人中大部吸鸦片，赤军则命人烧云南鸦片一大锅，随便由工人抽吸不算钱。且日夜进食六次，每次杀猪。而共党指挥渡河之人员，则每餐之菜蔬只吃青豆"。

在以陈云和刘伯承为首的渡河司令部精心组织领导下，到5月9日，红军全部渡过了金沙江。陈云和刘伯承是在大部队过完后最后才走的。陈云后来说："赤军之渡金沙江为自离江西以来，最险要最得意之事。""我在这九个昼夜中几乎没有合过眼。"并自豪地说："我曾亲自渡过金沙江，我亦觉此事为平生一大幸事，使我永远不能忘却者。"

中央红军胜利渡过金沙江，进入四川省，直逼会理城下，把国民党"追剿"部队远远甩在后面，跳出了国民党几十万部队的围追堵截，取得了行动的主动权。红军战士还就渡江编了一出新剧，讽刺蒋介石，说他尾随中央红军历经数省，好不容易追到金沙江畔，却只在空船上捡到一双破草鞋。陈云在给共产国际的汇报中说："我们渡江之后，居于主动地位。我们可以阻止敌人过江。我们的处境逐渐好转。从此西征开始进入第四阶段。”

1992年，为纪念中央红军这一伟大壮举，渡江纪念碑在云南禄劝县金沙江皎平渡渡口落成，陈云特地亲笔题词：“红军渡江纪念碑。”

弥足珍贵的遵义会议手稿

（乙）遵义政治局扩大会议

遵义政治局扩大会议的召集，是基于在湘南及通道的各种争论而由黎平政治局会议所决定召集的。这个会议的目的是在：（一）决定和审查黎平会议所决定的暂时以黔北为中心，建立苏区根据地的问题。（二）检阅在反对五次围剿中与西征中军事指挥上的经验与教训。当着红军占领遵义以后政治局扩大会议即行开幕，参加这个会议的同志除政治局正式及候补委员（会）以外，一、三军团的军团长与政治委员林聂，彭杨及五军团的政治委员李卓然、李总政主任及刘参谋长都参加。会议经过三天，完成了自己的决议。

（一）扩大会一致决定改变黎平会议以黔北为中心来创造苏区根据地的决议，一致决定红军渡过长江在成都之西南或西北建立苏区根据地。这个决定的理由是：由于四川在政治上、军事上（与四方面军的更好的配合，背靠西康一个空无敌人的区域）、经济上都比黔北好。

（如果今天来观察这个决定，我们应该批评这个决议只在一些比较抽象的条件上来决定根据地，没有具体的了解与估计敌情与可能，没有讲求达到这个目的具体步骤。而且个别同志对于四川敌人的兵力是过低的估计的。后来由威信回兵黔北而没有达到渡江入川的目的，亦正在此。）

纪念遵义会议五十周年

陈　云

(乙) 遵义政治局扩大会议

遵义政治局扩大会议的开幕，是基于在黎平所举行的政治局会议所决定的。这个会议的目的是：(一)决定和审查黎平会议所决定的暂时以黔北为中心，建立苏维埃根据地的问题。(二)检阅在反对五次“围剿”中与西征中军事指挥上的经验与教训。参加这个会议的同志除政治局正式及候补委员以外，一、三军团的军团长与政治委员林聂彭杨及五军团的政治委员李卓然，李总政主任及刘参谋长都参加。会议经过三天，完成了自己的决议。

（一）扩大会一致决定改变黎平会议以黔北为中心来创造苏区根据地的决议，一致决定红军渡过长江在成都之西南或西北建立苏区根据地。这个决定的理由是：由于四川在政治上、军事上、经济上都比黔北好。（与四方面军的更好的配合，背靠西康一个空虚区域（的道、识））

（如果今天来观察这个决定，我们应该批评这个决议只在一些比较抽象的条件上来决定根据地，没有具体的了解与估计敌情与可能，没有讲求达到这个目的的具体步骤。而且同志对于四川敌人的兵力是过低的估计的以来

（四）因回兵黔北而没有达到渡江入川的目的，并不在于）

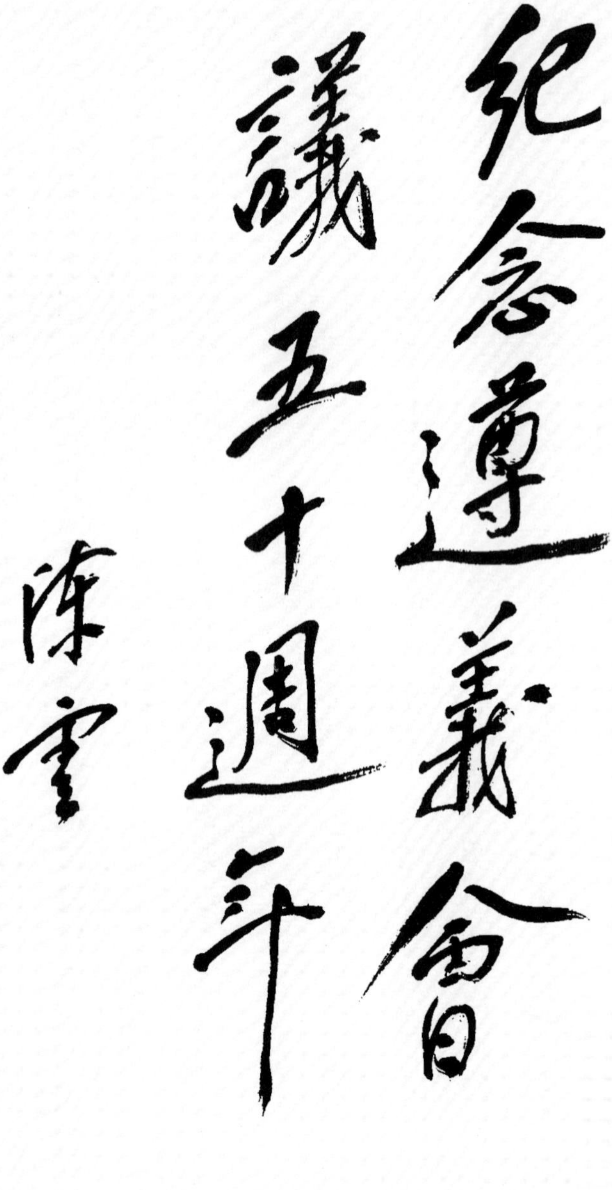
纪念遵义会
议五十周年
陈云

《（乙）遵义政治局扩大会议》是陈云亲笔写的关于遵义会议情况的手稿，是研究中共党史和中国革命史弥足珍贵的文献档案资料。

由于“左”倾教条主义的危害，中央苏区第五次反“围剿”失败。1934年10月中旬，红军开始突围长征，由于实行“大搬家式的行动”，队伍行动迟缓，始终无法冲出国民党的围追堵截。红五军团担任全军战略转移的殿后掩护，任务异常艰巨。中革军委决定派陈云到五军团担任党代表。

湘江之战，是长征途中最为惨烈的一次突围。在这次突围中，中央红军损折过半，面临全军覆没的危险。湘江之战后，中共中央相继召开通道会议和黎平会议，讨论红军的行动方向。1935年1月15日至17日，中共中央在贵州遵义召开了中央政治局扩大会议。时任中央政治局常委、遵义警备司令部政治委员的陈云参加了这次会议。会上，毛泽东作了长篇发言，对导致第五次反“围剿”失败、长征初期严重损失的单纯防御战略的错误作了深刻的分析。他的发言得到了周恩来、朱德、刘少奇、陈云等大多数人的支持。

遵义会议集中纠正了当时具有决定意义的军事上和组织上的错误，确立了毛泽东在红军和党中央的实际领导地位，在极其危急的情况下，挽救了党，挽救了红军，挽救了中国革命，在中国共产党的历史上是一个生死攸关的转折点。

作为参会的四个政治局常委之一，陈云对于扭转中共和红军面临的危局，无疑起到了重要的作用。他坚定地支持改换中央和红军的领导人，拥护毛泽东的正确主张，同意会议作出的“撤换了靠铅笔指挥的战略家，推选了毛泽东担任领导，使红军从此掌握了进攻的主动权”的决议。会后，陈云按照会议精神，写下了这份详细的提纲。

遵义会议后，中央红军在毛泽东的领导下，在军事上摆脱了被动局面。对于中共中央领导层的变动和红军长征的真实情况，苏联和共产国际却无从知晓。此时，恢复与苏联和共产国际的联系成为中共中央迫切需要解决的问题。在这关键时刻，党中央交给陈云一个重要任务——回上海恢复党组织，并通过上海党组织尽快重新建立与共产国际的联系。1935年6月上旬，在红军攻占四川天全、芦山后，陈云肩负着特殊使命，带着刘伯承的两封亲笔信秘密离开长征队伍，踏上了新的征程。然而，陈云到上海后，发现此时革命形势异常严峻，地下党组织屡遭破坏，恢复党的工作已完全没有可能。这时，中共驻共产国际代表团指示中共在上海的一些人员转移到莫斯科，陈云也在其中。

1935年9月上旬，陈云等人抵达莫斯科。当时共产国际七大结束不久，陈云和中共出席这次会议的代表团成员王明、滕代远等一起，受到斯大林等联共中央领导人接见。陈云向共产国际领导人详细地汇报了红军长征和遵义会议的情况。陈云详细、客观的报告，使当时已很长时间没有得到准确消息的共产国际有机会正确了解中国共产党和中国革命的真实情况，对以毛泽东为首的中国共产党领导人有了全新的认识。

张闻天夫人刘英曾回忆说，遵义会议后，要改组后勤队，那时后勤队叫红七纵队，它是负责部队搬运工作的。毛主席指示，部队要缩编，机关要精简轻装，要舍得丢掉坛坛罐罐，并让陈云负责这件事。当时，整个后勤队带的东西很多，陈云就大刀阔斧地砍，除了档案资料、报话台、银元等必须随身携带外，其他能舍弃的都要下决心处理掉，该扔的扔，该埋的埋。陈云办这件事确实很果断，很有气魄。经过整顿，我们后勤纵队中，比较年轻力壮的同志都充实到战斗部队。这些事都是陈云办的，中央认为陈云能办事、会办事。

遵义会议召开几十年后，专家在研究过程中却遇到了难题。由于遵义会议召开时环境险恶、条件困难，会议未能留下完整的资料，以致会议的一些重要细节在党史研究和宣传中说法不一，比如会议召开的时间、出席的人员与人数、作出什么决定，等等。有关遵义会议的文献留传后世的只有《中央政治局扩大会议总结粉碎五次“围剿”战争中经验教训决议大纲》和《关于反对敌人五次“围剿”的总结决议》，主要是纠正博古和李德在反国民党军队的第五次“围剿”作战中实行单纯防御、在长征中实行退却逃跑的战略错误等方面问题，并没有涉及改组党中央的领导问题。如何复原遵义会议就产生了一定困难，特别是遵义会议的酝酿过程、主要议题、中央在遵义会议期间人事重大变动等情况，均缺乏坚实的史实作依据。

1956年，苏共中央决定将共产国际中共代表团档案移交给中方，中央办公厅即派中央档案馆工作人员赴莫斯科，把1922年至1943年间有关中共中央的档案，带回北京。这批文献数量巨大，足有几百箱，后来一直存放在中央档案馆。《（乙）遵义政治局扩大会议》就是这批档案中的一件。由于这份文件没有署名，没有注明日期，也没有找到上下相关的部分，再加上其他一些原因，这份文件在1980年以前，除了向为数很少的党史研究部门提供过复印件外，一直静静地躺在档案馆里，几乎没有人知道它的存在，更没有人知道它的意义。

1982年4月23日，中央档案馆工作人员将手稿的复制件分送给参加过遵义会议的聂荣臻、杨尚昆和邓小平等同志，请他们辨别鉴定。后来复制件送到陈云手中。在杭州休养的陈云看后，确定这份文件就是自己当年所写的传达提纲。陈云撰写的这份《（乙）遵义政治局扩大会议》手稿，真实地记述了遵义会议前后的有关历史情况，对遵义会议酝酿的过程、会议的主要内容尤其是中央的组织变动情况等重要史实，都有明确的记载，是一份弥足珍贵的党的重要文献。

1983年8月，这份档案在《中共党史资料》第六辑刊出。在遵义会议召开50周年前夕，陈云亲笔题词“纪念遵义会议五十周年”。1985年1月17日，《人民日报》全文发表了这份档案，题为《遵义政治局扩大会议传达提纲》。

延安时期七年中组部部长

怎样做一个革命者
为革命奋斗到底
三股看法
了解革命的道路
长期苦干
牺牲精神
铁窗杀头
不为利升官发财（苏联）
革命利益高于一切
一致与矛盾
在具体问题上，不在责人。
宋廉，
学生已经两次，还有
家庭
（二）学习精神
高谩是进步的敌人。
新老干部问题
自我批评
批人则易，批己则难
被批评者之态度
（三）守纪律
革命行动与组织须有纪律
（A）上级每个号召必完成之，
如共党中央之生产、学习等。
（B）说易做难——说话易真守纪律难。
只举二项：个人服从组织："力公"还价值。
少数服从多数：通过别人意见时——如少奇

怎样做一个革命者

为革命奋斗到底

三眼看齐

了解革命的道路

长期苦干

牺牲精神

铁窗杀头

不为私利 升官发财（为私）

革命利益高于一切

一听从分配

在日常作风上，不亦善人。

宗庸，

学生应经两次、正确

家庭

(二) 学习精神

高傲是自己的敌人。

对老干部同志

自我批评

批人对事，批己对人

被批评者之态度

(三) 守纪律

革命行动与组织应有纪律

(四) 应每个学习要、定计划等。以党纪中央之规定

(五) 言行一致——说话为真，守纪律并认。

以革二次，个人服从组织，力写之价值。

少数服从多数，要过去别人之意见

这是1938年4月14日陈云在延安抗日军政大学《怎样做一个革命者》的讲话提纲。

1937年11月至1944年3月，陈云到达延安后，担任了长达七年的中共中央组织部部长。在这段时间里，他把马列主义建党学说与中国实际结合起来，在党的建设方面提出了许多独创的见解和观点，作出了不少科学的决策，在为党的政治路线服务方面起了关键性作用，使党的建设取得了长足的进展。

1937年11月29日，32岁的陈云搭乘王明、康生等从苏联回国的飞机到达延安。1937年12月9日至14日，中共中央召开政治局会议（史称“十二月会议”），讨论抗战形势和党的任务。会议根据形势发展的变化，对各地的工作重新作出部署，对中央领导机构成员也进行了调整。由于博古同王明、周恩来、董必武等被派往武汉长江局工作，会议决定由陈云接替博古担任中央组织部部长，李富春任副部长。从这时开始，陈云的主要精力放在党的组织工作上，达七年之久。

陈云接手中央组织部工作时，全国范围内只有4万多名中国共产党党员，且大部分集中在革命根据地，同当时开展全民族抗战的形势需要很不适应。陈云上任不久，就提出要面向全国理顺组织机构。在他的努力下，我们党建立了一套适合当时实际情况的体系，由中央局、分局、省市委构成，根据地推到什么地方，组织建设、组织机构就跟到什么地方。

1938年3月，根据毛泽东在3月政治局会议上的建议，陈云主持起草中共中央《关于大量发展党员的决议》。《决议》指出：“为了担负起扩大与巩固抗日民族统一战线以彻底战胜日本帝国主义的神圣的任务，强大的党的组织是必要的。但应该指出，目前党的组织力量，还远落在党的政治影响之后，甚至许多重要的地区，尚无党的组织，或非常狭小。因此大量的十百倍的发展党员，成为党目前迫切与严重的任务。”《决议》还指出，党内在发展党员问题上要打破两种错误倾向：一种是关门主义倾向；另一种是在统一战线中忽视党的发展，以为党的扩大无足轻重，甚至于取消党的发展的严重倾向。《决议》要求，把发展党员作为每一个党员及各级党部的经常的重要的工作之一。陈云认为，中央组织部在党的组织工作上，不仅要面向延安、陕甘宁边区，而且还要面向全国各个敌后根据地，面向国统区的党组织，面向敌占区的党组织。他要求中央组织部要建立相应的机构，确定人员，来尽量了解各方面党组织的工作情况，以便制定不同的政策，进行有针对性的领导。这个具有战略意义的建议，立即得到中央的批准，成为了中央组织部的指导方针。

陈云还适时地提出建议，协助中央制定了一系列适用于不同地区的方针政策。关于根据地，陈云提出“发展、巩固，再发展、再巩固”的方针，主张既要抓党员的数量，又要抓党员的质量。关于国民党统治区，陈云提出要警惕国民党“反水”，要执行“精干隐蔽，长期埋伏，积蓄力量，以待时机”和“党内小党外大”的方针，既要加强党和群众的联系，又要学会保护自己。陈云主张打破“中上层分子都不好”的旧传统观念，把统一战线工作重点放在中上层人士身上。

关于敌占区，陈云创造性地提出“除了本身精干以外，领导机关要放在外头”的新方针，就是将领导机关放在离根据地近一点的地方，在外面指挥，以避免领导机关一被破坏就导致白区工作的瘫痪。陈云说：“过去在白区工作时，领导机关一被破坏，就全完了，连人都找不到。这怎样能行呢？一定要改变!”把“领导机关放在外头”的主张，适合敌占区的情况，既便于保存我们的力量，又能及时做好敌占区党的工作。后来，打败日本侵略者以后，蒋介石公开地进行反共，这一方针得到继续执行。

上述切合实际又有极强操作性的方针政策，极大地调动了各级党组织的积极性，扩大了统一战线，有效地促进了党组织的迅猛发展。到1938年底，党的组织有了很大发展，全国的中共党员人数就从4万多增加到50多万。

由于中国共产党坚持团结、进步的方针，坚持全面抗战的路线，一大批知识分子和进步青年来到革命圣地延安。党员数量有了大规模发展，党的队伍的成分和思想状况也变得复杂起来，陈云的注意力还放在党员素质的提高上面。1938年4月，陈云在延安抗日军政大学作了题为《怎样做一个革命者》的报告。报告指出，做一个革命者，就要准备为革命奋斗到底。什么叫到底？就是到人死的时候，上海话叫“翘辫子”的时候。因此，做革命者，第一要了解革命道理；第二要作好长期苦干的准备；第三要有牺牲精神，不怕铁窗、杀头，也不为名利和升官发财。在个人利益与革命利益相矛盾时，要服从革命利益。要安于职守，克服只喜欢做上层工作而不喜欢做下层工作的倾向。同志们的知识还只是在书本上、课堂上学来的，真正的学习还只是一个开始。为革命奋斗到底的理想信念，是陈云一直强调和推重的。1938年6月，在纪念瞿秋白英勇就义三周年的时候，陈云作了一个讲话，特意提出：“为共产主义奋斗到底——到死了为止。这九个字似乎很容易念的一句口号。但脑筋里想一下，这九个字就很沉重，尤其是‘底’字。”“临时干一下还是干到底？——干一世。一世是长时间——不是半途而废，确定以后专为共（产）主（义）革命而生活。不可免地要遇到困难的时候。”这两段话，既是对已逝的瞿秋白等革命先烈的肯定，也是对当时众多的新参加到革命队伍中来的年轻同志的要求。

对党员干部，陈云始终是严格要求。他亲自处理刘力功违纪一事，就是一例。刘力功是个知识分子，1938年加入中国共产党，在抗大毕业后又进入延安党校训练班学习。毕业时党组织决定让他到基层去锻炼，这是抗大和党校毕业分配的原则。但刘力功却坚持要进马列学院学习或回原籍工作，否则就退党。陈云和党组织先后七次找他谈话，帮助他认识基层工作的需要和组织分配的原则，但他仍执迷不悟。刘力功蔑视组织的再三教育，不仅不去华北基层，反而提出“一定要到八路军总司令部工作，否则，拒绝执行党的决议”。最终，根据党规党章，刘力功被开除党籍。陈云以刘力功事件为引子，在延安各机关、学校开展了一场“为什么开除刘力功党籍”的大讨论，并亲自撰文在中国共产党中央委员会机关刊物《解放》杂志上发表。他说："究竟一个共产党员在党分配工作时有些什么权利和义务呢？只有说明自己意见的权利，只有在党决定以后无条件地执行决议的义务。除此之外，决不能增加一点权利，也决不能附加一个条件，否则就违犯了党的纪律。"他专门抽出时间，参加机关、学校的大讨论，语重心长地告诉大家："中国革命是长期艰苦的事业，共产党及其党员没有意志行动的统一，没有百折不回的坚持性和铁的纪律，就不能胜利。中国是一个小资产阶级成分占优势的国家，如果中国共产党没有严格的纪律，将无法防止小资产阶级意识侵入党内。如果党不是有铁的纪律的队伍，就不能去团结最大多数的人民群众。因此破坏党纪，实质上就是破坏革命，我们必须与任何破坏纪律的倾向作斗争。"这次讨论在延安的各机关、学校中引起很大震动。干部、学生纷纷从刘力功事件中检查自己的小资产阶级自由主义思想，检查是否以一个共产党员的标准严格要求自己，是否遵守党的纪律，是否言行一致地执行党的决议。

在严格要求党员干部的同时，陈云也十分关心他们的学习进步和生活情况。"用父母爱儿女之心来爱护干部"，这是陈云在延安当中央组织部部长时的口头禅，也是他对待干部的行动准则。他经常告诫大家："爱护人很重要。凡是提拔干部，得全面估计他的德和才；既提拔起来，就得多方面帮助他，不使他垮台。对干部一切不安心的问题，都要很耐心很彻底地去解决。当牵涉到一个干部政治生命问题的时候，要很郑重很谨慎地处理。对于干部，不要'抬轿子'，要实事求是。做到这些，才能算真正的爱护人。"时任中共中央组织部干事的袁宝华回忆说："陈云真是个非常公道的人，非常公道，他看一个人他总是看他的长处。我到中央组织部第一次和我谈话，他就这样讲：你到中央组织部来工作，要树立一个观念，要看干部的长处。因为中央组织部我们是要用干部，你要光看他的短处，没有一个可用之人了，必须发现他的长处，这样我们才使用每个人的长处。"

陈云坚持用为党的政治路线服务的思想统领组织工作的全局，使我们党的力量获得了长足的发展。到党的七大召开时，我们党的党员人数已由1937年的4万多人发展到120万左右，干部人数也由3万多人发展到了40万左右。陈云为建设一个全国范围的，广大群众性的，思想上、政治上、组织上完全巩固的布尔什维克化的中国共产党作出了巨大贡献。

43★

抓住南满敌人的“牛尾巴”

辽沈决战　辽沈决战

陈　云

一九八五、十一、二十

这是陈云1985年11月20日为《辽沈决战》题写的书名。

陈云在党内以经济专家著称，对中国社会主义经济的奠基和建设作出了卓越贡献，被称为“红色掌柜”。然而，陈云也曾有过一段意义非凡的军事生涯，这可能并不广为人知。

土地革命战争时期，陈云一度负责领导中央革命根据地的军需生产。1934年10月，由于第五次反“围剿”失败，中央红军开始了举世闻名的长征。长征开始后，陈云被中革军委任命为红五军团中央代表。红五军团下辖第十三师和第三十四师，每师三个团，共1万余人，担负全军后卫任务。由于“左”倾思想在党内占据领导地位，中央红军在长征初期遭受连连失利，始终没有摆脱国民党围追堵截的包围圈。红五军团担负殿后任务，同国民党追击部队的战斗更加频繁、激烈。陈云后来说：“长征时五军团打后卫，天天有战斗，没好好睡过觉。”“我作为后卫部队的政委，有责任设法保障后卫部队不落后，有时六天六夜不能睡觉。”由于长征前没有进行政治动员，随着困难的加大和距离根据地越来越远，部分江西籍战士出现了开小差的现象。陈云亲自深入连队，到第十三师召集各团政委、总支书记开会，研究如何加强部队政治工作。经过陈云的调查研究和同师团干部的谈话，陈云认为原因主要有：一

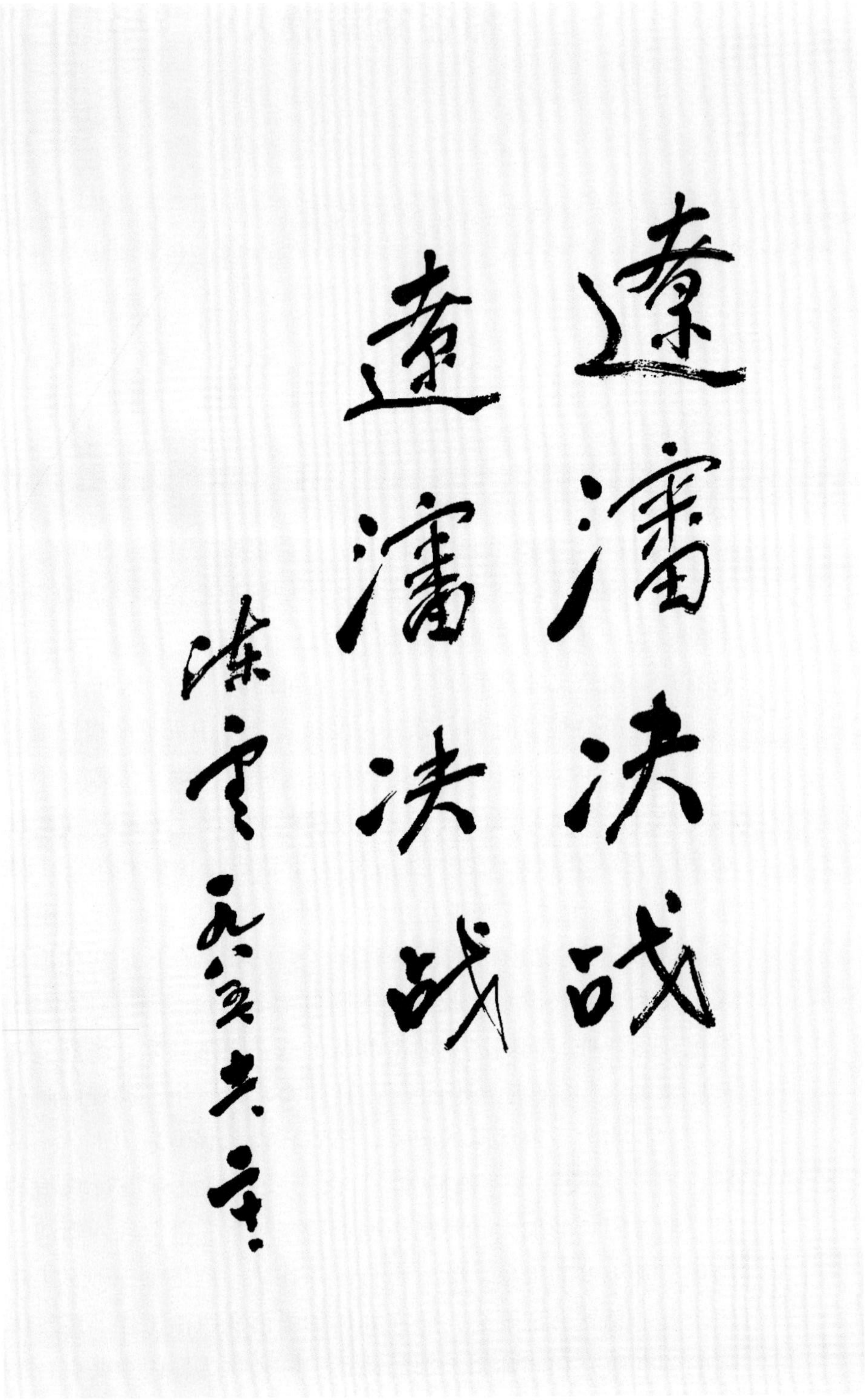
遼瀋決戰
遼瀋決戰
陳雲

是战略转移前政治动员不够；二是特派员工作及政治机关领导能力差；三是连队的支部工作不健全，等等。在接着的十多天内，陈云同十三师指战员们一起行军和战斗，深入做部队的思想政治工作，使开小差的现象大为减少。

1934年12月黎平会议后，中革军委决定，军委第一、第二纵队合并为军委纵队，刘伯承兼任司令员，叶剑英任副司令员，陈云任政治委员。随后，陈云离开红五军团，前往军委纵队就职，离开了一线军事岗位。

1945年8月日本投降后，东北特殊的战略地位和雄厚的资源基础，使其成为国共两党首先角逐、争夺的最为重要的战略地区。如果国民党占领这一地区，将切断中国共产党领导的革命力量与苏联的联系，并将利用东北雄厚的工业基础，对华东、华北、西北解放区造成南北夹击之势。相反，如果中国共产党控制东北，就可以改变自己薄弱的物质基础，形成不受国民党包围的战略基地，摆脱长期被四面包围的局面。

1945年9月，中共中央决定成立东北中央局，以彭真、陈云、程子华、伍修权、林枫为委员，彭真担任书记。东北局全权代表中央指导东北一切党的组织及党员的活动，东北一切党的组织和党员必须接受其领导。随即，陈云受命奔赴东北战场，开始了他三年零八个月不寻常的驰骋东北战场的历程。

东北局建立后，决定成立中共中央东北局北满分局和北满军区，陈云任书记兼北满军区政委。陈云当时对东北形势的认识十分深刻，提出北满地区的任务有三：一是剿匪；二是把发动群众看成是一切工作的根本，给农民分地；三是使北满成为兵源及练兵的基地。目标是将北满建设成为全东北的大后方和最巩固的根据地。

1946年6月15日，党中央决定林彪任东北局书记、民主联军总司令兼政委，彭真、罗荣桓、高岗、陈云为副书记。7月3日至11日，东北局召开扩大会议，作出了《关于形势与任务的决议》（简称《七七决议》）。会前东北局委托陈云起草会议决议。陈云在中共西满分局会议上作报告时强调：“有了群众，一切好办，可以有军队，清除土匪，经费供给也有来源。没有群众，一定失败，死无葬身之地；全东北动员了1.2万干部下乡，到农村中去发动群众，实行土地改革，剿匪、建党、建政、动员参军、推动生产。”由于方针正确、措施有力，我军实力迅速壮大，形势日益向有利于我军的方向发展。

1946年10月，国民党对东北制定了“南攻北守，先南后北”的作战方针，集中力量向中共南满根据地发起进攻，企图先吃掉东北民主联军南满部队，解除后顾之忧，再全力北上进攻东北民主联军在北满的根据地，夺取整个东北。面对国民党军的大举进犯，陈云从全国和东北的大局出发，主动请缨到南满工作，被任命为中共南满分局书记兼辽东军区政委，领导南满斗争。

1946年12月11日，辽东军区司令员萧劲光在七道江前线指挥部，主持召开了师以上干部参加的军事会议。在会上，萧劲光作了《关于坚持南满和今后军事行动方针问题》的报告。目的是确定正确的军事行动方针，粉碎敌人的进攻。但由于思想认识没有统一，报告引起了与会人员的激烈争论，少数人主张坚持南满斗争，多数人对坚持南满没有信心。会议连续讨论了几天，双方相持不下。这时，得到敌情通报，敌人已向我进犯，时间紧迫。因此，萧劲光只好向陈云请示，请他作最后的决定。14日，陈云主持辽东军区师以上干部会议。在充分听取了与会人员的意见后，陈云在会上用“牛尾巴”作比喻，形象生动地指出，我们不走了，一个纵队也不走，都留在南满，当孙悟空，大闹天宫，在长白山上打红旗。东北的敌人好比是一头野牛，牛头牛身子是朝着北满去的，在南满留了一条牛尾巴。如果我们松开了牛尾巴，那就不得了，这条牛就要横冲直撞，南满保不住，北满也危险。如果抓住了牛尾巴，那就了不得，敌人就进退两难。因此，坚持南满，抓住牛尾巴，使南北满形成犄角之势，是东北全局的关键。坚持南满可能损失四分之三的部队，但这比撤离南满，北满也可能保不住，部队照样受损失合算。而且，敌人兵力也不够，坚持南满是完全可能的。会议通过了“巩固长白山区，坚持敌后三大块”的战略指导思想，制定了正面战场与敌后战场、内线作战与外线作战、运动战与游击战相结合的作战指导原则，并决定由四纵迅速挺进敌后，三纵担任内线任务，地方和军区要在兵员补充、冬衣装备上全力保证四纵。“七道江会议”统一了辽东部队领导干部的思想，为坚持南满，取得四保临江战斗的胜利，粉碎敌人“南攻北守，先南后北”的战略部署奠定了基础，对当时东北战场乃至全国战场都产生了巨大的影响。

1983年，为纪念辽沈战役的伟大胜利，辽沈战役纪念馆准备编辑出版《辽沈决战》一书。7月7日，陈云为这本书题写书名后，了解到该书只是收入了战役参加者的回忆文章，特意就该书的编辑方针和方法问题同秘书进行了八次谈话。陈云指出：“辽沈战役是解放战争三大战役的第一个战役，它的胜利，加上当时人民解放军在其他各个战场上的胜利，从根本上改变了敌我双方力量的对比，为整个解放战争的顺利发展奠定了基础。因此，编一本回忆这个战役的书是必要的，这对于纪念那些牺牲了的同志，对于教育下一代，都很有意义。”这些谈话充分体现了陈云对于辽沈战役和整个东北解放战争的重视。此后，陈云还针对该书的编辑工作进行了多次谈话。根据陈云的意见，该书进行了改编，并于1988年10月辽沈战役40周年之际由人民出版社出版。

关心革命后代成长

恺悌侄如见:

六月十日信此刻收到。

十八年不见你，看你的来信，文字已写得很清通了，很高兴。从个人方面说我与你父亲都顾不上子弟的入学和生活，没有尽到父兄的责任，但是这点我们当年都计算了的，如果只顾一个人的家庭子弟，就无法努力于改造整个社会，我们就这样决定了弃家奔走。现在解放全国的目标不久就会胜利了，但这还仅仅是改造社会的第一步，全国老百姓的生活水平仍旧低，我们的目的不仅要打倒反动势力，而且是为了改善人民生活，所以困难的长期的工作还在后面，而且这后一段的工作要与全国人民大家一齐干的。

你祖父和祖母是最使我感动不忘的，一九二七年革命失败之后，我与你父亲和吴志喜同志（当年冬被残杀了）在小蒸进行农民运动时就住在吃在你们家里。失败后，使你们全家逃上海，仍旧是你祖父行医来维持这多人的生活，我们仍吃在你们家里。你祖父是很有气节的，他深信革命会胜利的，处在困难之中毫无怨言和后悔，真正难得。

此外，我以父兄的责任，还要叮嘱你一件事，而且你可以把这一段信上所说的抄给霓云要他也注意。就是你和霓云千万不可把革命功臣的子弟自居。切不要在家乡人面前有什么架子或者有越规违法行动，这是决不允许的，你们必须记得共产党人在国家法律面前是与老百姓平等的，而且是守法的模范，革命党人的行动仅仅是为人民服务，决不想有任何酬报，谁要想有酬报，谁就没有当共产党员的资格。我与你父亲既不是功臣，你们更不是功臣子弟。这一点你们要切记切记，要记得真正革命功臣是全国老百姓，只有他们反对反动派拥护解放军，解放军才能顺利的解放全中国。你们必须安分守己，束身自爱，丝毫不得有违法行为。我第一次与你通信，就写了这一篇，似乎不客气，但我深觉我有责任告诫你们。

我大概会到南方来一次的，但行期未定，那时你父亲能否从工作上抽身则我不能预计，那时我可以约他一下，如有可能当同他南来。

你与霓云商量一下，如果章练塘或小蒸尚无电报局不能与北平通电报，则你们在松江找一个转电报的通讯处告我，以便有急事时打电报，信件来往要两星期。（这次你六月十日信六月十七日投到，费时七八天。）

请你代我向你祖母请安，并问候你母亲，祝你好！

陈　云

六月十九日

继承发扬延安革命精神，为无产阶级教育事业做出新贡献。

为北京育才学校题

陈　云

八三、五、七

这是陈云致陆恺悌信和为北京育才学校建校45周年所写的题词。

1949年5月，上海刚刚解放。陈云写信给青浦县练塘镇，

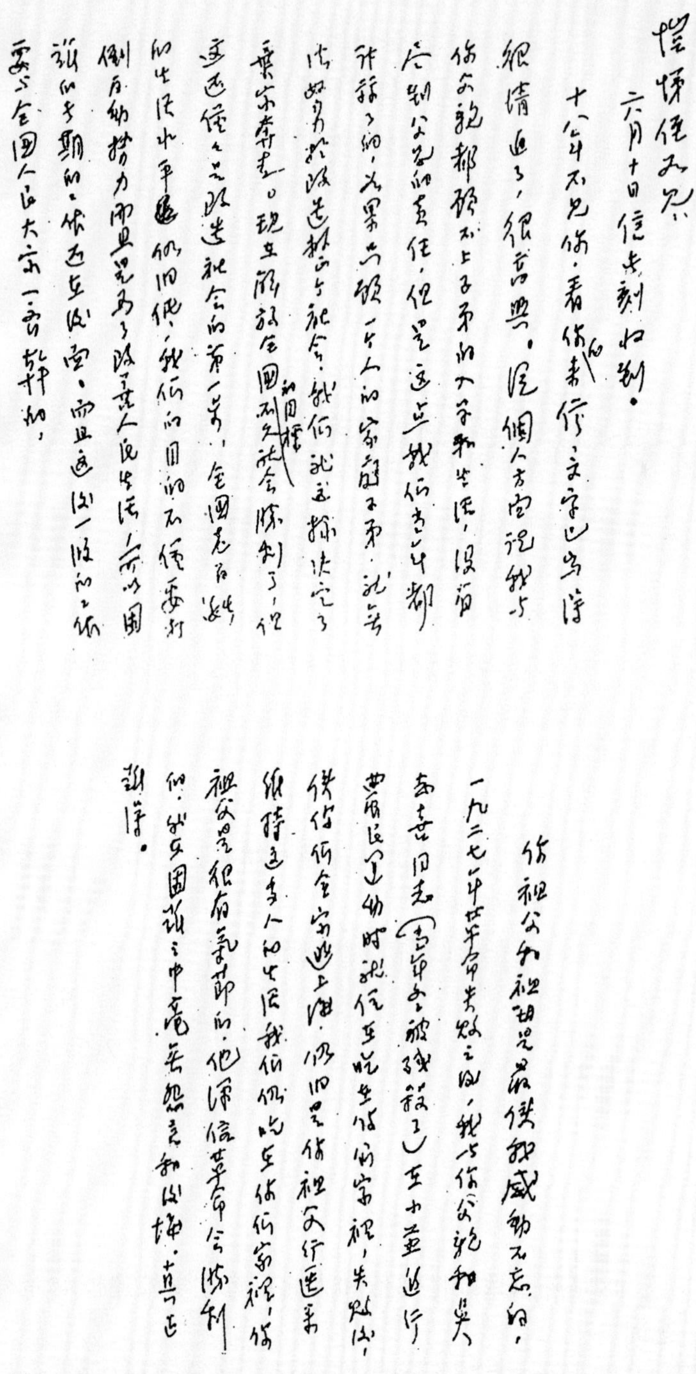

慧娣侄女：

六月十日信此刻收到。

十八年不见你，看你来的信，文字也写得很清通了，很高兴。从个人方面说，我与你父亲都顾不上子弟的大学和生活，没有尽到父亲的责任，但是这点我们当时都计较了的，如果只顾一个人的家庭子弟，就会使好多好多的家庭子弟社会。我们就要推翻这个剥削社会。现在解放全国，旧社会推翻了，但这还仅仅是改造社会的第一步，全国老百姓的生活水平还低，我们的目的不仅要打倒反动势力，而且还要改善人民生活，而使国家富强，依还在奋斗。而且这仅是一时的，你要与全国人民大家一齐艰苦奋斗，

你祖父和祖母是最使我感动不忘的，一九二七年革命失败之后，我与你父亲和吴志喜同志（当年也被杀了）在小蒸进行农民运动时，就住在晚生你们家里，失败后，供你们全家逃上海，仍旧是你祖父行医来维持这多人的生活。我们仍住在你们家里，你祖父是很有气节的，他深信革命会胜利的。他在困难之中毫无怨言和怨悔。真可敬佩。

此外，我以父兄的责任，还要叮嘱你一件事，而且你可以把这一段信上所说的转给觉云，要他也注意。就是你和觉云千万不可把革命功臣的子弟自居。切不要在家乡人面前有什么架子，或者有越轨违法行动，这是决不允许的，你们必须记得共产党人在国家法律面前与老百姓平等的，而且是守法的模范，革命党人的行动便是为人民服务，决不想有任何酬报，设要想有酬报，该就没有当共产党员的资格，我与你父亲均无甚功劳，你们更不是功臣子弟。这一点你们要切记切记。要记得真正革命功臣是全国老百姓，是他们反对反动派，拥护解放军，解放军才能胜利和解放全中国。你们必须安分守己，束身自爱，丝毫不得有违法行为。我第一次与你通信，就说了这一篇，似乎不客气，但我认为我有责任告诫你们。

我大概会到南方来一次的，但行期未定，那时你父亲能否同来，要依上抽身，则我不能预计，那时我可以约他一下，如有可能当同他南来。

你与觉云商量一下，如果章练塘或小蒸（若电报局尚不能同北平通电报），则你们在松江找一个转电报的通讯处告我，以便有急事时打电报，信件来往要两星期。（这次你六月十日信六月十七日接收，费时七八天。）

请你代我向你祖母请安，并问候你母亲，祝你好！

陈云

六月十九日

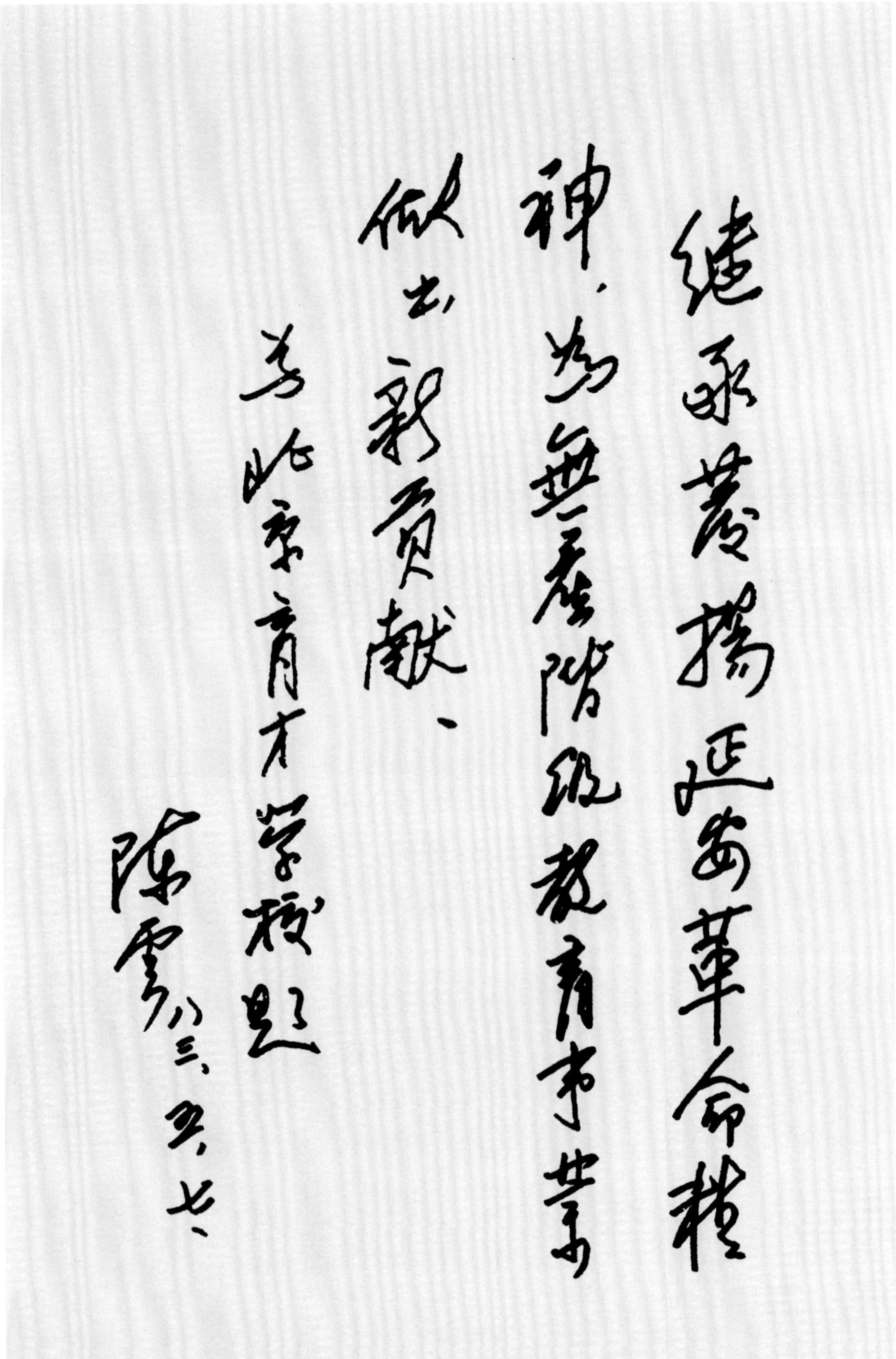
继承发扬延安革命精神、为无产阶级教育事业做出新贡献、
为北京育才学校题
陈云 八三、五、七

打听老战友陆铨生家人的下落。陆铨生之子陆恺悌给陈云写信，叙述分别20年来的艰难困苦生活。陈云接信后，于6月19日很快就写了回信，字里行间洋溢着对陆家三代人的深情厚谊。

陈云早年参加革命，在许多部门担任过领导职务，身边不少战友抛头颅、洒热血，为革命英勇献身。陈云作为革命年代出生入死的幸存者，时刻都在怀念以身殉国的战友，始终关心烈士后代和干部子弟的成长。

早在延安时期，为保护革命后代，陈云安排各地党组织把他们接到延安，送入学校学习。1938年8月10日，陈云、李富春联名给中共中央报告，强调“育我后代”也是党的责任，向中央建议把一些父母不在延安、无法得到照顾的，以及年龄小不能自主学习的孩子送到苏联去学习。每逢星期六，是陈云家最热闹的时候。他常常接许多孩子到家里来，为他们改善生活。陈云不管工作多忙，总要抽出时间给孩子们讲革命先辈的故事，对他们进行革命传统教育。陈云对孩子们说，有什么困难就来找我，这里就是你们的家。有一次，中共早期党员、原中央军委秘书长刘伯坚烈士的儿子刘虎生患了急性败血症，陈云立即派人将他送进医院治疗。住院期间，陈云不仅把组织上照顾他的营养品全部送给虎生，而且还派自己的勤务员去医院护理虎生。经过医生们精心的治疗，虎生一天天好起来。刘虎生感动地说：“我的命是疼我爱我的陈伯伯和医生、护士们给的。我虽失去亲生父母，可我得到胜似父母的关怀和照顾。我是最不幸的，也是最幸福的。”刘虎生的话也代表了众多革命后代的心声。在陈云和其他老一辈革命家的关怀下，虎生在延安读完小学、中学和军政大学，后来又和其他烈士子女一道被选送到苏联深造。离开延安前，陈云把伴随自己多年、连亲生儿女都舍不得给的瑞士怀表送给虎生，勉励他出国努力学习，学成归来报效祖国。后来，来延安的孩子越来越多，陈云嘱咐中组部有关部门，每星期六一定把孩子们接到组织部来，而这一天，也是组织部伙食最好的一天。

新中国成立前夕，陈云在写给陆铨生之子陆恺悌的信中，集中表达了自己对于革命后代的关心与关怀。他深情回顾了自己和战友陆铨生、吴志喜早年参加革命的经历：“你祖父和祖母是最使我感动不忘的，一九二七年革命失败之后，我与你父亲和吴志喜同志（当年冬被残杀了）在小蒸进行农民运动时就住在吃在你们家里。失败后，你们全家逃到上海，仍旧是你祖父行医来维持这多人的生活，我们仍吃在你们家里。你祖父是很有气节的，他深信革命会胜利，处在困难之中毫无怨言和后悔，真正难得。”同时，陈云也对这些革命后代提出了严格的要求：“千万不可把革命功臣的子弟自居。切不要在家乡人面前有什么架子或者有越轨违法行动，这是决不允许的。”

在组织的关怀下，陆恺悌进入北师大附中学习。每逢节假日，陈云就把陆恺悌叫到家里居住，像对待自己的孩子一样关心、教育他。陈云勉励陆恺悌，你年纪还轻，要从头学，打好基础。他要陆恺悌学好科学技术，以后为新中国的建设事业贡献力量。陆恺悌后来回忆说，陈云伯伯要求我生活简朴，养成勤劳的习惯，要我在假日里自己洗衣被，做些家务。1954年，陆恺悌以优异的成绩去苏联继续学习。陈云去苏联访问时，还特意找他询问学习和思想情况。

陈云是一位慈祥可亲的父亲，深爱自己的每一个子女。但是，他对子女从不溺爱，从不以权为子女谋取任何私利。他以严格的标准要求自己的子女，经常教诲他们淡泊名利，甘于奉献。1968年，年仅18岁的小女儿陈伟兰从解放军艺术学院毕业后，被分配到了西藏。陈伟兰回忆说：“有人就给我出主意说，你可以不可以让你父亲跟领导同志讲一讲，你就不去西藏了，留在成都。因为当时很天真了，我就回去问我父亲。我父亲说我不能给你讲这个话，他说别人都能去，你也应该能去。”也许是不忍看着女儿的背影，伟兰出发的那天，陈云让全家人都去送她，却独自一人站在楼道里，没有出来。

历史进入改革开放新时期后，二女儿陈伟华考入了北京师范大学，毕业后分配在国家机关工作。然而，陈云却要求女儿转行去做教师。陈伟华回忆说："当时，教师的社会地位还比较低，师范学校招生困难。父亲了解这些情况后，专门为此向有关部门提出，要提高中小学教师的待遇，切实解决他们的住房等实际困难，'使教师成为最受人尊重最令人羡慕的职业之一'。为了给社会起带头作用，他有意让我'归队'，到学校当一名教员。恰巧我也难舍三尺讲台，留恋师生情意，还想回到教学第一线，这样，我于1985年回到了自己的母校——北师大女附中（后改名北师大实验中学），成为一名历史教师。""当这件事告诉我爸以后，我爸特别高兴，他说我举双手赞成。"

几十年后，那些革命后代都已人过中年，且事业有成。即使如此，陈云仍像当年一样，继续关注他们成长。1983年2月13日，正值新春佳节，陈云邀请部分革命烈士子女瞿独伊、蔡妮、蔡博、罗西北、赵施格、张西蕾、郭志成、秦燕士、刘虎生等到住所举行春节座谈会。在谈话中，陈云说，"每逢佳节倍思亲"，你们的父亲就是我们党的亲人，是我们民族的亲人。新中国是他们和千千万万先烈用生命换来的，今天的每一个胜利都有他们的一份功劳。我们活着的人，没有忘记他们，也不会忘记他们，我们的后人，以及后人的后人，也不会忘记他们。谈话中还勉励烈士子女们要像父辈那样处处从党的利益出发，维护党的利益："你们是革命的后代，是党的儿女。你们应该像自己的父辈那样，处处从党的利益出发，为了维护党的利益，不惜牺牲自己的一切。你们中间有的是科学技术人员，有的是新闻工作者，有的是教师，有的是干部，都在不同的岗位为党和人民工作着。我看到你们的健康成长，非常高兴。现在，我们党和国家的形势都很好，你们要和周围的同志一道，爱护这个好的形势，发展这个好的形势，为把我们国家建设得更加富强，继续贡献自己的力量。"

北京育才学校的前身，是1937年在延安鲁迅师范学校附设的干部子弟小学班，培养了许多革命后代。后几经变迁，曾改为延安干部子弟学校、鲁迅小学、边区中学小学部、边区儿童保育院小学部、"一保小"、华北育才小学。1949年搬入北京，称北京育才小学。1956年改现名。1983年5月7日，陈云为北京育才学校建校45周年题词：“继承发扬延安革命精神，为无产阶级教育事业做出新贡献。”

59★

领导打赢财经战线的“淮海战役”

目前的统一管理，究竟统一管理哪几件事，这在政务院决定上已经具体规定，主要内容是统一财政收支，重点尤在财政收入，即国家的主要收入，如公粮、税收及仓库物资的全部，公营企业的利润折旧金的一部分，统归国库，所有国库收入，不经中央人民政府财政部的支付命令不能动支，这样就保证了国家收入的统一使用。在财政支出方面的统一，则规定：军队供给统一于人民革命军事委员会的人民解放军总司令部的总后勤部，政府机关学校团体则制定编制，规定供应标准，编外编余人员由全国编制委员会统一调配，不经调配批准，不得自招新的人员。机关学校与工厂企业，按照工作和生产情况均须规定工作人员数量和规定每个人员的工作额，一切可省和应该缓办者统统节省或缓办，不要百废俱举，必须集中财力使用于军事上消灭残敌，经济上重点恢复。此外全国国营贸易机关资金物资的运用调拨，集中于中央人民政府贸易部，一切军政机关学校团体和公营企业的现金，除留若干近期使用者外，一律存入国家银行，所有这些是目前财政经济工作上统一管理的主要内容。

毫无疑问，上述内容的统一管理，比之去年第二阶段的基本上分散经营有根本的区别。

这是1950年3月10日，陈云为《人民日报》起草的题为

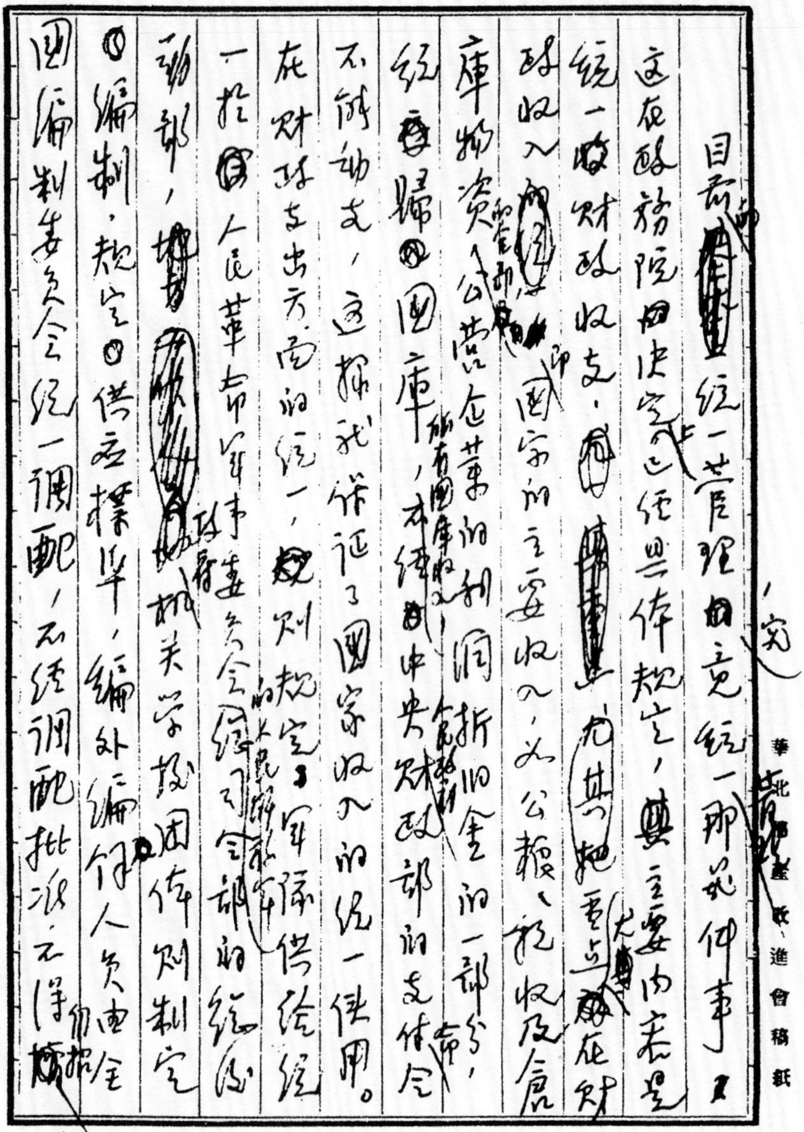
目前财经统一管理究竟统一那几件事？这在政务院的决定上已经明作规定，其主要内容是统一国家财政收支。尤其重点在财政收入，即国家的主要收入，如公粮、税收及仓库物资、公营企业的利润、折旧金的一部分，统一归国库，所有国库收入非经中央财政部的支付命令不能动支。这样就保证了国家收入的统一使用。在财政支出方面的统一，则规定军队供给统一于人民革命军事委员会，经过它的统一编制，机关学校团体则制定编制、规定供应标准，编外编余人员由全国编制委员会统一调配，不经调配批准，不得擅

华北……稿纸
B列5

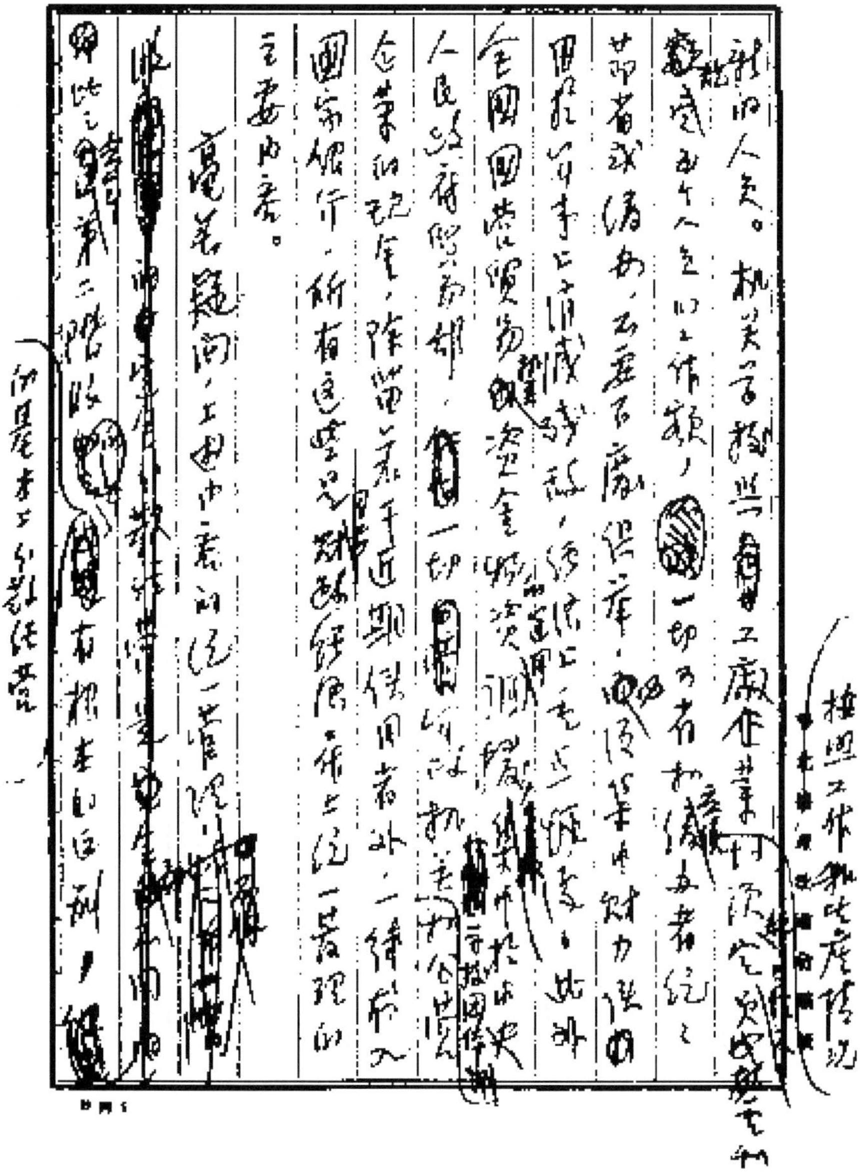

新的人员。机关学校与[illegible]工厂企业[illegible]
[illegible]
[illegible]
[illegible]
全国国营贸易[illegible]资金[illegible]
人民政府各部[illegible]一切[illegible]机关[illegible]
企业的现金，除留若干近期使用者外，一律存入
国家银行，所有[illegible]，由银行统一管理的
主要内容。
毫无疑问，上述内容的统一管理[illegible]
[illegible]
[illegible]

《为什么要统一财政经济工作》的社论手稿。

1978年的一天，陈云和夫人于若木在杭州西子湖畔散步。当两人走到一个小摊前时，一把精致的檀木算盘吸引了陈云的目光。他将算盘摊好，飞快地打了起来，熟练的珠算技巧令同行人员无不惊叹。后来，赵朴初就此事写诗赞曰："唯实是求，珠落还起。加减乘除，反复对比。运筹帷幄，决胜千里。老谋深算，国之所倚。"新中国成立后，陈云长期负责国家的财政经济工作，被人们亲切地称为"共和国掌柜"，为新中国的财经工作作出了卓越的贡献。

早在1949年4月10日，周恩来为中共中央起草致东北局电："望陈云同志及其所带干部速来中央。"这是周恩来要陈云到北平（今北京）主持中央财经工作的电文。一向沉着稳重的周恩来随后在短时间内又连发三封电文，催促陈云早日动身，急切心情溢于言表。在此之前的3月20日，为适应即将诞生的新中国经济建设的需要，中央决定成立中央财政经济委员会，陈云被任命为主任。周恩来的着急不无理由。

陈云于当年5月抵达北平。然而，他并没有如上述电文所要求的带东北的干部进关。时任陈云秘书的周太和回忆说："只带了我和两名警卫共三人。他强调，到新岗位任职，应当就地取材，绝不能随带袖筒里干部（指熟悉和亲近的人）。"从陈云进北平到正式宣布成立中央财政经济委员会，历时两个月。在此期间，陈云做的工作主要是访贤任能。他的办法是在德才兼备的前提下，搞"五湖四海"、"就地取材"。中财委是在原中央财经工作部和华北财经委员会的基础上组建的，因此，一开始中财委的华北干部用得比较多。以后，又陆续增加了各个大区的干部。另外，陈云还特别注意选用有经济才能的党外民主人士。

1949年6月4日，周恩来在北京饭店主持召开会议，宣布人民革命军事委员会派陈云、薄一波负责筹备组织中央财政经济委员会，财政经济委员会暂时属中央军委领导，中央政府成立后由中央政府领导。会上，刘少奇作了报告。他说："关于组织中央财政经济委员会，这事很急迫，建立中央财经统帅部，其紧急不亚于军事及其他问题。”

经过周密的准备，7月12日，陈云主持召开中财委成立会议。会议一开始，陈云自我介绍说：“我叫陈云，个子小，瘦瘦的，身体不好，两个月感冒一次。现在让我来管财经工作，我原来像是在大楼前面摆小摊的。现在让我来当大公司的老板，能不能完成好这个任务，要靠大家努力了。”

看似诙谐的开场白，反映的是中财委未来工作的难度。陈云心里明白，历史选择了中国共产党，一个红色的新中国即将成立。但新生的政权面临饱受外国侵略和战火满目疮痍、百废待兴的局面，经济秩序紊乱，投机倒把横行，物价波动极大。如何保持物价的稳定、安定人民生活、促进国民生产的恢复发展，是中财委要面临的艰巨任务。

1949年4月到1950年2月，北平、上海、天津等地先后出现了四次大规模的物价上涨风波，主要原因是投机分子兴风作浪。当时从事投机的不法资本家宣称：“共产党是军事一百分，政治八十分，经济打零分。”面对经济风波，陈云领导中财委积极应战。他通过认真研究后找到了物价波动的原因，即解决“两白一黑”的问题。资本家投机倒把主要靠的物资“两白”，一个指棉花，一个指大米；“一黑”指煤炭。陈云认为把“两白一黑”的问题解决好了，就可以保持市场物价的稳定。除了用行政手段控制资本家及其手中的资金外，陈云还提出了国家经济调控的策略：将冷货、闲货抛给资本家和投机商，但不把主要物资给他们，等收紧银根、物价平衡之后，商人吐出主要物资时，再趁机买进，寻找机会用经济手段打击他们。随着一系列行之有效的政策出台，上海和全国各地的物价很快稳定下来。在中财委的不懈努力下，中国共产党的执政能力特别是经济管理能力得到了党内外的一致好评和认可。

1950年3月，陈云为政务院起草了《关于统一国家财政经济工作的决定》，并为《人民日报》撰写社论《为什么要统一国家财政经济工作》，提出统一全国财政开支、物资调度和现金管理。原轻工业部部长杨波回忆说：“陈云提出一个最重要的问题，就是必须要改变战争时期各个解放区、根据地财经分散管理的情况。当时迫于形势中央没有办法统一财经，但新中国成立后，财经不能分散各地管理，必须集中领导。”财经工作实行统一管理后，全国财政收支很快出现了接近平衡的新局面，金融、物价状况开始好转，这对于集中财力、物力，全面恢复和发展国民经济起了重要作用。

陈云在开国之初主持全国财经工作很短的时间里，以细致调查研究的工作作风，集中国家财政力量平抑了物价，并统一了全国财经，取得了令人瞩目的成就。在谈及陈云主持中财委工作的情况时，毛泽东提笔写了一个“能”字，并评价平抑物价和统一财经两件大事的意义——“其功不下于淮海战役”。

65★

抗美援朝后的财经工作方针

毛主席：

在全国委员会的报告稿，写了一个，财委党组讨论修改过一下，现在我修正了，请你看看，用得否？

陈　云

十月十七日下午

这是1951年10月17日陈云写给毛泽东的一封信，并随信将全国委员会的报告稿报送毛泽东批阅。毛泽东对此稿的批示是：“写得很好！”

这份受到毛泽东赞赏的报告写的是什么内容呢？1951年10月，陈云参加了中共中央政治局扩大会议，会议讨论了朝鲜战场的形势及对策。会上，陈云草拟了一篇报告稿，并于17日下午在中财委党组修改的基础上作了进一步的完善，附信报送毛泽东审阅。毛泽东批示“写得很好”的就是这篇关于我国抗美援朝后的经济建设的报告。

战争，从来不仅仅是正面战场中军队的事情，它需要的是综合国力的支撑。军事实力是一个国家经济、政治、文化、军事等力量的综合体现。中国能够取得抗美援朝的最后胜利，离不开全国奋战在各条战线、各个领域的人们进行的艰苦奋斗和无私奉献。

1950年6月25日，朝鲜战争爆发。两天后，美国方面发表声明，宣布武装援助南朝鲜。不仅如此，美方将海军第七舰队开入台湾海峡，试图阻止中国人民解放军解放台湾。中国的国

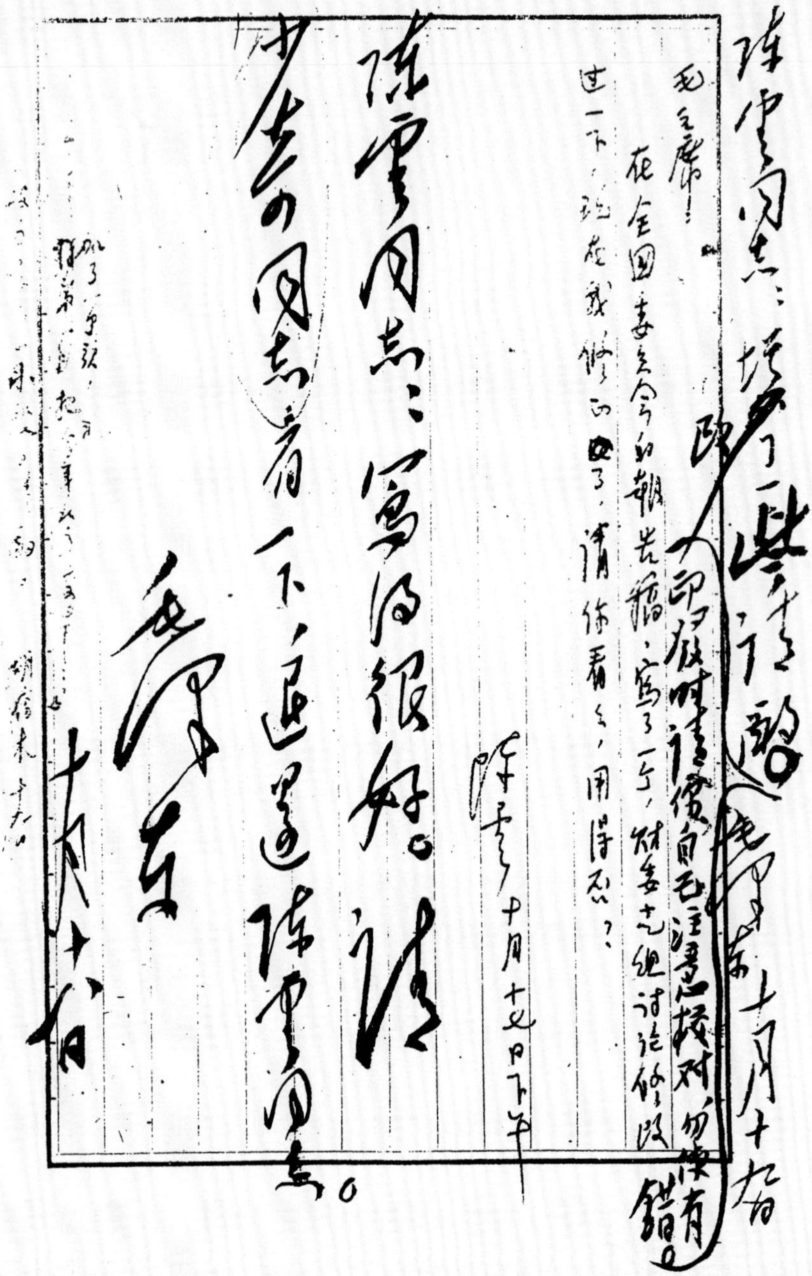
陈云同志：修改了一些，可用。印发时请你自己注意校对，勿使有错。
毛泽东 十月十九日

毛主席：
在全国委员会的报告稿，写了一个，财委党组讨论修改过一下，现在我修改好了，请你看看，用得否？
陈云 十月十七日下午

陈云同志：写得很好。请少奇同志看一下，退还陈云同志。
毛泽东
十月十八日

家安全受到极其严重的侵犯。

面对迫在眉睫的战争形势，还不满“一周岁”的新中国能不能站稳脚跟、沉着应对？中国刚刚开始恢复的经济会不会因此遭受损失？中国的经济实力能否应对可能发生的战争？这些关系到国家生死存亡的大问题，不可避免地摆在了主持中央财经工作的陈云的面前。

朝鲜战争爆发后，陈云第一时间将经济建设的注意力转向金融物价方面。他深知，战争对物价波动的影响是巨大的。此时的中国物价刚刚向合理区间恢复，如果此时这个问题处理不好，中国社会将会发生新的动荡。就在朝鲜战争爆发后的第4天，中财委迅速下发《关于稳定金融物价的指示》。针对可能发生的抢购物资、抬高物价的风潮和逃避资金等现象，中财委提出了解决对策：“放手抛售物资，对一切投机捣乱分子给以打击，把这一可能到来的金融物价风潮打下去，继续稳定物价。”事情的发展正如陈云预料的一样，文件下发不久，国内就出现了部分人抢购物资和市场部分物价波动的现象。但由于中财委早已及时部署，这次物价波动不大。7月11日，陈云在中财委第26次委务会议上指出：“杜鲁门声明发表以后，金融物价稍有波动，尤其是入口品和我们所短缺的某些物资。但由于我们及时地作出适当的布置，掌握了主要物资，所以这一次未能掀起大的波动。”

1950年9月28日，美国主导的“联合国军”占领汉城。朝鲜民主主义人民共和国政府和金日成于10月1日、3日两次请求中国出兵支援。10月19日，中国人民志愿军跨过鸭绿江，开始了抗美援朝战争。

中国投入战争后，国家财政经济的工作难度进一步增大，难题再次摆在陈云的面前。

针对战争形势，1950年11月15日，中财委在北京召开财经会议，陈云正式提出抗美援朝后“国防第一，稳定市场第二，其他第三”的财经工作方针。陈云的这个工作部署，充分体现了在战争时期，考虑到国力有限的情况，避免不分重轻的现象发生。他说："财政上的各项支出，必须分清主次，不能面面俱到。如果面面俱到，便会一事无成。我们要集中力量，把财力使用在主要方面，解决主要问题，这和作战是一样的道理。"战争的形势瞬息万变，由此带来的国内工作情况同样也是复杂多变。制定出总方针后，陈云和中财委采取了许多行之有效的措施，保证了国家经济形势的稳定。

抗美援朝后，战争时期容易出现的"重物轻币"心理在市场上逐渐出现。同时，占国家银行存款90%的部队、机关、团体提取存款，十余天时间共计6000亿元。在此情况下，陈云和薄一波向中央提出暂时冻结大、小公家存款并缓购农产品的意见。这一意见得到了中央的认可并快速实施。但是，这种做法只是短时间内稳定金融物价的办法，不能作为长期的政策。陈云指出，要从根本上做到保障抗美援朝战争的需要，就必须增加收入、削减支出。对此，他提出了"挤牛奶"和"削萝卜"的办法。"挤牛奶"就是想尽办法增加财政收入，如适当增加农业税；对酒和卷烟用纸实行专卖；开征契税，增加若干产品货物税和进出口税；加强征收管理，等等。"削萝卜"就是尽量削减支出，如削减经济建设和文化建设的投资，削减文教卫生、公用事业和军政经常费用，对军费开支做到有计划、有步骤地使用，等等。

陈云还有一项重要的工作——确保朝鲜战场我军的后勤供给。薄一波回忆说："中央决定出兵后，陈云同志表示坚决赞成。那时，我在中财委帮助陈云同志做后勤工作。抗美援朝不简单啊！初期没有粮食吃，没有菜吃，一切东西都缺乏。国内没有蔬菜供应前方，我们就想了一个办法，从全国各地搜集、购买辣椒面送到朝鲜去。"陈云曾就抗美援朝志愿军的口粮问题，做了大量的工作。当时，在朝鲜战场上，我军的口粮大部分是粗粮而缺少细粮，这种状况如果长期发展下去，必然导致军力的下降。陈云就此事专门致电东北高岗等人，指出："请尽先以关外细粮支援维持，并请转知东北关系部门派员带计划于4月20日来京与粮食总局开会研究。"

1951年，中国的国家财政总收入为133.1亿元，比1950年增长104%。周恩来曾就这一时期财经工作取得的成绩评价说："收税的机关是一两个，花钱的机关是一大堆，这的确不是一件容易搞的工作。所以掌握财政经济的同志，特别是陈云同志，在这方面的确是兢兢业业。"

两担“炸药”中选一个

毛主席：

关于小什粮问题，我们虽不想包下来，但私商已下不了乡，市场上不得不要我们供应，写了一个报(告)，请批示。

陈　云

十二月二日

1953年12月2日，陈云向毛泽东报送了自己写的关于粮食供求问题的报告，并附有一则短信（即这篇手迹）。毛泽东阅后批转杨尚昆：“即办”。

1953年是中国第一个五年计划建设的第一年，根据“一五”计划的要求，国家基本建设投资迅速增加，中国的工业化快速起步。国家工业迅速发展带来了几个显著的变化：就业人数迅猛增加、劳动力薪酬不断上涨、城市对粮食的需求量增大。此时，中国市场还存在着一定的投机资本。所以，“一五”计划建设伊始，国家就面临着一个大问题，即农业粮食生产赶不上工业建设的需要，粮食等生活消费品供不应求。

形势严峻，人们再次将目光投向陈云及其领导的中央财政经济委员会。

1953年5月，由于身体不适，陈云遵照苏联专家的意见出京疗养。在这段时间里，在北京召开了第二次全国财经会议。会上，粮食问题成为重点讨论的突出问题。国家粮食由于支出的迅速增长，出现严重赤字，问题严重。毛泽东要求中财委拿

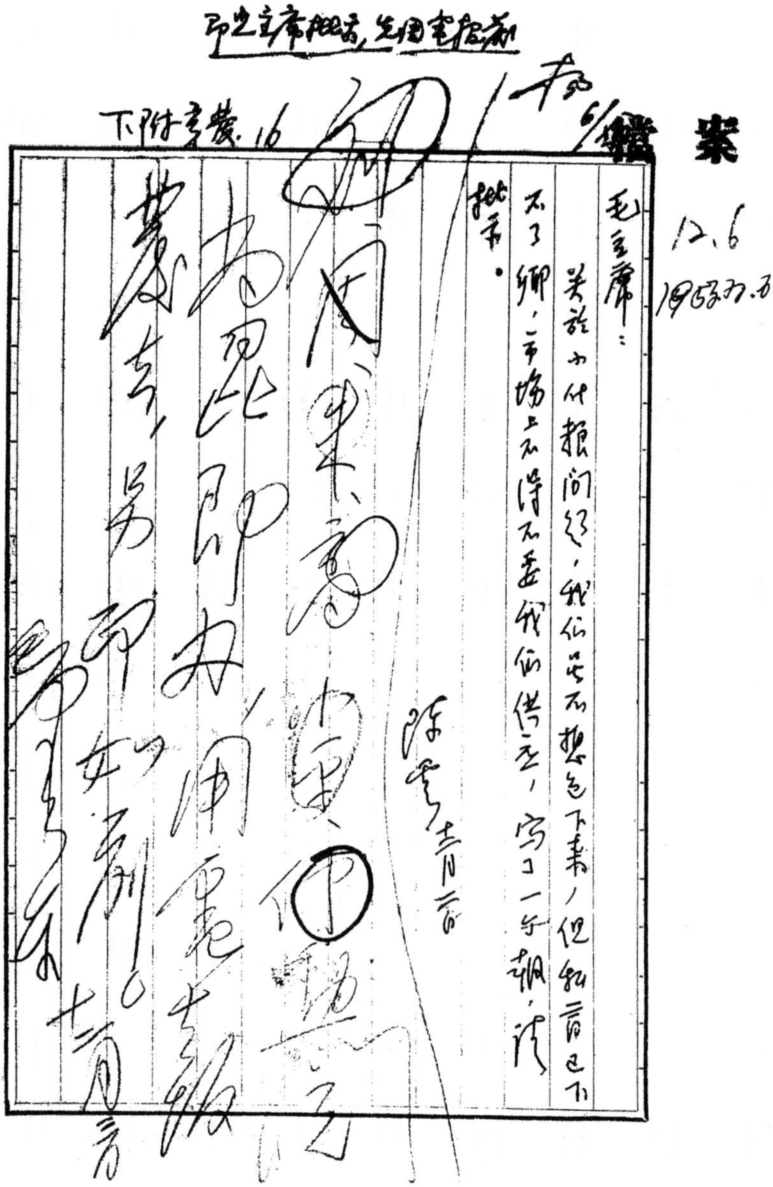
档案

毛主席：关于小化肥问题，我们还不想急下马，但自己已下不了台，市场上不得不要我们供应，写了一个报，请批示。

陈云 十二月六日

出应对之策。这次会议的讨论非常激烈，很难作出决定。这年6月23日，周恩来致电陈云说：“会议中乃有改变管理与供应制度的提议，同时亦有主张维持原办法，可略增加地方机动之数者。”“此事关系颇大，你过去考虑较深，请提出意见，以便中央通盘考虑作出决定。”

陈云综合全国财经会议上对粮食管理的各项意见后，复电周恩来：“关于粮食的管理与供应，我主张维持原办法，但要克服工作中的缺点，略增地方机动性。”陈云在复电中还详细分析了原因，最终全国财经会议接受了陈云的意见，粮食仍实行由中央统筹统支的办法。

仅仅保持中央统筹粮食的做法，并不能改善粮食赤字的严重问题。1953年的第三季度，国家粮食供需缺口仍然在不断扩大，形势更加严峻。7月23日，陈云提前结束疗养，赶回北京。

善于算细账的陈云认真分析了年度粮食收支，结果令人十分担忧：本年度粮食收购量少于销售量87亿斤！这意味着即便已有的国家收购计划全部完成，粮食还有87亿斤的缺口。这个缺口不补上，国家的经济建设就会出大问题，随之而来的将是物价波动等问题。陈云深知新生政权之所以得到人民的拥护，其中一点就是新中国成立后物价及经济的稳定。如果经济出了问题，将动摇人心。

经过反复思考和调查研究，陈云提出了解决办法：在农村征购、在城市配售来解决粮食问题。这个办法其实就是后来所说的粮食统购统销。这个意见得到了周恩来、邓小平、薄一波等人的大力支持。10月1日国庆当晚，陈云在天安门城楼会见厅里向毛泽东汇报了粮食征购与配售的想法，得到毛泽东的高度赞同。次日，毛泽东主持召开中共中央政治局扩大会议，首先由陈云作关于粮食问题的报告。陈云提出农村征购、城市逐步采取粮食配售、严格管制私商、逐步消灭粮食贩子等工作办法，并汇报了关于召集全国粮食紧急会议的几项准备工作。毛泽东在会上说：“赞成陈云同志的报告。”“这也是要打一仗，一面是对出粮的，一面是对吃粮的，不能打无准备之仗，要充分准备，紧急动员。”

1953年10月10日，全国粮食紧急会议召开，各中央局及主要省市负责同志出席会议。陈云在介绍全国粮食方面存在的严重问题后，提出解决粮食问题要处理好四种关系：国家跟农民的关系；国家跟消费者的关系；国家跟商人的关系；中央跟地方、地方跟地方的关系。陈云说："我现在是挑着一担'炸药'，前面是'黑色炸药'，后面是'黄色炸药'。如果搞不到粮食，整个市场就要波动；如果采取征购的办法，农民又可能反对。两个中间要选择一个，都是危险家伙。"在充分估计粮食征购的难度之后，陈云说："我们共产党在长期的革命斗争中，跟农民结成了紧密的关系，如果我们大家下决心，努一把力，把工作搞好，也许农村的乱子会出得小一点。而且，这是一个长远的大计，只要我们的农业生产没有很大提高，这一条路总是要走的。"与会者各自结合了本地区的实际情况进行了讨论，最后一致同意中央提出的粮食征购的方针，表示除此以外，没有别的出路。在会上，陈云传达了毛泽东的意见，将粮食征购的具体方针简称为统购统销。

10月16日，中共中央政治局会议讨论通过了《中共中央关于实行粮食的计划收购与计划供应的决议》。这个决议，把陈云提出的在农村实行征购、在城市实行定量配给、严格管制私商、调整内部关系的四项办法，正式确定为计划收购、计划供应、由国家严格控制粮食市场和由中央对粮食实行统一管理与调度的四项政策。陈云随后主持召开政务院第194次政务会议，讨论通过《政务院关于实行粮食的计划收购和计划供应的命令》和《粮食市场管理暂行办法》。陈云在会上说："实行计划收购与计划供应，可能出毛病；不实行，整个市场可能出乱子。两个乱子比较一下，还是搞到了粮食比较好。"

中共中央的决议和政务院这两个文件，标志着粮食统购统销政策的正式出台。

政策出台后，陈云开始着手积极推进和部署粮食统购统销的工作。本篇展示的他写给毛泽东的信，就是在1953年12月开始全面实行统购统销政策后，关于工作进展的安排。对粮食实行统购统销政策，是国家大战略决策的一个光辉范例。无论在决策的程序，还是在决策的方法上，都留下了宝贵的经验与启示。中央从提出解决粮食供销问题的方案、办法，到召开有关会议讨论，多方征求党内外的意见，充分发扬了实事求是的精神。从统购统销的出台方法上看，陈云提出了具体的解决办法，还反复论证比较，陈述利弊，这种民主的决策程序和科学的决策方法，仍值得我们在工作和生活中学习。

75★

奠定千秋大业之基

毛主席：

按照你的指示，关于五年计划的报告草稿写出来了，先印了几十份送给中央各同志和各口的负责同志征求他们的意见，以便修改。我也希望你有空时抽时间为我看一看，告诉我修改的大体方向。

敬礼！

陈　云

十二月十七日

这是陈云在1954年12月17日写给毛泽东的一封信。随信报送的是新中国成立后的第一个五年计划的报告稿。

1951年2月，中共中央召开政治局扩大会议，决定自1953年起实行发展国民经济的第一个五年计划。会议决定，由周恩来、陈云等人组成领导小组。4月初，陈云提出："现在要组织一个计划委员会，预先把各方面的建设规划一下。""中国开始建设时，计划的线条是粗的，将来由粗到细。"考虑到抗美援朝战争的局势，在同年12月召开的全国财政会议上，陈云又提出："1952年，朝鲜战争可能结束，但应准备拖延。"

1952年5月至6月，中财委召开全国财政会议，研究如何编制第一个五年计划。制订"一五"计划，对于中财委的工作人员来说还是第一次，初生的新中国对此没有一点经验可以借鉴。会后，中财委试编出按部门和行业划分的《1953年至1957年计划轮廓（草案）》及其说明。同年7月1日，陈云向毛泽

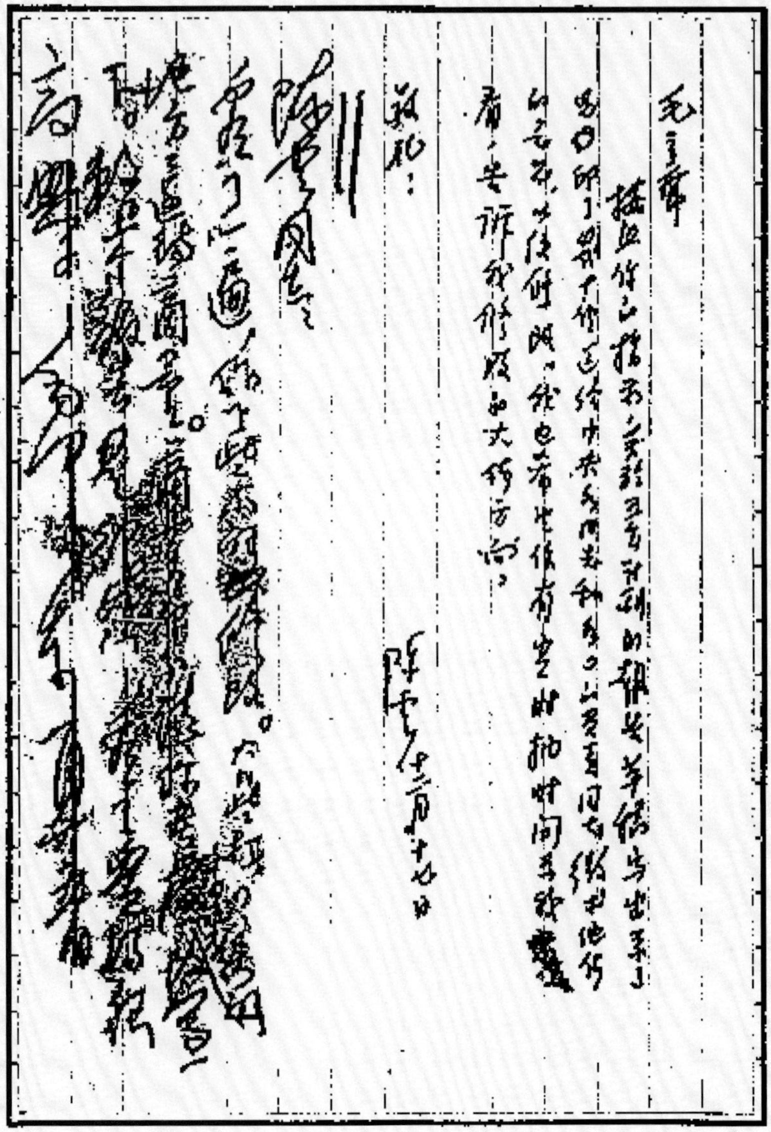
毛主席：
敬礼！
陈云

东书面报告五年计划草案准备工作的情况，他写道："第一次搞计划，没有经验，已经搞出的也很粗。中财党组决定一方面把草案先送给中央，另一方面党组会再对逐项内容加以讨论。"在中财委试编的第一个五年计划草案的基础上，周恩来主持起草了《中国经济状况和五年建设的任务》。这一文件和中财委编写的第一个五年计划草案，初步勾画出中国第一个中长期经济发展计划的轮廓。

1953年，尽管"一五"计划仍在继续编制中，但这并没有影响本年年度计划的执行。由于缺乏经验和必要的资料准备，"一五"计划的特点是边编制边实行。从1952年7月到1953年6月之间，"一五"计划共进行了四次编制。

1954年2月12日，中共中央政治局召开扩大会议，宣布成立编制五年计划纲要草案八人工作小组，由陈云任组长。这一年，陈云的主要工作之一，是主持编制第一个五年计划纲要。1954年进行的"一五"计划编制已是第五次。此时，由于编制的时间确实太久，毛泽东下了"军令状"，要求从2月15日起，用一个月时间拿出五年计划纲要草案初稿。

此后，陈云对"一五"计划轮廓草案第五稿作了认真修改。每天召开一次会议，用15天时间编出《1953—1957年国民经济发展计划纲要初稿》。而前文陈云写给毛泽东的信，就是编制后的"一五"计划的报告稿。尽管经过无数次的讨论和修改，陈云仍然主张第一个五年计划纲要初稿不要过早出台，继续坚持边执行、边观察、边调整的方针。他说："由于间接计划部分很大，因此这个计划应经过地方党委在更大范围内加以讨论。"此后，由于要筹备召开第一届全国人民代表大会，"一五"计划的编制暂缓了下来。

一年后的1955年3月31日，中国共产党全国代表会议对陈云主持起草的"一五"计划草案进行审议并原则通过。陈云对最终出台的"一五"计划充满了信心，他说："我们的第一个五年计划是一个伟大的计划，它将开始改变我国百年来经济落后的历史，像毛泽东同志所说的，我们正在做我们的前人从来没有做过的极其光荣伟大的事业。我们的责任是重大的，我们是第一次进行五年计划的建设，我们的经验不够，我们必须小心谨慎地做工作，我们也必须具有像过去那样不怕困难争取革命胜利的精神。只要我们谨慎和坚持的工作，随时纠正工作中的错误和决定，我们的计划是一定可以完成的，我们的目的是一定可以达到的。我们相信在毛泽东为首的中国共产党中央委员会的领导下，全党和全国人民一定能够胜利地完成我国第一个五年计划。"

实践证明，"一五"计划在实施中取得了良好的效果。这期间，形成了我国第一批大型现代化企业，填补了一批生产技术领域的空白，初步建立了独立自主、自力更生的发展国民经济的工业技术基础，并取得了建设大型现代化项目的初步经验。

"一五"建设规模巨大，这样的工业建设规模在中国几千年的历史上，既是史无前例的开创，也是千秋大业的奠基。正因为陈云在新中国经济建设中的卓越贡献，他被人们称为中国社会主义经济建设的开创者和奠基人之一。

粮食定，天下定

毛主席：

昨天遵照你的指示，晚上五办召集粮食部同志开了会，谈了遵照你指示的方针，如何制定粮食购销方案，昨夜粮食部通夜工作，今日上午五办又开了会议研究粮食部印出的购销数字的分配问题。决定今日下午三时开各省会议，子恢、震林、鲁言同志等都到。中央给各省的电报昨夜已在起草，此刻尚未交卷。我们要求今晚上向你和中央汇报，因为估计下午各省会议总要开三四个钟头。何时各省会开完，我即电话告诉叶子龙或机要室其他同志。这就是说，昨天你指定的下午向你和中央汇报，请求你同意改到今天晚上向你和中央汇报。

敬礼！

陈　云

二月廿七日

下午一时半

“粮食定，天下定；粮食紧，市场紧。”这是曾长期主管全国财经工作的陈云的一句名言。陈云高度重视国家粮食安全问题，他说：“人心乱不乱，在城市，中心是粮食。”在三年恢复经济时期和第一个五年计划时期，陈云亲自过问每次召开的粮食工作会议，并在会上发表重要讲话。他亲自制定、经党中央和毛泽东批准的对粮食实行统购统销的重大政策，有力地保证

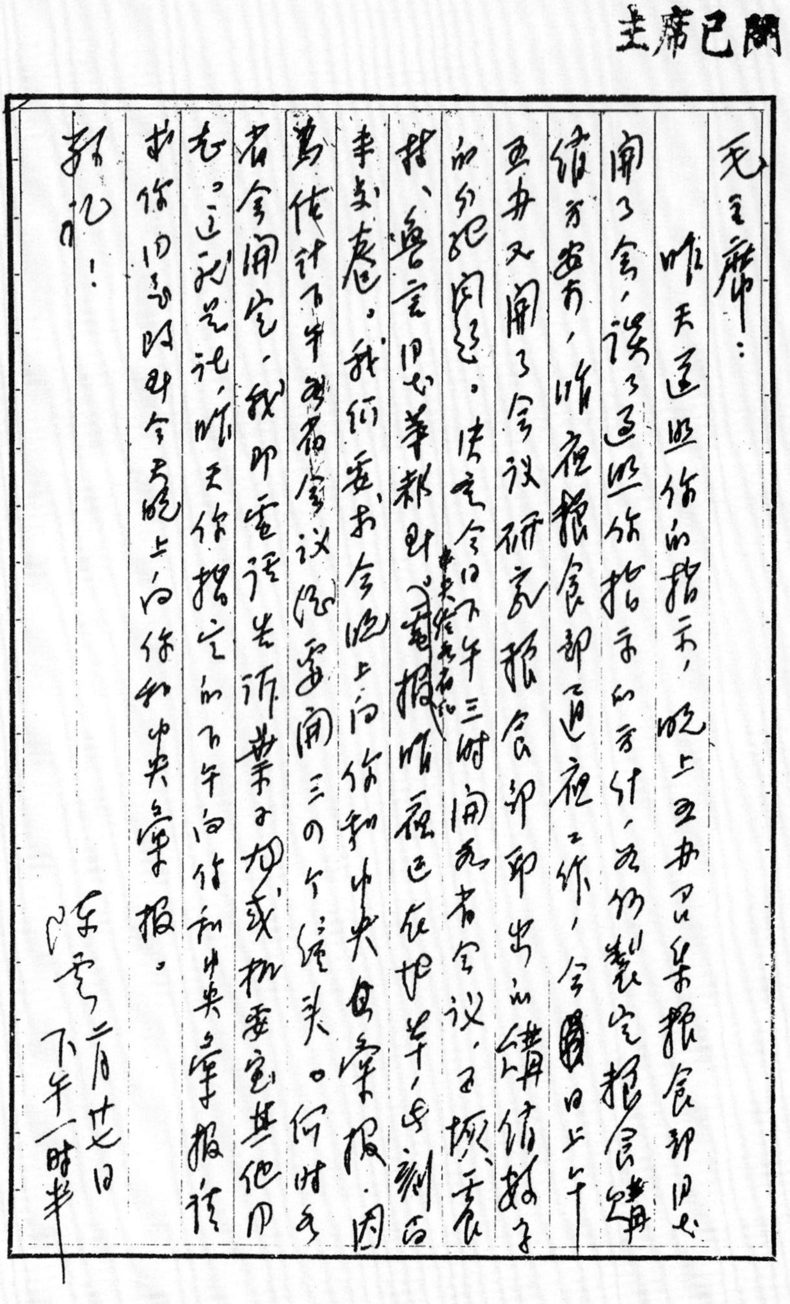
主席已閱

了社会主义经济建设和第一个五年计划的顺利进行。

新中国成立初期，粮食供求矛盾尖锐，棉粮在很多地方出现供不应求的现象，不少地方已开始发生市场混乱、物价波动的情况。同时，1953年至1958年的“一五”计划已经铺开了，城市人口和工业就业人数激增，棉粮缺口进一步增大。怎么解决粮食供求矛盾？毛泽东要求陈云负责的中财委拿出具体办法。

1953年10月1日晚，陈云就粮食问题向毛泽东作汇报，结合财经工作经验和调研情况，提出了在农村实行粮食征购、在城市实行粮食配售的方案，也就是后来说的统购统销政策。毛泽东听后十分赞同，于次日召集政治局扩大会议讨论，并在10天后召开全国粮食紧急会议，由陈云作报告，说明当时形势和粮食统购统销的政策。经过一个多月的讨论和准备，1953年12月初，除少数地区外，全国城乡开始实行粮食统购统销，逐步扭转了粮食市场购销不平衡的局面。

1953年至1954年度的粮油统购统销工作，成效显著。但是，由于经验不足和工作失误，出现了一些问题，影响了农民的生产情绪，导致粮食市场的波动。

当时核定农民的粮食余缺尚缺乏具体办法，加上粮食统购中出现的强迫命令，致使有些农民卖了“过头粮”。此外，粮食供应也有多供或少供的现象。同时，1954年夏长江、淮河流域遭受百年不遇的大洪灾，灾情严重，粮食减产。国家为了以丰补歉，在非灾区多购了70亿斤粮食。这一减一增，使粮食形势再次严峻起来，加剧了国家与农民关系的紧张。到1955年春，许多地方几乎是“家家谈粮食，户户要统销”。有些地方，农民大量杀猪、宰牛，不热心积肥，不积极准备春耕，生产情绪不高。

上述情况妨碍了统购统销政策的贯彻实施，导致农民产生对粮食统购统销政策的不满和议论，而且出现一些对这项政策怀疑和动摇的观点。

要不要坚持统购统销政策？问题出在哪里？怎么解决？

1955年1月，陈云决定实地调查研究粮食统购统销与市场情况。

1月13日，陈云到达天津，调查市场和商业批发情况。

15日，直下上海，在那里看了一级批发站和永安公司，并到松江看了几个集镇、几个县批发站。

17日，陈云从松江由华东局负责农业工作的领导同志和地委书记陪同，在沪杭铁路石湖荡车站下车，直赴青浦小蒸乡，住在老战友陆铨生家中。他约见了曹象波和曹兴达，并拜访了烈士家属，向来访的居民和亲友问寒问暖，还专门看了米店、粮仓，找农民、商人、小学教员、居民、干部座谈，征求对粮食统购统销的意见。座谈中，有赞成的，也有反对的；有的只赞成统销，主张限制城市消费量，不赞成统购；有的批评干部购了"过头粮"（即超计划收购的粮食），也有不少农户反映留粮过少、口粮短缺。

陈云从弄清缺少口粮这一突出问题入手，在小蒸乡挺秀村作了调查。挺秀村共87户，不缺粮的43户，缺粮的有44户，有的缺一个月，有的缺两个月，也有缺三个月粮食的。陈云认真地研究了这个问题后，分析当时农民有意见的原因是上一年统购时购了"过头粮"，挖了口粮。因此，陈云指出，次年粮食统销需要补课，就是说，农村缺粮户，一定要纳入统销范围。

从青浦回到上海，陈云与江苏、浙江两省负责人交换意见，谈到在青浦调查所掌握的情况时说，农民的第一条意见是"产量估高了"，出现了购"过头粮"的现象，因此要求省委"政策要坚持，方法要改进"，要对粮食产多少、购多少、销多少这些问题进行认真的调查研究。

回到北京后，陈云向中央建议，必须坚持统购统销政策，"有缺点、有漏洞可以补充、改造，但决不能动摇统购统销政策"。如何改进？陈云提出了农村粮食统购统销中的"三定"政策和办法，即定产、定购、定销，在一个粮食年度里，连征带购的粮食总数三年不变。由各地政府根据产量确定统购数字，规定卖粮户留粮标准，力求消灭购"过头粮"的现象；确定农村统销数字，留出周转粮，从统购统销总数内扣除。

陈云提出的“三定”政策，得到了党中央和毛泽东的认同，但作出决策还需要向各省、市委做思想工作并结合实际。经过全国财经会议讨论，陈云的建议形成为中共中央和国务院的正式决策。

全国财经会议是2月6日由陈云筹划并主持召开的，集中研究了农村情况和国家粮食购销问题。陈云在听取各省代表的发言后，着重谈了粮食统销补课和粮食形势问题。他说，粮食统销“需要补课的，最好及早动手，迟作不如早作，等到被动再作补课，时机就迟了”。他说：“粮食形势从现在开始起，至少还要紧张十年。”“粮食问题已成为农村工作和农业生产的中心问题。粮食是农民的命根子，粮食紧张了，各种工作就一定紧张，同农民的关系也就必然紧张。”陈云的说明和建议得到了会议的认同。

全国财经会议一直开到26日才结束，当天晚上，陈云开始主持起草《中共中央、国务院关于迅速布置粮食购销工作，安定农民生产情绪的紧急指示》。经过通宵工作，粮食购销方案及购销数字的分配，在国务院负责财政、金融、贸易工作的第五办公室召集粮食部和参加会议的各省代表讨论研究后，终于在27日落实了下来，并于下午3时召开各省会议。中共中央和毛泽东十分重视这次全国财经会议，一直关注着陈云下江南调查后提出的农村粮食统购统销“三定”的建议及会议的决策，毛泽东指定27日下午召开会议由陈云向中央报告。但是，粮食购销的数目刚出来，起草给各地的电报尚未拟好，而且陈云估计各省会议得开三四个小时，因此27日中午一点半他紧急致信毛泽东（即本文所附手迹），将汇报的时间改到当天晚上。

当晚，陈云等向中共中央和毛泽东汇报后，于3月3日向各地下发了《中共中央、国务院关于迅速布置粮食购销工作，安定农民生产情绪的紧急指示》，这标志着由陈云提出的农村粮食定产、定购、定销的意见正式出台。粮食“三定”政策出台后，得到广大农民的热烈拥护，有力地调动了农民的生产积极性。

为了解实行粮食“三定”政策和整顿粮食统销补课工作的情况，陈云5月下旬再次到青浦和苏州等地进行调查研究，了解粮食统购统销情况。回京后，7月份，陈云和李先念主持召开了全国粮食会议，讨论农村粮食统购统销办法和城市粮食定量供应办法。与会者认为定产、定购、定销并稳定三年不变是关系农民生产和整个农村工作的重大问题。7月21日，全国人大一届二次会议召开，陈云在会上作了关于粮食统购统销问题的发言，对“三定”政策作了进一步的阐述和说明，得到了全国人民代表大会的认可和支持，在全国推行开来。

陈云提议并组织完善、毛泽东亲自主持制定的粮食统购统销政策，是特殊历史时期的产物。现在人们对它有诸多评价和判断，但是放到当时的历史环境下看，它无疑是正确和必要的，是在中国农业比较落后的条件下所采取的一个重要政策措施，为新中国的经济建设起到了重要作用。

85★

对国家基本建设的思考和期望

建设规模要与国力相适应

陈　云　八十一

新中国成立伊始，陈云即主管全国财经工作。在长期的经济领导工作实践中，他发现：建设规模与国力相适应，经济就稳定；建设规模与国力不相适应，经济就不稳定。因此，他总结提出了“建设规模要与国力相适应”的著名论断。

鉴于1956年下半年以来经济生活中出现的冒进倾向，1957年1月18日，时任中共中央副主席、中央经济工作五人小组组长的陈云在各省、自治区、直辖市党委书记会议上发表讲话。他说：“建设规模的大小必须和国家的财力物力相适应。适应还是不适应，这是经济稳定或不稳定的界限。”陈云解释说：“像我们这样一个有六亿人口的大国，经济稳定极为重要。建设的规模超过国家财力物力的可能，就是冒了，就会出现经济混乱；两者合适，经济就稳定。当然，如果保守了，妨碍了建设应有的速度也不好。但是，纠正保守比纠正冒进要容易些。”他要求“寻找一些制约的办法”，并提出了财政、信贷、物资综合平衡的理论，也就是人们后来说的“三大平衡”。这是对我国经济建设实践经验的高度概括，对纠正1956年经济建设的冒进起到了直接的指导作用。1957年各项经济指标成为新中国成立以来最好的年份之一，第一个五年计划也于这一年胜利完成。

此后，陈云总是告诫负责经济工作的干部，要注意建设规

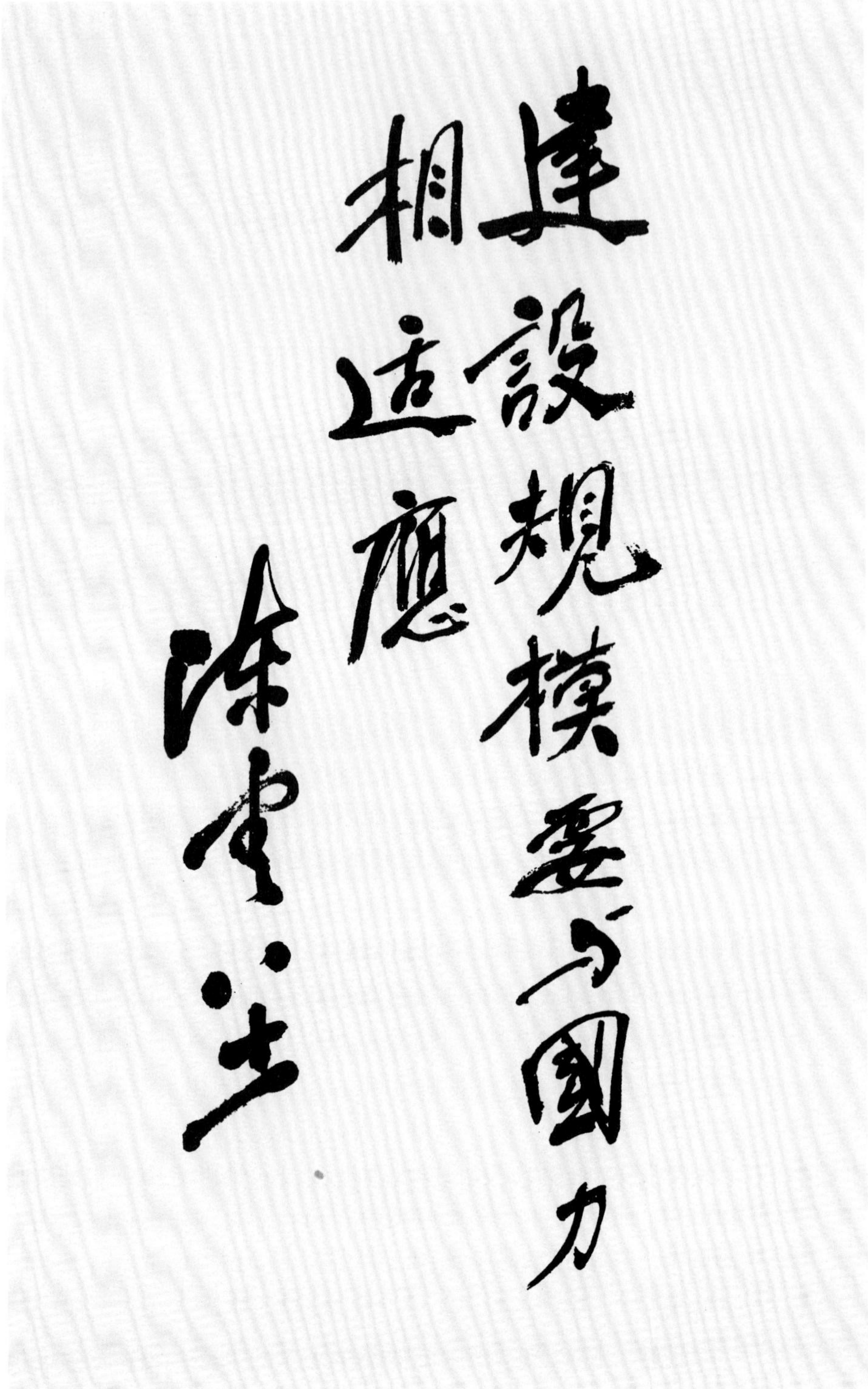
建設規模要与國力
相適應
陳云

模与国力相适应。1962年2月，在国务院各部委党组成员会议上，他在《目前财政经济的情况和克服困难的若干办法》的讲话中，分析当时严峻的经济形势，认为问题主要就是“基本建设规模过大，农业负担不了，工业也负担不了”。据此，他提出了克服困难的有效办法。

进入改革开放新时期，“国力与建设”的矛盾仍然是陈云一直在思考的问题。他多次提醒人们，基本建设要“脚踏实地地前进”，要照顾到各方面的协调。

党的十一届三中全会召开后不久，1979年1月，陈云在审阅国务院关于下达1979年、1980年经济计划安排草案上批示：“国务院通知中‘一九七九年有些物资还有缺口’。我认为不要留缺口，宁可降低指标。宁可减建某些项目”，“有物资缺口的不是真正可靠的计划”。1979年3月，陈云和李先念联名致信中央，指出当前国民经济需要两三年的调整。在随后的中共中央政治局会议上，陈云解释说：“我们搞四个现代化，建设社会主义强国，是在什么情况下进行的。讲实事求是，先要把‘实事’搞清楚。这个问题不搞清楚，什么事情也搞不好。”“九亿多人口，百分之八十在农村，革命胜利三十年了还有要饭的，需要改善生活。我们是在这种情况下搞四个现代化的。”“搞建设，必须把农业考虑进去。”这次政治局会议批准了国家计委提出的调整计划，并且确定了调整国民经济的方针。接着，中央召开工作会议，明确了用三年时间对国民经济进行调整，实行“调整、改革、整顿、提高”的方针。

但是，由于当时中央领导层中的不同认识没有做到迅速统一，调整方针在贯彻中遇到阻力，许多该退的项目没有退下来。在9月18日召开的国务院财经委员会会议上，陈云再次讲话指出：“1978年和1979年的投资超过了国家财力物力的可能。这种基建投资超过国家财力物力可能的状况，自1970年以来或多或少就存在了。基本建设战线太长，这是一个老问题。”他说：“根据30年来的经验，找出基本建设投资在财政支出中所占比重这一条杠杠，是必要的，这样才是实事求是。”

“基建的项目……要核定该上该下的项目，不能推平头，不能来一个大家打七折，因为其结果将不能改变基建战线太长的现状。不下决心这样做，我们说要缩短基建战线就是一句空话。推平头，大家打七折，这种办法将使我们一事无成，害国害民。”

1980年11月28日，在中央常委和中央书记处听取国务院的汇报会上，当会议结束时，陈云讲话说，“我脑子里有一条，基本建设搞铁公鸡，一毛不拔”，要坚持调整。

在陈云的建议和主持下，在邓小平的大力支持下，20世纪80年代初期国民经济实行了“调整、改革、整顿、提高”的方针，这次调整是“清醒的、健康的调整”，1981年底全国积累与消费比例、物价稳定等基本实现了调整的预定目标，从而为后来的全面改革和经济腾飞创造了有利条件。

20世纪80年代中期，针对当时热心于超过国力、不顾实际地进行基本建设投资的情况，陈云再次强调要实事求是。1986年1月，全国计划会议讨论“七五”基本建设规模安排多少合适。1月21日，陈云披阅全国计划会议简报所载《对“七五”基本建设规模按五千亿元安排的反应》，在标题上方批注：“要多搞是爱国，但是，实事求是地搞才是真爱国。同志们！头脑清醒些。”这份简报介绍说，有些综合部门认为，按照五千亿元的规模安排，从国力可能来看，资金和物资缺口仍然较大，他在这一段话旁批注：“这种意见很对。”

在晚年，陈云仍然十分关心我国的经济建设。1994年2月9日，在同上海市负责人的谈话中，他还语重心长地说：“从全国来看，当前经济工作要特别注意的一个问题，就是建设规模一定要与国力相适应，而且要留有余地。”

陈云关于基本建设要与国力相适应的思想，来源于他对中国国情的深刻分析，来源于他实事求是的思想路线，来源于他对基本建设规律性的科学认识和深刻把握。因此，他总能在关键的历史关头，提出一些具体措施和方法，来防止经济建设规模超过国力的危险。这是他毕生管理经济工作的经验之所在。

《中国基本建设》杂志于1985年创刊，是我国投资建设领域唯一的中央级指导性大型刊物，1999年改名为《中国投资》。1985年12月22日，已届八十高龄的陈云为这本杂志题词："建设规模要与国力相适应。"这句话，他从20世纪50年代讲起，一直讲到90年代，其中饱含着他对国家基本建设的思考和期望。

向毛泽东汇报基本建设工作

毛主席：

基本建设委员会党组的报告已经写了一个，是宋劭文同志起草，党组经过几次讨论的。我回北京后第二日又感冒了，直到今天还未办事。想养精蓄锐力争参加武汉会议。基本建设委员会党组报告已送中央书记处，特专送上一份，请你看看是否可用，那些地方不妥，也请指示，以便修改。

敬礼！

陈　云

十一月十七日

这是1958年11月17日陈云关于报送国家基本建设委员会党组《关于当前基本建设工作中的几个重大问题的报告》给毛泽东的一封信，请他批示。信中特别指出，该报告是宋劭文起草、经过基建委党组几次讨论的。

1958年北戴河会议后，根据中央领导集体的分工，陈云的主要工作是抓全国的基本建设。因为“一五”计划提前完成，从1958年起，全国基本建设投入大大增加，在整个国家经济生活中占有越来越突出的地位，迫切需要中央有一个专门机关来管理这项工作。毛泽东几次对陈云说过，并让他准备：“中央部门要分开，一个部门抓生产；一个部门抓基本建设；还有一个部门搞计划。”1958年9月19日，中共中央作出《关于成立中央基本建设委员会、计划委员会、经济委员会的决定》，陈毛主席：

基本建设委员会党组的报告已经写好了，是宋劭文同志起草，党组经过几次讨论的。我回北京后第二日又感冒了，直到今天才来办事。想春节前力争参加政协会议。基本建设委员会党组报告已送中央书记处，特专送上一份，请你看看是否可用，哪些地方不妥，也请指示，以便修改。

敬礼！

陈云 十二月十七日

云担任主任，宋劭文、刘岱峰、柴树藩担任副主任。

中央基建委成立后，陈云和三位副主任分头参加了全国七个协作区的基本建设工作会议，部署1958年冬和1959年的基本建设工作。其中，9月至10月间，陈云亲赴华北、东北、西北、华东等地，先后主持了华北、东北和西北三个协作区的基本建设工作会议，听取汇报并作了重要讲话。几次会上，陈云都提出基建项目的施工次序要分别轻重缓急进行排队，使重点建设和一般建设结合起来。在"大跃进"的历史条件下，陈云不可能直接提要削减基建投资和项目，但"分别轻重缓急进行排队"的观点，其实是他"基建规模要和国力相适应"思想的委婉表达。

此外，陈云还澄清了三个问题：一是建立比较完整的工业体系，只能首先从全国范围开始，然后才是各个协作区，再后才是一些有条件的省、市、自治区；二是要处理好集中与分散的关系，工业布局不能过分集中，应当力求适当分散；三是新建企业应当确立大中小相结合，目前以中小型为主的思想。

陈云在三个协作区的讲话为后来起草的中央基建委《关于当前基本建设工作中的几个重大问题的报告》奠定了基础。

几个协作区的基本建设工作会议前前后后开了一个多月，一直到10月25日，陈云等人才先后回到北京。27日，陈云致信毛泽东，说七个协作区的基本建设工作会议都已结束，请求当面报告一些问题，以便准备提交11月中共中央政治局扩大会议的文件。28日，陈云向毛泽东口头汇报了当前基本建设中的一些问题。毛泽东要求写一份书面报告，并指定11月7日交卷。

然而，连续一个多月主持三个协作区的基本建设工作会议，短时间内奔波往返于大半个中国，这是陈云体力难以支持的。11月2日，陈云因发烧住进了医院。书面报告不得不由宋劭文执笔，延期交卷。宋劭文时任国家基建委副主任兼党组副书记，从20世纪40年代起从事财经工作，一直在陈云的领导下工作。他根据陈云在华北、东北、西北三个协作区基本建设工作会议上的讲话精神，整理了一份书面报告，基建委多次讨论，通过了这个报告。17日，陈云将报告交给了毛泽东，附了这封说明情况的信。两天后，11月19日，毛泽东在陈云送去的文件上作了批示，说“此件很好”，“应予批准，在全国推行”。

陈云是到武昌后提交的报告。他来这里是为了准备和出席即将召开的中共中央政治局扩大会议（又称“武昌会议”）。武昌会议于11月21日至27日召开，由毛泽东主持，是为随后召开的中共八届六中全会作准备的。武昌会议是“大跃进”期间一次较有影响的会议，主要讨论“高指标”和“浮夸风”问题。在会上，毛泽东延续之前11月初第一次郑州会议的精神，再次郑重提出，在向共产主义过渡的问题上要谨慎，粮食和钢铁生产指标要“压缩空气”。会议在肯定“大跃进”的前提下，进行了纠“左”的努力。

反映陈云思想的《关于当前基本建设工作中的几个重大问题的报告》，在毛泽东的要求下，印发给参加武昌会议的各同志。报告分六个部分：“工业布局应该适当分散，企业类型应该以中小为主”；“基本建设项目施工先后必须排队”；“设计工作必须贯彻执行土洋结合的方针”；“推广快速施工”；“认真组织成套设备的供应”；“基本建设必须加强党的领导，大搞群众运动”。与会者对报告进行了讨论，11月27日，陈云根据与会者的意见和毛泽东的指示，又对报告作了修改，增加了开展快速施工运动应该加强施工前的准备工作和施工中的技术组织管理工作、避免发生较大伤亡事故、切实保证安全作业等内容。这个报告对缓解“大跃进”造成的基本建设战线畸形发展的形势和混乱的状况，起到了积极作用。

武昌会议为纠正“大跃进”以来经济工作“左”的倾向起到了良好的作用。在中共高层领导人中间，对于一些突出问题的认识渐趋一致，为中共八届六中全会的召开准备了条件。11月28日至12月10日，六中全会在武昌召开。其中，通过的《关于1959年国民经济计划的决议》，是根据毛泽东“压缩空气”的精神制定的。但是，《决议》对“高指标”的压缩仍然很不够。陈云对这些指标有所保留，并向起草文件的胡乔木提出不要在会议公报中公布指标，但是这个意见没有反映到毛泽东那里。

同时，“大跃进”中，由于单纯图快、严重违反操作规程和管理混乱，发生了许多工程质量事故，陈云忧心如焚。为了研究解决基本建设工作中出现的工程质量问题，六中全会后，陈云又奔赴杭州，视察刚刚发生过生产事故的杭州半山钢铁厂。在掌握了现场第一手材料后，他于1958年12月22日至26日主持了全国基本建设工程质量杭州现场会议，力图纠正基本建设中片面图快图省而不顾工程质量的倾向，对那些质量不好的工程采取补救措施。陈云在会上首先发言，分析产生事故的五点原因。经过几天的讨论，他最后对大会作了总结，提出解决全国基本建设工程质量方面存在的严重问题的六条措施。

回京后，陈云致信毛泽东，将他在杭州现场会议的讲话和会议纪要作了报告，直言不讳地指出，“目前基本建设工程质量很坏，事故很多”，存在“只图数量不顾质量”，“多快省而不讲好”，“基建任务很大很急，但基建的工人（新的）和设备都与任务不相称”等。陈云所说的这些直指基建工作的问题核心。

经毛泽东同意，1959年1月6日，陈云在书记处会议上报告了杭州现场会议情况。书记处会议讨论并同意了陈云的意见，决定“有些项目的施工时间可以放慢”、“具体安排上要保证重点”等，并批转了陈云在杭州两次讲话的纪要。

在中共中央批转陈云在杭州现场会议上两个讲话纪要的同时，陈云根据对新中国基本建设工作的一些根本问题的深思熟虑，整理了自己在三大协作区会议上的讲话和杭州现场会议上的两次讲话，写出《当前基本建设工作中的几个重大问题》一文，刊载于1959年《红旗》杂志第5期，同时于1959年3月1日在《人民日报》发表。改革开放新时期，陈云在杭州现场会议的总结讲话被收入《陈云文选》第三卷，题为《保证基本建设工程质量的几个重要问题》；他西北协作区的讲话被整理收入《陈云文集》，题为《基本建设的几个重要问题》。直至今天，陈云关于基本建设的真知灼见，仍然具有重要的启示意义，引人深思。

总之，陈云是在“大跃进”的高潮中抓全国基本建设的，也是作为反“冒进”的受批评者担任基建委主任的，他不可能脱离当时的整个氛围，也没有从根本上认识“大跃进”的严重失误。然而，陈云坚持从实际出发，实事求是的态度，让他力求能把工作做得符合实际，反对单纯图快而主观蛮干，并在“大跃进”中发出很清醒的声音，这是十分难能可贵的。

调整落实钢铁指标

小平同志并中央各同志：

我因心脏有些病（发生过一次痉挛，平日感到呼吸急促不到底），需要休息一下。同时到昨天止，各省市建委主任会议的主要议题已告一段落，故我拟于明天到广西去休息一下。建委日常工作由党组副书记宋劭文同志代理，大事则请示富春同志。财经小组工作也请富春同志代理。

我仍将参加三月廿五日的上海会议。特告并致

敬礼！

陈　云

一九五九年三月十日

1958年8月中央北戴河会议后，"大跃进"运动在全国掀起高潮。陈云此前关于经济建设方面的正确意见多次遭到批评，但善于调查研究、注重及时总结经验的陈云还是冷静地对钢铁等"高指标"提出质疑，并表示反对一些经济失衡的做法。由于"大跃进"中形成了一种"指标低就是'右倾机会主义'"的错误思想，陈云的这些做法无疑是需要极大勇气的，也承受了很大的思想压力。

陈云一方面以全副身心投入到国家建设事业的决策和计划中，连日召开各种关于生产计划、安全事故的会议，往来奔走于各地视察和调研基本建设的情况；另一方面，1958年来"高指标"、"浮夸风"盛行，头脑比较冷静的陈云本着强烈的责任

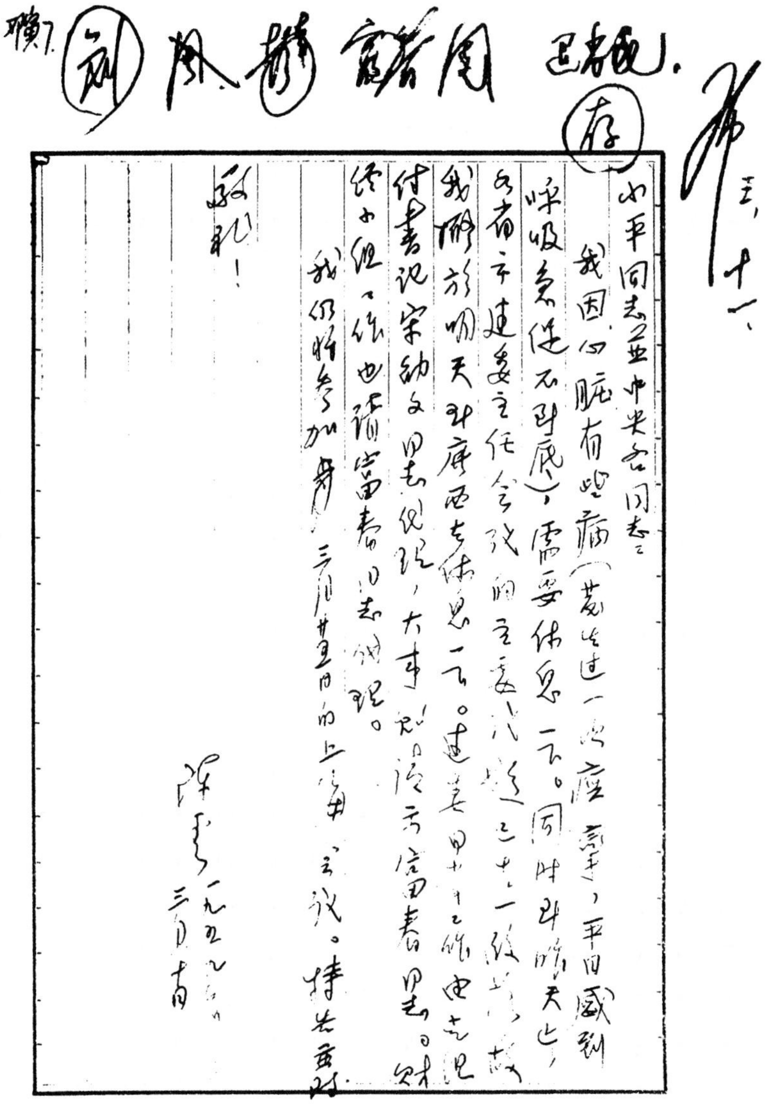
小平同志并中央各同志：

我因心脏有些病（前些时发过一次[illegible]），平日感到呼吸急促不舒服，需要休息一下。同时[illegible]有个建委主任会议的主要[illegible]

我[illegible]明天[illegible]休息一下。[illegible]付书记宋[illegible]同志代理，大事[illegible]富春同志[illegible]

经小组[illegible]也请富春同志代理。

我们[illegible]参加[illegible]会议。[illegible]

敬礼！

陈云 一九五[illegible]年 三月[illegible]日

心，顶着巨大的压力，思考并提出了许多切合实际的主张和建议。1958年到1959年春，繁忙的工作和压力使得陈云的健康状况很不理想，经常发烧。由于过分紧张和劳累，身体和精神高强度运转，陈云的心脏病再度发作，不得不放下工作休息一下。

1959年3月10日，陈云给当时主管书记处工作的中央委员会总书记邓小平并中央各同志写了一封信，实际上是个病假条。陈云在信里说明自己心脏病发，需要请假休息，并对工作交接作了安排。信经邓小平批转，刘少奇、周恩来、彭真、李富春传阅了这封信，毛泽东和其他一些同志因为没在北京没有传阅。中央批准后，陈云又写信通知了中央财经小组其他成员和国务院财经各部党委，随后安排了疗养休息。

值得一提的是，这封信末尾，陈云特地指出：“我仍将参加三月廿五日的上海会议。”

随后，陈云到桂林、杭州疗养了十来天。

1959年3月25日至4月1日，中共中央政治局扩大会议（又称“上海会议”）在上海锦江饭店礼堂举行。这次会议是为随后召开的中共八届七中全会作准备的。1959年的经济计划指标（主要是工业指标）是这次会议最主要的议题。

陈云坚持参加这次会议与他对这两年来生产上的“高指标”不放心有关。从1958年11月初郑州会议开始，毛泽东已经发现一些经济过热的问题了，并提出“压缩空气”的要求。但是，1958年11月八届六中全会通过的1959年钢铁指标，虽然由3000万吨降到1800万吨，但是陈云觉得仍然降得不够，而且粮、棉、钢、煤四大指标都定得太高。他曾两次提出意见：一次是六中全会结束时他就向毛泽东反映，但是因故没有传到毛泽东那里，四大指标仍然公布了。另一次是1959年1月中旬，毛泽东找陈云谈经济问题，陈云直抒己见：“一千八百万吨好钢是不是能够完成？恐怕有点问题。”毫不含糊地表达对钢铁指标的不同意见。毛泽东听后说，那就拉倒，甚至这个总路线究竟正确不正确我还得观察。

到了1959年初，钢铁指标无法完成，生产安排、基本建设和年度计划受影响等状况逐渐出现，引起人们的思考和注意。陈云一直以来要求降低指标、保证质量的主张逐渐得到认同和重视，他关于解决基本建设过程的质量问题、降低钢铁生产指标、缓和市场紧张状态等解决问题的具体措施得到讨论和关注。因此，他不顾身体疲弱，坚持参加了在上海举行的政治局扩大会议和中共八届七中全会，参与讨论经济指标问题。

因为指导思想上的“大跃进”，指标问题仍然争议不休，从上海会议一直讨论到随后召开的八届七中全会（4月2日至5日在上海召开）。毛泽东在会上介绍了陈云关于降低指标的两次提议并表扬了他，称赞“正确的就是他一个人”。在毛泽东的支持下，陈云关于降低指标的意见终于得到会议的重视。4月4日，李富春报告1959年国民经济计划问题，提出把钢产指标降到1650万吨，基建投资从360亿元降到260亿元至280亿元之间，基建项目从1500个减少到1000个。其他一些主要指标也都有所降低。然而，考虑到“怕泄气，怕政治影响不好”，这些指标只是内部下达，没有公开。

会后，陈云继续在杭州、上海、南京等地疗养了半个多月。4月24日回到北京，结束休假。因为七中全会后毛泽东对钢铁指标仍然很不放心，他委托陈云进一步落实。

实际上，钢铁生产在当时是重要的政治任务，各方面的计划指标都很高，要实事求是地把它压下来有很大阻力。陈云接受任务后，广泛听取各部门、各方面的意见，有的是开会听取汇报，有的是找有关部门的负责人座谈或征求意见，有的是个别交谈、询问情况。陈云听取了各方面意见以后，从5月3日起，在他主持下，中央财经小组听取冶金部六天汇报，集中讨论一天。经过上下左右各方面的比较研究，陈云最后提出落实钢铁指标的意见是，钢材的可靠指标拟定为900万吨，钢的生产指标拟定为1300万吨。

5月11日，陈云向中共中央政治局作了一次口头报告，15日又给毛泽东写了一封信，阐明降低钢铁指标的理由，还提出要着重处理好生产中数量与质量、重点与一般、当前与将来的关系。

由于陈云的意见材料翔实、论据充分、论证周密，很有说服力，被中共中央政治局和毛泽东所接受，中央政治局正式将1959年钢材生产指标调整为900万吨，相应地将钢的生产指标调整为1300万吨。这是一次大胆的调整。实际结果显示，1959年的实际钢产量仅仅是刚刚实现这个指标。

国难思良将

毛主席：

我昨日下午回到了北京。休息了一下以后，心脏病未续发。

方才周小舟打电话给我，要我转达你两件事：（一）今天湖南省委开了一个紧急会议，把本来准备今年减少的播种面积八百万亩中，仍旧播种三五百万亩，就是说尽可能少减或不减播种面积，因为如果单位面积产量不能增产得预计那样高的时候，完成总产量就有危险。（二）稻子密植的程度不能太密，太密了也有危险，所以湖南省委也已决定减少密度。

小舟同志认为这两件事所以有报告你的必要是因为现在正在播种的时候，机不可失，如果迟了就来不及了。

我认为小舟的意见是对的，方才我在电话中与震林同志商量了一下，震林同志说他与农业部早已注意了这个问题。我与震林商定专为此事再发一个通知，此通知由震林同志与农业部办。特此报告。

敬礼！

陈　云

四月廿五日廿三时

这是1959年4月25日，陈云写给毛泽东的一封信。这封信是在极为特殊的历史背景下写就的。

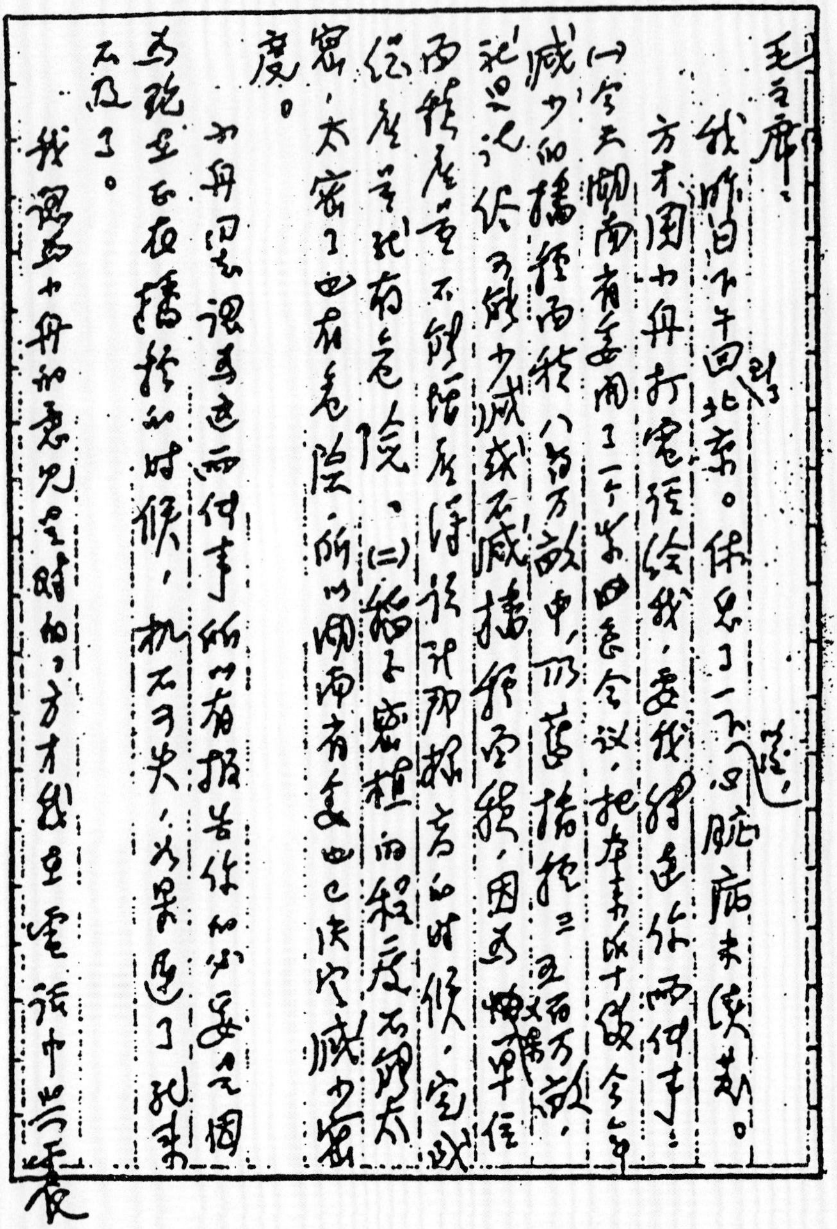

毛主席：

我昨日下午回到北京。休息了一下，心脏病未发作。

方才田家英打电话给我，要我转达你两件事：(一)今天湖南省委开了一个紧急会议，把本来以为今年减少的播种面积八百万亩中，仍落实播种三至五百万亩，就只认为你可能少减或不减播种面积，因为[illegible]早任面积应当不能低于保证播种的时候，定改任务去我有危险。(二)稻子密植的程度不能太密，太密了也有危险，所以湖南省委也已决定减少密度。

田家英说，很为这两件事，所以打报告你的必要是因为现在正在播种的时候，机不可失，如果过了就来不及了。

我认为田家英的意见是对的，方才我在电话中已[illegible]表格日乐音是了一下，蒙林日乐说他当来看平山区去了这个问题。我与蒙林商定由寿昌再找一个适当人选去迈犬由蒙林日乐去落实办好。特此报告。

致礼！

陈云

四月廿五日

廿三时

新中国成立后，陈云在工作之余喜欢到北海公园、中山公园等距中南海不远的地方散步。他散步很简单，从不影响群众，并喜欢和群众交谈。然而，60年代后，陈云几乎不怎么去公园散步了，他自己也不再提这件事情。长子陈元感到有些奇怪，便问父亲这两年为什么不去公园？陈云非常沉重地回答："现在老百姓吃不上饭，我对不起老百姓。"老百姓吃饭的事情，是陈云考虑的首要的大问题。民以食为天，如果老百姓连饭都吃不上，国家的建设和发展就是空谈。所以，陈云一向十分重视粮食问题。

新中国成立后，陈云强调粮食是国家稳定的重要战略物资，农业的发展是建设工作的重要环节，他说："粮食、纱布是市场的主要物资，我掌握多少，即是控制市场力量之大小。"陈云就粮食问题重点提出了几个工作思路：要进行土地改革，调动农民的生产积极性；要注意兴修水利，注意防涝防旱；要完善铁路运输网以保证粮食能够得到合理的调配；要完善粮食的管理体制，等等。

1958年5月，中国共产党第八次全国代表大会第二次会议在北京举行。大会通过了"鼓足干劲、力争上游、多快好省地建设社会主义"的总路线。会上提出了新拟定的第二个五年计划的主要指标。新的指标同1956年八大一次会议通过的第二个五年计划的建议数字比较，发生了很大变化。其中，粮食产量由原来建议的5000亿斤左右，变为6000亿斤到7000亿斤；第二个五年计划的农业总产值将递增13%到16%，比第一个五年计划期间农业每年递增4.5%的发展速度，大大地提高了。中共八大二次会议后，轰轰烈烈的"大跃进"运动在全国范围内广泛开展起来。

1959年初，国家经济建设的各个方面都出现了困难。截至同年3月，据不完全统计，全国各地反映缺粮问题的人民来信共319件，涉及164个县市。缺粮直接导致了城市的市场供应紧张，包括蔬菜等在内的基本生活已经开始供不应求。

陈云是这一时期党内较早看出农业建设中相关问题的领导

人。针对粮食问题，他说过一句脍炙人口的名言：“粮食定，天下定。”就“大跃进”运动中出现的粮食问题，他提出了几条行之有效的解决办法：

一是粮食要省吃俭用。陈云说：“我认为不管今年粮食增产多少，都必须省吃俭用，控制销量。抓住这一头，十分重要。我国粮食问题还没有过关。粮食定，天下定；粮食紧，市场紧。粮食现在仍然是稳定市场最重要的物资，一定要做好这一方面的工作。”

二是组织猪、鸡、鸭、蛋、鱼的供应。陈云认为，“改善生活，吃还是第一位”，“组织猪、鸡、鸭、蛋、鱼的供应，必须从生产入手，定出有效的办法。发展养猪、养鸡、养鸭，国营、集体、个人三种形式可以同时并行，三条腿走路”。

三是专门安排一下日用必需品的生产。陈云说：“在安排工业生产的时候，应该专门拨出一部分原料和材料，安排日用必需品的生产。”

四是压缩购买力。他说：“对去年过多地招收了的一千多万工人，必须认真地加以精减，安置到农村去，以便压缩现有的购买力。”

五是解决运输紧张问题。陈云提出：“应该尽先安排商业的需要，加强城乡物资交流。工业不要去和农业、商业争短途运输力量。”

1959年庐山会议召开前，毛泽东认真思考国家经济建设形势，感慨地说：“国难思良将，家贫思贤妻。陈云同志对经济工作是比较有研究的，让陈云同志来主管计划工作、财经工作比较好。”然而，早在1959年春，陈云就被确诊患有心脏病。是年3月10日，陈云写信给邓小平并中央各同志，表示因病需要休息一段时间。中央十分关心陈云的病情，同意他到京外疗养身体。即便如此，在一个多月的病假中，陈云仍然抱病参加了在上海举行的中共中央政治局扩大会议和中共八届七中全会。

1959年4月25日，陈云在给毛泽东的信中说：“我昨日下午回到了北京。休息了一下以后，心脏病未续发。”但是，重新回到北京开展工作的陈云，没有因为自己身体虚弱而放松工作，他在做深入细致的调查研究工作时，由于过于紧张而劳累，5月23日，陈云的心脏病又复发了。在随后的休息时间里，陈云从来没有将国家建设的重担从心中放下，他经常致信给相关负责人，提出自己宝贵而中肯的建议，在国家的建设事业中尽职尽责。

作为一名见证中国共产党从弱小走向强大的老党员，陈云真诚地希望新中国能有一个名副其实的大跃进。但是，当“大跃进”出现片面追求数量和速度，引起经济失衡、市场紧张时，他最早提出降低指标和保证质量的主张。接着，他又强调必须依据综合平衡和按比例发展的原则办事，并提出缓和市场紧张状态的切实办法。对此，毛泽东称赞陈云说：“他这个人是很勇敢的，犯错误也勇敢，坚持真理也勇敢。”对于陈云在“大跃进”中提出的一些意见，毛泽东表示：“正确的就是他一个人。”

107★

建设强大的人民空军

发扬艰苦奋斗精神，建设强大的人民空军。

陈　云　八十五

这是陈云在1989年9月30日题写的条幅，体现了这位85岁的老人对中国空军建设事业的关切之情。

20世纪80年代初开始，随着“把我军建设成为一支强大的现代化正规化的革命军队”要求的提出，中国军队的建设进入了一个追求质量、讲究实效的历史阶段，部队作战能力和水平向新的台阶迈进。其中，空军的发展取得了令人瞩目的成果，在人才培养、武器装备、战术素养等方面都有长足进步。

陈云在耄耋之年仍然对中国空军的发展十分关注。作为党和国家领导人，陈云向来分管经济建设和党纪方面的工作，为何对空军建设格外关注呢？

其实，早在革命战争年代，陈云就同中国空军结下不解之缘。

1937年3月中旬，由于敌我力量十分悬殊，红军西路军受到马步芳、马步青军队的疯狂围攻，人数由2.1万人锐减到只剩2000多人。为保存力量，西路军军政委员会决定将余部划分为三个游击支队分路突围。其中，李先念率领左支队向祁连山脉西侧挺进。之后，中央要求左支队向新疆转进，并派陈云和滕代远到新疆与甘肃交界的星星峡接应。当左支队于1937年4月下旬到达人迹罕至的星星峡时，兵力只有400多人，可谓“命悬一线”。

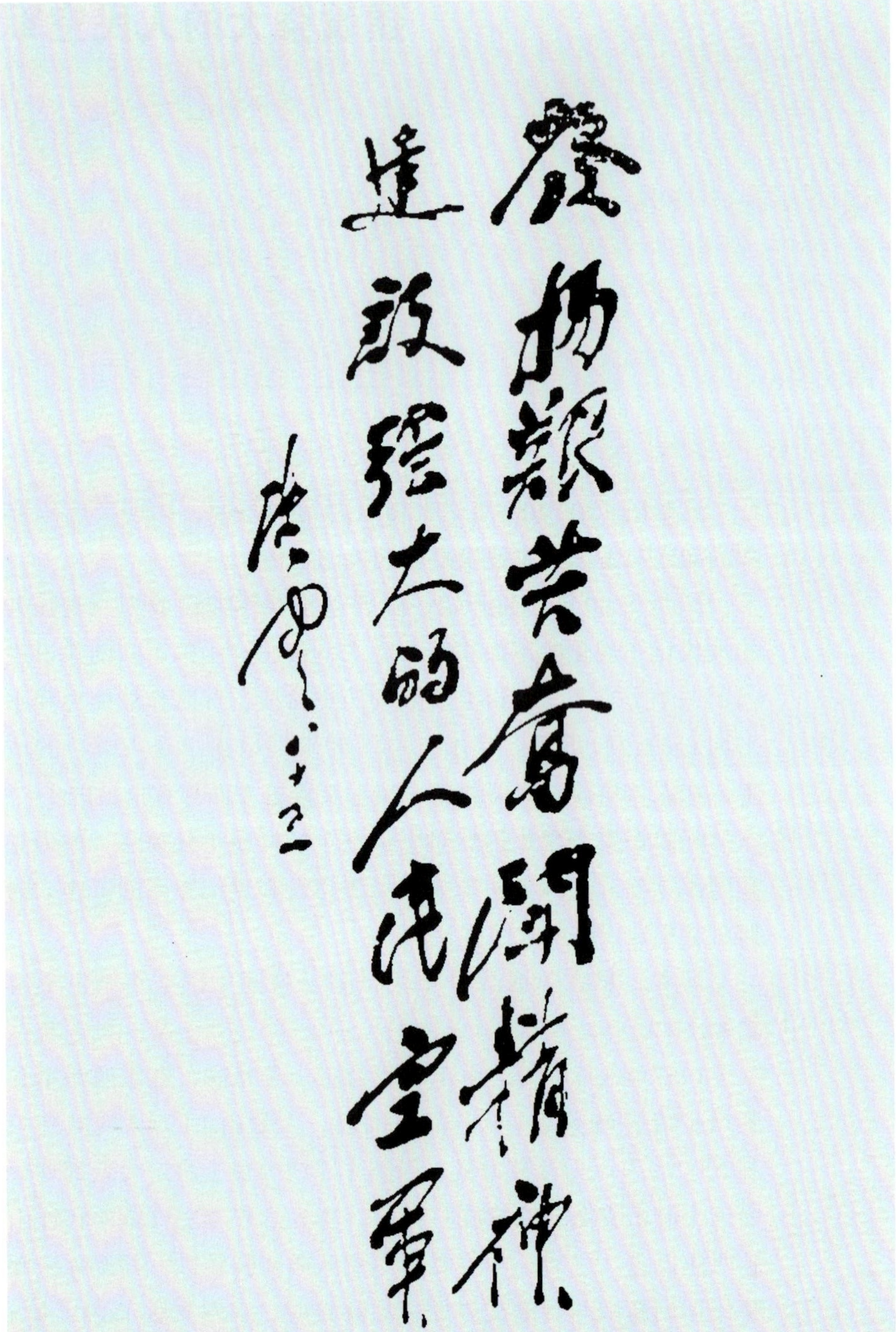
发扬艰苦奋斗精神
建设强大的人民空军
陈云

1937年5月1日，陈云和滕代远等人带着车队和大量的物资火速赶到星星峡，准备接应左支队。此前，陈云已同新疆军阀盛世才多次谈判，迫使其同意西路军余部进入迪化（今乌鲁木齐）。当陈云和滕代远等赶到星星峡同李先念等西路军左支队领导干部和战士见面时，他百感交集。陈云后来描述当时的情景："他们已经有40多天没有洗脸，每个人手上有一二毫米厚的黑皮，面黄肌瘦，简直不类人形。如果说红军过草地已经很苦的话，西路军左支队在祁连山中所受的苦，更增加百倍。"经过几天的休整后，5月4日，陈云率领西路军左支队的指战员乘车向迪化进发。陈云对大家说："西路军虽然失败了，但还剩几百人，你们是沙里淘金，是党的宝贵财富。"接着，陈云介绍了新疆的社会状况，说："我们到新疆去，对外称'新兵'。若有人问，就说我们是修公路的新兵。"

到达迪化后，考虑到国际和国内的局势，陈云请示中央同意后，取消了左支队的番号，成立总支队，对外称"新兵营"。

"我们要战胜日本侵略者，不能光靠步枪、刺刀，还需要有飞机、大炮、汽车、装甲车。现在没有，将来总会有的，等有了再学就晚了。因此，从现在起就要着手培养会驾驶飞机、汽车、装甲车的人才，这是一件有战略意义的任务。"这是陈云在动员"新兵营"战士学习军事技术时讲的话，此时的陈云已经前瞻性地把握我军未来发展的方向，提出了学习先进军事技术的重要性。

在学习活动取得初步进展后，陈云提出了一个大胆的计划——培养我党自己的航空技术干部队伍。中国共产党的军队从建军以来，由于没有自己的空军，在无数的战斗中吃尽了没有制空权的苦头，无数的战士倒在了敌军的空袭之下。中国共产党人做梦都想拥有属于自己的空中部队。

中国共产党人的空军梦即将从"新兵营"里起航！

为了培养自己的航空技术人员，陈云又多次同盛世才交涉，请他的航空队为八路军培训空中和地勤人员。盛世才并不愿意替共产党培养人才，善于投机钻营的他提出了三个十分苛刻的条件：一是要求苏联再资助几架飞机；二是训练好后的飞行员需要留在他的航空队服役一段时间；三是共产党要派一批干部到新疆帮助发展建设。陈云经过再三权衡，认为同意这三个条件并不会丧失原则，便与盛世才达成了协议。此后，陈云同滕代远等从总支队中精心挑选了符合条件的学员到盛世才的新疆航空队学习。

1937 年 11 月下旬，陈云回到延安向中央汇报了培养航空技术人员的计划，得到了中央的支持。陈云在延安军政大学、摩托学校中又选取了十几位同志去新疆，并鼓励他们说："你们将是第一批红色飞行师，是红色空军第一批骨干；不要怕文化低，不要怕人家看不起，要有坚强的毅力，刻苦学习，一定要把技术学到手。"

一支属于中国共产党自己的航空技术队伍终于诞生了。

这批年轻的、文化水平并不太高的红军战士没有忘记陈云的谆谆教诲，他们以优异的成绩震动了整个航空学校。1939 年，机械班毕业时，19 名学员有 17 名成绩都在 4.5 分以上，飞行班学员 25 人中 21 人毕业。这样骄人的成绩，令盛世才的部下赞叹不已。

1939 年 9 月，周恩来去苏联治疗手伤途经新疆时，接见了在新疆航空队学习航空技术的同志。他充分肯定了培养航空技术人员的做法，说："陈云同志做了件很好的事。将来建设我们自己的空军，有骨干、有种子了。"

随着国民党掀起的第二次反共高潮，善于投机钻营的盛世才倒向了蒋介石，开始在新疆执行反共政策。皖南事变后，国民党封锁了新疆到延安的交通。正当新疆的党员准备撤往苏联时，盛世才突然发难。1942 年 9 月 17 日，他将陈潭秋、毛泽民、林基路及在新疆迪化的人员囚禁起来。一年后，陈潭秋、毛泽民、林基路遭到杀害，不幸牺牲。

中共中央一直没有放弃对被囚禁人员的营救。1946 年年中，终于取得张治中的支持，国民党释放了在新疆被关押的中共党员。释放人员中有航空技术人员 31 人，他们随后按照中共中央的决定，到丹东参加东北航空学校的创建工作，为培养人民空军的飞行员和其他航空干部发挥了骨干作用，成为人民空军的栋梁之材。

时至今日，中国空军发展成为以航空兵为主体，诸兵种组成的合成军种，现代化建设和部队战斗力水平进入新阶段。中国空军已成为维护国家主权、保卫祖国领空、促进统一大业的重要军事力量，在高技术条件下的军事斗争中发挥着重要作用。

“发扬艰苦奋斗精神，建设强大的人民空军。”饮水思源，我们不能忘记中国共产党在建党建军过程中的艰辛和困苦。陈云的条幅正是倡导要坚持和发扬我军艰苦奋斗的传统，这是陈云对新一代航空事业最深情的寄语。

彻底的唯物主义者

尚昆同志:

前几年有一次中央委员全体会议上自愿签名死后火葬，那一次我未出席会议所以没有签字。我是赞成火葬的，特补此信，作为我的补签字。

同时我还赞成尸体解剖的，因为这无损于死者而有益于医学。因此，如果我死后医生觉得那些器官需要解剖来证实一下当时诊断医疗是否正确，请让医生解剖。

专此即陈

敬礼!

陈　云

一九五九年二月十日

这是1959年2月10日，陈云专门就火葬问题给时任中共中央副秘书长、中央办公厅主任杨尚昆写的一封信。

陈云在这封信中说:“前几年有一次中央委员全体会议上自愿签名死后火葬，那一次我未出席会议所以没有签字。我是赞成火葬的，特补此信，作为我的补签字。”

1991年，中央作出了关于丧事从简的决定以后，陈云同样非常拥护，多次交代，他死后一定要照此办理。

据曾任陈云保健医生的周光生回忆，有一天，陈云把他叫到身边说:“你在我身边工作多年，我身后的事向你交代一下。毛主席生前一贯主张共产党内不要用领导人的名字去命名

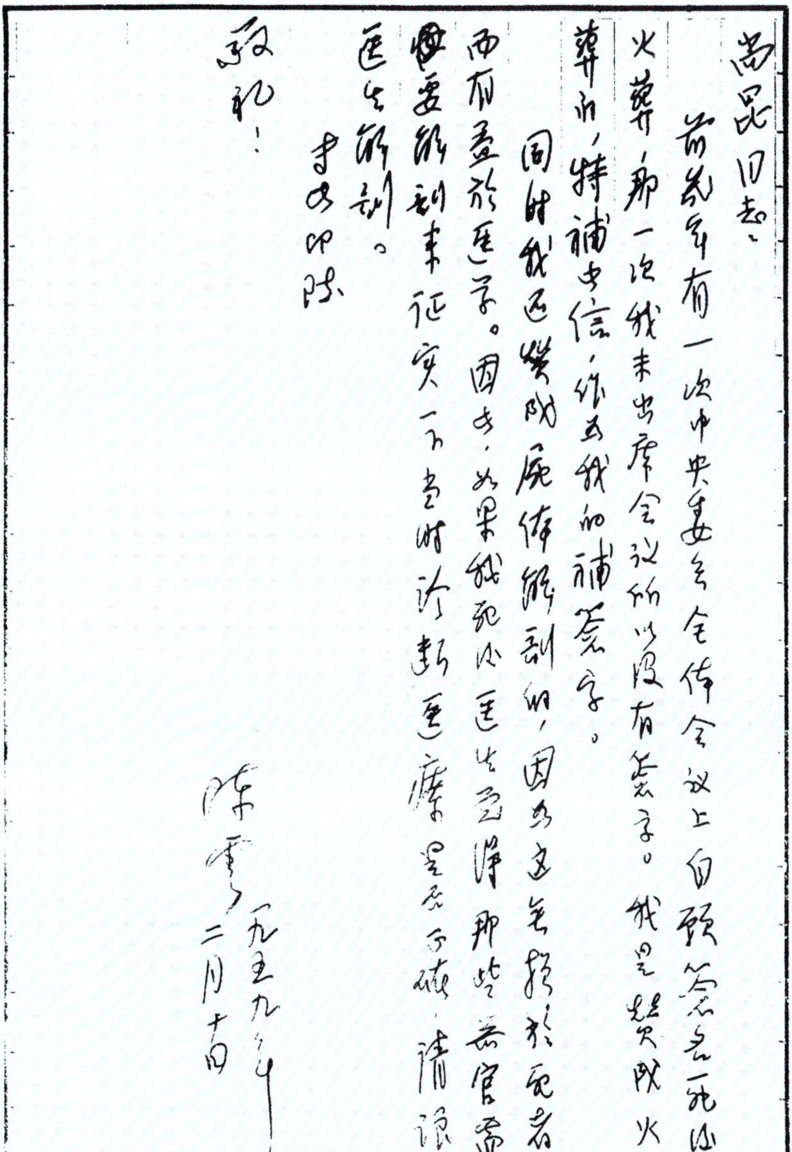

尚昆同志：

前几年有一次中央委员全体会议上自愿签名一死以火葬。那一次我未出席会议，所以没有签字。我是赞成火葬的，特补此信，作为我的补签字。

同时我还赞成尸体解剖的，因为这是有利于死者而有益于医学。因此，如果我死以后医生觉得那些器官需要解剖来证实一下当时诊断医疗是否正确，请医生解剖。

专此即陈

致

礼！

陈云 一九五九年 二月十四日

城市、街道，不提倡搞祝寿活动。搞毛主席纪念堂，那不是毛主席的本意。”陈云又说：“我身后不开追悼会，不搞告别仪式，要交给医学研究。这件事已告诉秘书了，现在也告诉给你，你要为我做个见证。”之后，周光生把这次谈话内容整理成文字资料，上报给时任中央办公厅副主任兼中央警卫局局长杨德中。

1994年5月13日，陈云在上海度过了他最后的一个冬天和春天后回到北京。北京冬天比较干燥，南方气候比较湿润，按照医疗专家的建议，到南方过冬，对治疗他的气管炎和皮肤瘙痒有好处。况且，他是一个南方人，讲起话来有很浓厚的上海话音，饮食又喜欢南方口味，所以这几年冬天都在南方度过。在杭州度过了两个冬天，在上海度过了四个冬天。从上海回到北京以后，陈云的心情一直很好，并开玩笑说：“金窝银窝不如自己的草窝。”

5月25日下午，医务人员观察到他左肺有轻度的炎症，建议住院治疗。陈云同医疗专家商量，说能不能在家里治疗。专家说，还是住院治疗好。他又问，住院期间每天新闻是否可以照常听。专家回答，可以。于是当天晚上9点多钟，他吃过晚饭后就住进了北京医院。当时大家认为陈云是能够很快恢复健康的，但从此他再也没有能够回到自己的住地。在医院治疗过程中，当身体的恢复稍微好一点的时候，陈云曾几次向专家提出什么时候能够回家这类问题。专家总是回答说，等您的身体完全恢复以后可以回家，但现在不行，因为家里没有这样的医疗条件。陈云也总是欣然表示同意。

陈云患有老年慢性气管炎，需要做气管切开手术，他见多识广，知道气管切开的作用。据曾任陈云保健医生的王赞舜回忆，当时卫生部部长陈敏给陈云说明做气管切开手术的原因后，陈云毫不犹豫地同意了。他还风趣地说：“是不是把我的鼻子还保留在原来的位置。”在场的医务人员都被陈云面对现实、乐观开朗的精神所感动。陈云对人生的自然规律了如指掌，对自己的病情有着清醒的估计。他对医务人员说：“不管是什么人，哪一种疾病，你们的医疗计划不要做得太长，有长计划当然很好，但还要根据病情的不断变化做短安排，随时改进，稳步进行，才能收到良好的治疗效果。”这是他向医务工作者提出的更高要求。

1995年4月10日清晨5点多钟，北京医院220病房的值班医务人员给陈云身边工作人员打来电话，说“首长有情况”。大家立即赶到医院。医生说，刚才首长的血压突然下降，并出现混乱性房性心律，现在已经采取措施，血压和心律开始趋于稳定，但还要密切观察。下午2点零4分，在搏击了90个春秋以后，陈云的心脏停止了跳动。

对自己的后事，陈云生前曾交代过，“我是赞成火葬的”，“同时我还赞成尸体解剖的，因为这无损于死者而有益于医学”，“如果我死后医生觉得那些器官需要解剖来证实一下当时诊断医疗是否正确，请让医生解剖”。关于丧事从简的意愿，陈云生前也多次向中央作了表达。

遵照陈云的遗愿，他去世的第二天，北京医院的专家们含着悲痛对遗体进行了解剖。他的内脏器官献给了祖国的医学事业。

4月17日，陈云遗体在北京火化。为悼念陈云，首都天安门、新华门、人民大会堂、外交部，各省、自治区、直辖市党委、政府所在地，各边境口岸、对外海空港口，新华社香港分社、新华社澳门分社和中国驻外使领馆等处，当天下半旗志哀。党和国家领导人到北京医院送别陈云。陈云遗体在北京八宝山革命公墓火化。按照陈云家属的愿望，陈云的骨灰撒在八宝山革命公墓的一株茂盛的雪松下。

在江西“蹲点”的日子里

马骏同志：

今天廿四日下午三时食堂班组会，我因事不能参加，请假。明日（廿五日）食堂班组会（会）我准时参加。请告食堂同志。

陈 云

廿三日上午

这是“文化大革命”中陈云在江西“蹲点”期间写的一张请假条。

1969年11月初的一天，福州军区南昌青云谱干部休养所（现江西省军区第一干休所）副所长沈玉贵接到江西省革委会、省军区的通知，从北京来的一位叫“陈元方”的首长将到干休所居住，要求做好接待工作，并且要求安排“陈元方”在江西化工石油机械厂“蹲点”调研。末了还特地叮嘱他，此事务必保密，出了问题后果自负。

11月3日晚，“陈元方”乘坐的轿车驶到青云谱干休所8号房前缓缓停下。他慢慢走下车来，早在此地等候的沈玉贵觉得这位北京客人很面熟，但一时没有想起来，过了片刻才反应过来。

这位“陈元方”正是陈云。陈云后来解释说：“我有两个儿子，一个叫陈元，一个叫陈方，把两个儿子的名字合在一起就叫陈元方。”

这是“文化大革命”的第四个年头，因1962年提出搞“分马骏同志：

今天廿四下午二时食堂班组会，我因有事不能参加，请假。明日（廿五日）食堂班组会我准时参加。请告食堂同志。

陈云

廿三日上午

田到户”受批判而早已赋闲的陈云被疏散到这里“蹲点”。从此，陈云开始了两年零七个月的“蹲点”生活。

除了几位工作人员外，没有一位亲人陪同。而他随身携带的最主要物品是装满了两个铁皮箱和一个木箱的书籍。

“蹲点”开始后，陈云不顾体弱多病，不避严寒酷暑，一般每星期下厂三四次，深入到工人中，进行调查研究，走遍了化工石油机械厂的每一个角落。厂里有铸工、铸锻、木模、金工、容器和机修等车间，有中心仓库、钢材与铜材库、实验室，还有汽车运输队、职工食堂、医院、子弟学校、“五七”生产队以及家属粉丝加工场等。陈云轮流到这些地方去，同那里的职工聊家常、谈生产、讲勤俭，有说有笑，气氛热烈而亲切。

1970年4月间，陈云还特地在食堂“蹲点”半个多月。他认为，一个工厂办好食堂很重要。食堂办不好，很难调动职工的生产积极性，生产就难上去。一次，陈云原定参加食堂炊事班政治学习会，因临时有事不能按时参加，他派工作人员送来一张请假条，写道：“马骏同志：今天廿四日下午三时食堂班组会，我因事不能参加，请假。明日（廿五日）食堂班组会（会）我准时参加。请告食堂同志。陈云　廿三日上午。”在陈云关心下，厂里为食堂设计、制造了一台饺子机，炊事员工作服等也得到了解决，食堂工作很快有了明显改进。

在江西的日子，除到化工石油机械厂“蹲点”和到附近工厂农村调查研究外，陈云把其余的时间全部放在了阅读上。

陈云读书可以说到了废寝忘食的程度，经常在警卫员叫他吃饭时，他虽然答应了，但还在读，叫几次后才放下书，去洗手吃饭；晚上读书经常读到深夜十一二点钟，也是要警卫员催他多次，才肯休息。他和工作人员谈他的读书体会时说，列宁的文章针对性很强，都是针对当时苏联革命中发生的问题写的，文章也很生动，很吸引人。毛主席的文章也有这个特点，针对性很强。他说，《资本论》在延安时看过一遍，全国解放后很想再看一遍，但是由于工作实在太忙，一直没有时间看，这次到江西来才又看了一遍。

沈玉贵回忆说："凡是去看首长，手上拿的不是书，就是报纸。凡是去，他都是学习。"就连时任陈云秘书的萧华光也迷惑不解："我们很奇怪，因为当时我们脑子里，已经到这个地步了，你虽然是没有完全被打倒，但是你也不行了。但是他居然能沉下心来，他每天晚上看到十一二点。"

在江西读过的这些著作中，陈云大多作了标注，有的还写有简短的心得体会。其中，他标注最多的是《列宁全集》，在书上画了密密麻麻的杠杠圈圈。无疑，这是他用心最多的一部著作。

在"文革"这种特殊的环境下，多次遭受政治挫折而又客居他乡的陈云在关注什么问题呢？在与探望他的长子陈元的谈话中，陈云提到了一个重要问题。

"党的民主集中制。这个他是从建国以后主持经济工作中反反复复和所经历的各种坎坷与批评中得来的。他认为按照列宁的民主集中制，这些问题应该可以在党内进行讨论，可以通过讨论以后辨明是非，总结经验，然后再加以实行。很多'左'的错误，都是因为党的民主集中制受到破坏，实行一言堂，没有听取其他方面的意见，而很多方面别的同志的意见是正确的。他对这点非常关注。"时隔多年，陈元依旧记忆犹新。

陈云关注的问题是党内民主，而这时恰恰是中国共产党党内政治生活最不正常、最缺乏民主的时候。

逆境中的陈云仍然积极地关注现实，关注党和国家的大事，并且抓紧学习。小女儿陈伟兰回忆说："我到江西去看他，我就感觉到他那个精神是非常振作。我说，爸你身体好了？他说一股精神力量撑着我，是说你看我带了三箱子书。我在这儿，过得非常有意思，我读书，而且我思考着很多我觉得非常有用的问题。"

陈云在江西的调查研究活动，说明他不论在怎样的处境下，始终不忘忧国忧民，总在思考中国发展工农业、发展经济、让人民过上好日子的具体路子。他在青云谱干休所的读书活动，表现出一位马克思主义者的坚定信念和对后人的殷切期望。

应当怎样读书?

伟华：

我想用两年时间，再精读一遍毛主席若干著作、马恩选集、列宁选集、史大林若干著作。

你妈妈、陆琳阿姨也参加，阿伟、新华愿参加。津生如愿参加也欢迎。伟兰功课紧恐难参加，如参加也欢迎。

自己阅读。每星期日上午六时半到九时半集中一起，大家提疑问和发表学习心得。

你能参加最好。当然只能两星期中参加一次（回家时）。另一个星期日自学（在辛营）。

八月十二日星期日是第一次集中讨论，可能那天正在北京家内。

先学哲学。

先学毛主席的实践论，分两次学读这篇哲学著作。这个星期日先学上半部，即选集259页到267页第六行为止。

如你想学，先看一遍实践论的全篇，再重读259页到267页。必须细读，凡属有一点疑问都记下，到集中学习时提出讨论。

元　方

73.8.7日上午

这是1973年8月7日，陈云写给次女陈伟华的关于读书方

公 文 稿 纸

伟华：

我想用两年时间，再精读一遍毛主席若干著作、马恩选集、列宁选集、斯大林若干著作。

你妈妈、徐林阿姨也参加，陈伟、伟华都参加。小弟也愿参加也欢迎，伟兰功课紧暂不参加。自己阅读。每星期日上午六时半到九时半集中一起大家提疑问和发表学习心得。

你能参加最好。当然只能两星期中参加一次（回家时），另一个星期日自学（在本院）。

八月十二日星期日是第一次集中讨论的时间，那天我在北京家内。

先学哲学。

先学毛主席的实践论，分两次学读这篇哲学著作。这个星期日先学上半部，即选集259页到267页第六行为止。要你想办法先看一遍实践论的全篇，再读259页到267页。必须细读，凡是有一点疑问都记下，以便学习时提出讨论。

元方 73.8.7日上午

共　页

法的一封信。信中的“元方”为陈云化名。

陈云一个非常突出的品格就是勤奋好学，同时有着精到的学习方法。他的身世很苦，童年时父母便已故去，舅父舅母把他抚养成人。为了不给家里增加负担，他高小毕业后便失学了，在老师的帮助下到上海找了一份商务印书馆文具柜台学徒的工作。在做学徒期间，除了繁重的劳动，他每天都要利用早晚时间读书、习字、念英语，看遍了店内的章回小说和少年丛书，还利用下班时间到商务印书馆办的图书学校学习，到共产党人办的上海通讯图书馆借书。陈云最初接触马克思主义，就是在那个通讯图书馆里。

后来，陈云加入中国共产党，在革命队伍里只要一有机会就读书学习，因此，无论知识水平还是思想水平都提高很快。他从1926年21岁起，便不断在报纸刊物上化名发表文章。只要读读他在莫斯科期间，假托被红军俘虏的国民党军医所写的宣传红军长征的《随军西行见闻录》，人们便很难想到那是一个只读过小学的人写出来的。

对于理论学习，陈云最看重的是对马克思主义哲学的学习。他常讲：“在党内，在干部中，在青年中，提倡学哲学，有根本的意义。”在延安的时候，他以为自己犯错误是由于经验少。毛泽东对他说，不是经验少，是思想方法不对头，并要他学点哲学，还派教员来帮助他学习。那时，中央组织部成立了一个学习小组，一共六个人，有他、李富春、陶铸、王鹤寿等，还有几位“后排议员”。学习方法是：规定每周看几十页书，然后讨论一次，研究学习中遇到的问题，各种意见都可以争论。他们从1938年开始学习，坚持了五年。先学哲学，再学《共产党宣言》，然后再学哲学和政治经济学等。

长期以来，陈云不仅自己坚持学习，还要求子女和身边工作人员学习。从孩子们小时候开始，陈云就鼓励他们多看书、看报，拓宽知识面。他送给五个子女每人一本《世界知识年鉴》，让孩子们开阔视野，了解世界各个国家不同的政治、经济、军事情况。

除了鼓励孩子们养成阅读习惯，陈云更重视阅读和学习的方法，重视引导孩子们怎样正确地学习。陈云就曾经告诫陈方要锻炼自己的思维方式。他建议，看新闻报道的时候，要想一想这件事情未来可能会有什么发展，会有哪些变化。如果有条件的话，可以跟踪事件的发展，回顾当初刚接触这件事时，对它的判断如何、理解如何，再将实际发生的情况跟当时的理解判断做一个对比。在陈云看来，这样可以锻炼思维方式，对一个人如何考虑问题、认识问题是非常有帮助的。

小女儿陈伟兰深深记得父亲的教诲，父亲一再向她强调学哲学的意义。陈云说学哲学是一个人一生中最重要的学习过程，一个人只有掌握了好的思想方法、好的工作方法，才能够做好事情。为了更加形象地说明这个问题，陈云打起了比方，这就像扭秧歌一样。他一边说，一边从沙发上站起来，扭起了秧歌。扭秧歌是往前走两步，往后退一步，学习的过程也要进进退退、退退进进。只有这样，才能够把学习搞扎实。

“文革”中，陈云去江西“蹲点”。在一家人四散各地时，陈云最牵挂的是儿女们的学习和生活。长女陈伟力曾在陈云的炊事员病休期间去青云谱帮父亲做饭。其他四个孩子也先后到青云谱探望过父亲。他们回忆父亲时说：“在他下放江西的日子里，我们去看他，他给我们讲得最多的就是要我们认真读马列的书，读毛主席著作，学好哲学。”

1970年12月8日，陈伟华给父亲写了一封信，信中谈及自己的学习愿望。陈云12月14日收到信件，一向重视学习的他当即回信说：“我万分欢喜（不是十分、百分、千分而是万分），你要学习和看书了。” 他向女儿建议：“哲学是马列主义根本中的根本。这门科学是观察问题的观点（唯物论）和观察解决问题的办法（辩证法），随时随处都用得到。”

在信中，陈云教给女儿的学习方法是：一是订一份《参考消息》，可以知道世界大势；二是每天看报，可以看出中央的政策；三是找一本《中国近代史》看看，增加历史知识；四是找一本世界革命史看看；五是马列著作很多，只要10本到15

本就可以了。

“文革”后期，陈云还组织过“家庭学习小组”，邀请夫人于若木和在北京的子女、亲戚参加。在本文开头提到的这封1973年8月的家信中，陈云告诉女儿他自己最近的学习计划，并且在家中组织家庭成员参加集体学习，成立了学马列的学习小组，制订了学习计划，希望伟华也参加。首先学的著作是毛主席的《实践论》，每人先分头自己阅读，然后每星期天用早上6点半到9点半的时间集中在一起讨论，提出疑问，交流学习心得。陈云还在信中交代了第一次要学的页码，并嘱咐伟华，先通篇看一遍，对哪几页，必须细读，凡属有一点疑问都记下，到集中学习时提出讨论。

这封信深深打动了陈伟华，自己只不过刚开始有所动作，父亲就这给了这么多的支持和鼓励，自己一定不能辜负父亲的殷切期望，坚持读好书。她在小学是个好学生；进了中学，很快入了团；下乡后，能吃苦耐劳，一直以来父亲都不曾给过她什么特别的表扬。可现在，当她自己有意识地翻开马列主义的书时，父亲却“万分欢喜”。她不能不从父亲的“欢喜”中感受到父亲对自己应成为一个会思考的人所抱的希望；不能不从那字里行间，体会到尚身处人生逆境之中的父亲所保持着的坚定的信念。

曾担任陈云秘书的朱佳木回忆说，20世纪80年代初，有一天，陈云把我叫去说：“今天和你不谈别的事，就谈学哲学的事。我主张你今后也要抽时间学一下哲学，每天晚上看几十页书，并找几个同志一起学，每星期讨论一次，为期两年；先学什么，后学什么，要订一个计划。哲学是最核心的东西。马克思之所以由青年黑格尔派转变为马克思主义者，主要就是因为他把黑格尔的辩证法和费尔巴哈的唯物主义，经过改造，结合到了一起。有了这个东西，才有了唯物史观和剩余价值学说。”陈云还说，在延安学习哲学，使他受益匪浅。过去，他的讲话、文章缺少辩证法，学过哲学后，讲话和写文章就不一样了，就有辩证法了。朱佳木按照他的要求，邀请了几位同志一起学习《共产党宣言》、《社会主义从空想到科学的发展》、《路德维希·费尔巴哈和德国古典哲学的终结》。陈云知道后，十分高兴，还问过几次他们讨论的情况。

作为伟大的马克思主义者、无产阶级革命家，陈云为党和人民的事业战斗了一生、学习了一生。他的一举一动，对子女们产生了极为深刻的影响。看似普普通通的家信，不单单有着生活上的关心，还饱含着对子女们思想进步上的关心和读书方法的引导。

调研秋季广交会

恩来同志：

我想十月三日离京去广州看一下秋季广交会，看看那里陈列的出口商品。估计十月八日商品都已陈列好，外宾未到，这个时候去看最适当。可否请批示。

如能批准，请要国务院办公室为我搞一个公务车。

敬礼！

陈　云

七三、九、廿七日

这是1973年9月27日，陈云写给周恩来的信。陈云在信中提出，希望于10月3日到广州看看秋季广交会陈列的出口商品。周恩来对此事十分重视，他在收到信件后很快批示“同意”，并要求国务院办公厅妥善安排相关事宜。

当时，“文化大革命”尚在进行，陈云协助周恩来研究指导对外贸易工作。他尊重客观规律，强调实事求是，打破了一些不符合对外贸易工作的条条框框，提出了许多很有建树的宝贵意见。对广交会的考察和研究，是陈云协助周恩来指导对外贸易工作中极富代表性的一个例子。

广交会，是中国出口商品交易会的简称，创办于1957年春季，每年的春季和秋季举办一次。它的创立有特殊的历史背景，就是为打破西方帝国主义对我国的封锁和禁运而设立的。周恩来曾说：“一年两次的广交会是在我们被封锁的情况下不得已搞的，我们只好请人家进来看。”

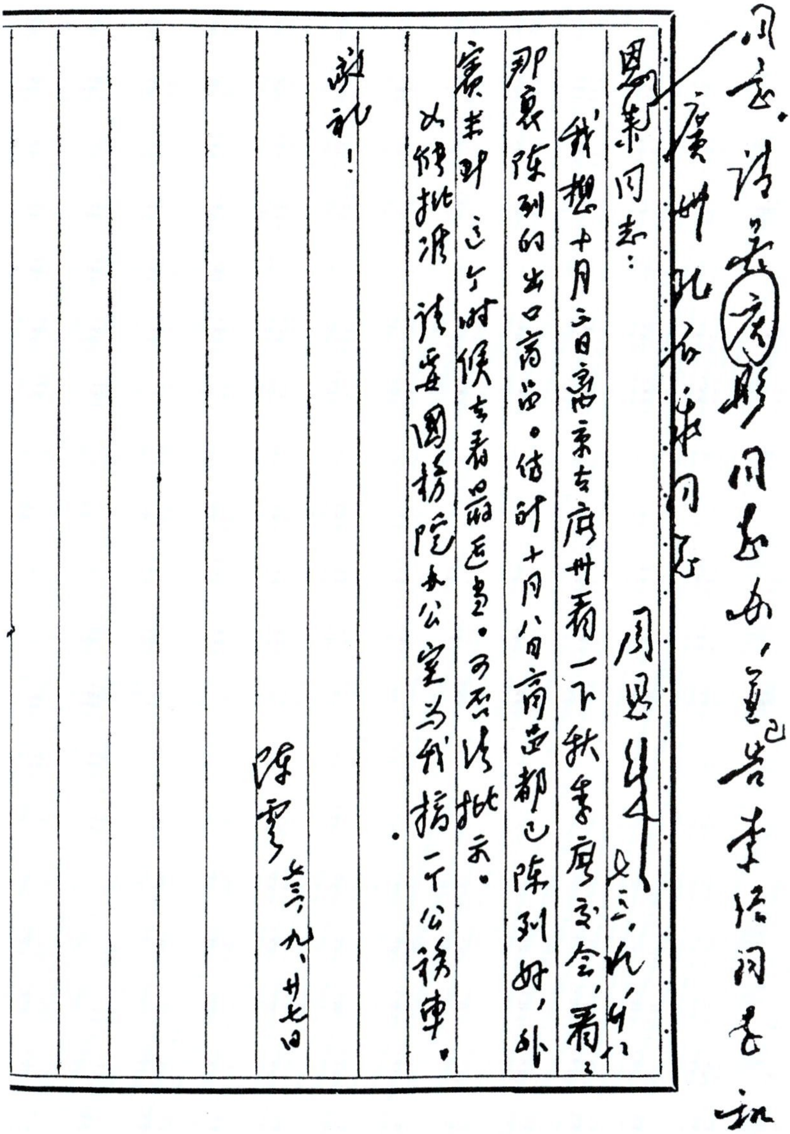

同意。请告（广）彤同志外，并已告李强同志 知
广州北京同志

周恩来 六二、九、廿八

恩来同志：

我想十月二日离京去广州看一下秋季广交会，看看那里陈列的出口商品。估计十月八日商品都已陈列好，外宾未到，这个时候去看最适当。可否，请批示。

如得批准，请要国务院办公室为我搞一个公务车。

敬礼！

陈云 六二、九、廿七日

1973年10月的秋季广交会即将召开之际，国际范围内出现了美元危机、金融动荡、市场价格上涨的情况。这给我们国家的外贸工作带来极大的困难。怎样应对国际市场价格的波动，进一步维护国家的进出口利益，更好地使出口商品市场繁荣起来，是亟待解决的重大问题。

陈云提出要去看看广交会的筹备情况，正是为了探索解决这几个问题的办法。就在他给周恩来写信的前几天，他针对一份文件中关于“随着我国对外贸易的发展，交易会的成交额要有适当增长”的提法专门致信李先念，说：“国际市场物价涨势在半年中很难停下来，有些东西现在多出口要吃亏。但因要照顾各口岸出口需要和对外关系，又不能不出口一些，故建议外贸部把秋交会可能和必须出口的商品名单列出来，统一各口岸的思想。”“估计九月二十四日的内罗毕国际货币会议难以定出新章程，即使今后货币波动相对减少，物资供求关系仍将紧张。现在国际市场上农产品、工业品、货币、价格几种因素混在一起，需好好掌握。”陈云的顾虑不无根据。1973年春季的广交会，由于美元贬值，出现外商疯狂抢货的现象。正因如此，对于秋季广交会，我国政府要作好完善的准备，应对可能发生的意外情况。

1973年10月3日，陈云乘火车离开北京，经过五天的长途奔波，于7日到达广州。此时的广交会尚在筹备中，陈云到达后马不停蹄地数次到展厅考察出口商品的情况。在调查中，他感到商品的质量比国内百货公司销售的要好，比过去出口的商品也有进步，但是仍然同外国商品有较大差距，需要进一步提高改进。在同地方负责人谈到商品定价问题时指出，商品定价不能凭主观愿望，而要根据市场行情。价定低了，我们吃亏；定高了，外商不买，东西压在那里，而且失去了国外的市场，我们也吃亏。

10月15日，中国出口商品交易会正式开幕。到会洽谈贸易的商人，来自85个国家和地区，共13641人次。16个国家的驻华大使和40多个国家的商务参赞、外交官员以及驻香港地区的商务专员先后到会了解情况和协助本国商人做买卖。历时1个月的交易会，完成出口成交额15.8亿美元，比上一年秋季广交会约增加5亿美元，比同年春季广交会约增加2亿美元。总的来看，这次交易会取得了良好成绩，但棉布、生丝等少数商品销售不够顺畅。

在广州秋交会考察期间，陈云着重研究和解决了我国在对外贸易过程中遇到的难题和新课题。

陈云在听取外贸部负责人汇报时，对利用交易所购买期货做买卖提出了自己的观点，并为外贸部起草了向国务院的请示报告。陈云认为，利用交易所做买卖，有一定风险，但在一定条件下，可以试做。他在给国务院的报告中说，进出口价格许多是参照交易所价格来确定的。因此，对于商品交易所，我们应该研究它、利用它，而不能只是消极回避。利用交易所，可能有得有失，但必须得多失少。

在广州考察期间，陈云还十分关心传统工艺品的生产和出口。当时由于受到极“左”思潮影响，把传统工艺品中雕刻的宗教人物和历史人物肖像等归为带有封建迷信的物品。所以，此类工艺品的生产和出口受到极大的阻碍，严重影响了外贸工作。针对这一问题，陈云说：“我看外贸部要向中央写个报告，提出《西游记》、《三国演义》、《水浒传》、《岳飞传》等书中的题材，除反动、丑恶、黄色的以外，是否可用。如经中央批了，说这样做可以赚外汇，下面就可以动了。否则，下面不好动。总之，工艺品要创造新题材，这是第一条；旧题材有的也可以用，但要请中央批一批，这样就好办了。否则，就会影响创造的积极性。”在工艺品是否涉及封建迷信这一问题上，陈云以看似诙谐却又坚定的做法，支持了传统工艺品的生产和出口。

针对来料加工出口问题，陈云也着重进行了探索。进口国外原料，利用国内丰富的劳动力生产成品出口，这种做法，有人认为是依靠外国，不是坚持自力更生。陈云对此明确表示：“这种看法是不对的。”他以进口棉花加工成棉布出口为例，说："我们是要坚持自力更生的。但是，现在国内棉花不够，去年产棉花三千九百万担，今年从国外买了一千六百万担。国内棉花要做到自给有余，完全用自己的棉花加工棉布出口，可能要用很长时间。我们要利用这段时间，进口棉花加工棉布出口，不这样做就是傻瓜。"陈云认为，进行来料加工，这样的事情对国家大有好处。他清楚地认识到中国的劳动力报酬比资本主义国家低很多，纺织工业水平又比发展中国家高，这样做既有市场又能获利。陈云说："我们有劳动力，可以为国家创造外汇收入。这样做，归根到底是为了加快国家的工业建设。"为了使更多的人接受来料加工，陈云分析道，我们要打大的算盘，中国人多。"我们是利用国内丰富的劳动力，生产成品出口，这个道理是容易讲通的。"

在广州秋交会考察的十余天里，陈云获得了大量的第一手贸易情况。他周密思考对外贸易工作中面临的新难题和新问题，高瞻远瞩地提出了许多极富远见的办法和观点。

10月19日，陈云由广州启程北上，于10月23日回到北京。回京后，陈云马上投入到此次调查研究的总结工作中。他结合广交会上接触到的情况，继续研究对外贸易中一些带规律性的问题。11月27日，周恩来将新华社反映秋季广交会情况的简报批送陈云参阅。30日，陈云致信周恩来，汇报他考察秋季广交会时所掌握的情况。信中说："我与李强、姚依林同志商定下星期起要开七八次小型会议，分别研究纺织品、轻工工艺品问题，也要研究滞销品等其他商品问题。""待研究广交会问题告一段落后，再对某些出口商品的质量等问题加以研究。"

由此可见，陈云通过这次广交会调查，不仅解决了广交会碰到的现实问题，而且深入思考和探索了对外贸易工作中存在的普遍困难和难题。从11月到12月，陈云先后听取了外贸部价格小组关于外贸价格的汇报，中国工艺品进出口总公司负责人关于工艺品出口的汇报，中国纺织品进出口总公司负责人关于纺织品出口的汇报，外贸部和纺织工业部负责人关于服装出口的汇报。陈云详细听取了各部门的汇报，并就其中重要环节进行了交流和探讨。他以广交会上的见闻为出发点，重点研究了出口商品价格问题、生产和对外贸易的关系问题、进一步扩大出口商品市场问题等。

1973年中国的进出口贸易总额首次突破百亿美元大关，这个数字是1970年的2.4倍。对外贸易工作有条不紊地展开，有力地支持了中国对国外先进技术和设备引进的需求；海外市场的扩张，也进一步促进了国内工业、手工业、化工业等行业的发展。

此后，江青一伙掀起“批林批孔”运动，把攻击矛头对准周恩来和重新工作不久的许多老干部，使全国各方面的工作重新陷入严重混乱之中。对外贸易工作也在江青等人所谓的“屈服于帝国主义的压力”和“崇洋媚外”的攻击下受到严重干扰。一向体弱多病的陈云抱着病体，不惧艰险，仍然勉力支持外贸工作，并就国际经济形势和发展对外贸易提出新的看法。所以，尽管受到“批林批孔”运动的严重干扰，1974年，我国对外贸易仍然获得重大发展，进出口总额比1973年增长36亿美元。

“位卑未敢忘忧国”，这是陈云在自己政治生涯低谷时坚守的革命信条。即便是没有回到党和国家的领导岗位，陈云仍然亲力亲为，为中国的建设贡献自己的力量。他协助周恩来指导对外贸易工作，就是这一高尚品德的最贴切写照。

135★

同邓小平在历史转折的关头

在中央工作会议东北组讨论时的书面发言（之一）

（一九七八年十一月十二日）

1978年12月，党的十一届三中全会召开。全会开始全面认真地纠正“文化大革命”及其以前的“左”倾错误，重新确立了马克思主义思想路线、政治路线和组织路线。从此，中国进入了社会主义事业发展的新时期。陈云在为党的十一届三中全会作充分准备的中央工作会议东北组讨论中的书面发言，同邓小平等中央领导同志相互配合，吹响了拨乱反正、实现伟大历史转折的号角。

陈云和邓小平都是中国共产党的早期党员和重要领导人，在1956年中共八届一中全会上，同时当选为中共中央政治局常委，并分别担任中共中央副主席和中央委员会总书记，成为以毛泽东为核心的第一代中央领导集体的重要成员。之前，在酝酿中共八大人事问题的中共七届七中全会开始时，毛泽东特别在讲话中向众人介绍陈云和邓小平。在介绍陈云时，毛泽东说：“我看他这个人是个好人，他比较公道、能干，比较稳当，他看问题有眼光。我过去还有些不了解他，进北京以后这几年，我跟他共事，我更加了解他了。不要看他和平得很，但他看问题尖锐，能抓住要点。所以，我看陈云同志行。”在介绍邓小平时，毛泽东说：“我看邓小平这个人比较公道，他跟我一样，不是没有缺点，但是比较公道。他比较有才干，比较能办事。他比较周到，比较公道，是个厚道人，使人不那么

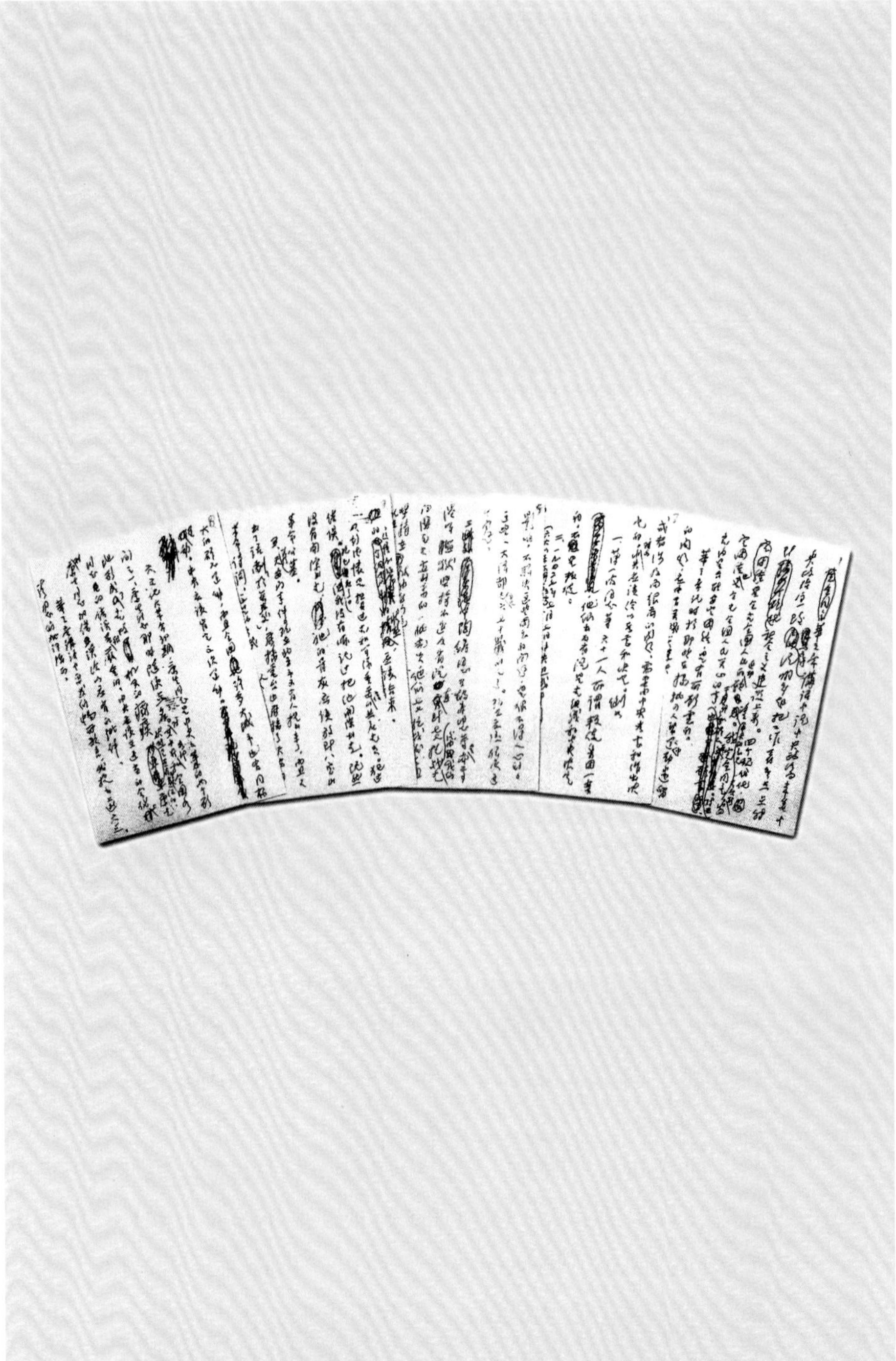

怕。”仔细比较，毛泽东对两人的评价有异曲同工之妙。毛泽东还说，“陈云同志跟邓小平同志，他们是少壮派”，今后要由他们“登台演主角”了。20多年后，正是邓小平和陈云这些“少壮派”真正走上了历史舞台的前台，带领党和人民开创了中国特色社会主义的伟大事业。

1976年10月，中共中央一举粉碎了“四人帮”反革命集团。十年动乱，百废待兴，中国共产党面临着带领广大干部和群众拨乱反正，尽快结束“文化大革命”的“左”倾错误的重要任务。随着对“四人帮”揭发批判的日益深入，党内外广大干部和群众越来越强烈地要求纠正“文化大革命”中的种种错误，对包括“天安门事件”在内的一大批冤假错案进行平反，强烈呼吁邓小平等同志尽快出来参加中央的领导工作，把党的事业继续推向前进。然而，“左”倾错误仍在全党占据着指导地位，“两个凡是”的错误主张禁锢和压制着人民的思想。

1978年11月10日到12月15日，中共中央在十一届三中全会前，召开了至关重要的中央工作会议。参加会议的有各省、市、自治区和各大军区主要负责人，中央党、政、军各部门和群众团体主要负责人，共212人，分六个组进行讨论。会议原定议题都是经济问题，即：如何尽快把农业搞上去及有关的两个文件；商定1979年、1980年两年国民经济计划的安排；讨论李先念在国务院务虚会上的讲话。

11月12日，陈云在东北组讨论会上作了关键性的发言。他说：“中央政治局常委、中央政治局一致主张，从明年起把工作着重点转到社会主义现代化建设上来。实现四个现代化是全党全国人民的迫切愿望。我完全同意中央的意见。”“安定团结也是全党和全国人民关心的事。干部和群众对党内是否能安定团结，是有所顾虑的。”“对有些遗留的问题，影响大或者涉及面很广的问题，是需要由中央考虑和作出决定的。”陈云随即十分尖锐地提出了六个问题：一是薄一波等61人出反省院是党组织和中央决定的，不是叛徒；二是对于那些在“文化大革命”中被错误定为叛徒的同志应给以复查，应该恢复他们的党籍；三是陶铸、王鹤寿等在南京陆军监狱中的斗争是坚决的，出狱是经过中央同意的，中央专案组审查干部的不正常状态应该结束；四是彭德怀对党贡献很大，他的骨灰应该放到八宝山革命公墓；五是“天安门事件”是一次伟大的群众运动，中央应该肯定；六是康生错误严重，中央应该给以应有的批评。陈云提出的问题涉及“文化大革命”及在此之前“左”的错误的重大问题，实际上是要纠正“左”倾错误，因而当即得到了与会人员的热烈响应，会议气氛随之活跃起来。

会议的主题发生了转向。与会人员敞开思想、畅所欲言，敢于讲心里话、讲实在话，并积极地开展批评和自我批评，把意见摆在桌面上，对“文化大革命”及以前的“左”倾错误展开了清算。历史的潮流再也无法阻挡。

11月14日，经党中央批准，中共北京市委宣布：1976年清明节，人民群众到天安门广场悼念周总理，声讨“四人帮”，完全是革命行动。25日，中央政治局正式为党内一些已经查明的重大错案平反。然而，许多与会人员对中央的一些领导同志提出了严厉批评，要求一些犯了错误的领导同志辞职，甚至提出要求改组中央领导机构。这种混乱引起了邓小平的注意，他在充分肯定和支持陈云意见的同时，提出要团结一致向前看。对邓小平的意见，陈云也很赞同。他说，不要搞运动，只要中央开个口，作出明确的结论就可以了。要维护安定团结，争取实现四个现代化是全党全国人民的迫切愿望，也是我党、我国目前的大局，我们必须维护这个大局。

在闭幕会上，邓小平根据中央工作会议突破性的新发展和当前需要解决的新问题，作了题为《解放思想，开动脑筋，实事求是，团结一致向前看》的重要讲话，这也实际上成为随后召开的十一届三中全会的主题报告。

这次中央工作会议成为解决新中国成立以来若干重大理论和历史问题的会议，并为十一届三中全会的顺利举行准备了充分的条件。陈云在十一届三中全会闭幕会上的讲话中说，我认为，三中全会和在此以前的中央工作会议，开得很成功。大家在马列主义、毛泽东思想的基础上，解放思想，畅所欲言，充分恢复和发扬了党内民主和党的实事求是、群众路线、批评和自我批评的优良作风，认真讨论党内存在的一些问题，增强了团结。

在这个具有伟大历史转折意义的重要时刻，陈云坚持重新确立实事求是的马克思主义思想路线，为中国共产党彻底清除长期以来存在的“左”倾错误，恢复党的正确的思想路线、政治路线、组织路线，发扬党的优良传统和作风，作出了十分重大的贡献。

推动经济体制改革的先声

二、1917年后苏联的经济计划和1949年中国的经济计划，都是按照马克思所说有计划按比例办事的。

当时苏联和中国这样作计划工作是完全对的。但是没有根据已经建立社会主义经济制度而对马克思的原理（有计划按比例）加以发展，这就导至（致）现在计划经济中出现的缺点。

六十年来无论苏联或中国的计划工作制度出现的缺点：只有“有计划按比例”这一条，没有在社会主义制度下还必须有市场调节这一条。

所谓市场调节，就是按价值规律调节，也就是许某些经济是可以用无政府盲目生产的调节。

现在的计划太死。包刮（括）太多。结果必然出现缺少

这是陈云关于计划与市场问题的手稿之一。

1978年党的十一届三中全会后，我国进入改革开放和社会主义现代化建设的新时期，党和人民共同面临着“什么是社会主义、怎样建设社会主义”的历史命题。陈云积极支持和推动邓小平倡导的改革开放，以自己长期领导经济工作的丰富经验，深刻分析时代特征和世界大势，着力推动经济体制改革。

然而，进行经济体制改革，是特别需要政治勇气和理论勇气的。在探索建立社会主义市场经济的过程中，许多问题引起

2:

二、1917年以后苏联的经济计划和1949年中国的经济计划，都是按照马克思所说有计划按比例发展的。

当时苏联和中国这样作计划工作是完全对的。但是没有根据已经建立社会主义经济制度而对马克思的原理（有计划按比例）加以发展，这就导致现在计划经济中出现的缺点。

六十年来无论苏联或中国的计划工作制度出现的缺点：只有有计划按比例这一条，没有在社会主义制度下还必须有市场调节这一条。

所谓市场调节，就是按价值规律调节。也就是某些经济部门盲目生产的调节。

现在的计划太死。包括太多。结果必然出现缺少了争论，关于计划与市场的关系问题尤为突出。陈云长期领导经济工作，率先探索如何在社会主义计划经济中利用市场机制的问题，并对社会主义经济规律认识和对经济体制改革进行了反复思索，撰写了这篇关于计划与市场问题的提纲。

很长一段时间以来，我国的马克思主义研究者和西方大部分学者都认为，社会主义国家必然实行计划经济，资本主义国家必然实行市场经济，这似乎成为一条铁律。从实践过程来看，资本主义存在的几百年中，始终实行市场经济；而从苏联开始的所有社会主义国家，都长期实行计划经济。然而，1958年“大跃进”运动特别是“文化大革命”的惨痛教训使我们认识到，苏联教科书关于社会主义的定义和做法并不符合中国实际，“无产阶级专政下继续革命的理论”也不能解决中国怎样搞社会主义的问题。

对于扩大市场作用的问题，陈云20世纪50年代就很重视，并力图在领导经济工作中加以实行。党的八大期间，他曾提出过一个关于资本主义工商业改造后的经济体制构想。这个构想，无疑是社会主义经济建设过程中的一个重大突破。尽管后来由于“左”的指导思想开始在党内占据优势，经济建设片面追求“一大二公”，人为排斥市场机制的作用，这个构想未能得以实行，但这也成为陈云关于计划与市场关系的最早的探索。

经过“文革”十年破坏和1976年、1977年的两年徘徊中前进，国民经济比例关系严重失调。在这一背景下，1979年3月8日，陈云经过长期的深入思考，在反思社会主义经验教训的基础上，撰写了关于计划与市场问题的提纲。他深入分析指出，1917年后苏联的经济计划和1949年后中国的经济计划，都是按照马克思所说的有计划按比例办事的。“当时苏联和中国这样作计划工作是完全对的。但是没有根据已经建立社会主义经济制度而对马克思的原理（有计划按比例）加以发展，这就导至（致）现在计划经济中出现的缺点。”也就是说，过去计划工作制度的主要缺点是只有“有计划按比例”这一条，没有市场调节这一条。带来的后果是：计划权力太集中；计划太死，包括的东西太多；计划时常脱节，计划机构忙于日常调度；地方对建设太热心，真正机动的财力太少；忽视价值规律，人们思想上没有“利润”概念。陈云在对有计划按比例的理论来源、作用、弊端分析的基础上，提出“整个社会主义时期必须有两种经济：计划经济部分和市场调节部分。第一部分是基本的主要的；第二部分是从属的次要的，但又是必需的，是有益的补充”。“问题的关键是，直到现在我们还不是有意识地认识到这两种经济同时并存的必然性和必要性，还没有弄清这两种经济在不同部门应占的不同比例。”另外，计划经济与市场调节的比例不是固定不变的，“在今后经济的调整和体制的改革中，实际上计划与市场这两种经济的比例的调整将占很大的比重。不一定计划经济部分愈增加，市场经济部分所占绝对数额就愈缩小，可能是都相应地增加”。陈云指出，应当宽严并举，用计划与市场相结合的办法，实现国民经济比例关系的综合平衡。这一思想已包含着把计划与市场都看作有益于经济发展手段的思想因素。

这是十一届三中全会后以文字形式论述计划与市场关系的最早文献，对推动全党解放思想，进行经济体制改革，产生了广泛而深刻的影响。以关于计划与市场问题提纲的主要观点为基础确定的“计划经济为主、市场经济为辅”的改革方针，是党在高度集中的计划经济体制向社会主义市场经济体制转型过程中认识和实践上的一个重要阶段。这篇重要文章，首先在中共中央文献研究室的内部刊物《文献和研究》上发表，题为《计划与市场问题》，引起极大反响。它的发表，对当时正在进行的经济体制改革起了重要的推动作用。这篇文章后来收入了《陈云文选》。

改革开放首先是人们思想观念的变革。陈云关于计划经济下要有市场调节的思想，在人们对社会主义经济体制的僵化认识上打开了一个缺口，得到了全党的赞同。

1979年9月29日，中共中央、全国人大常委会和国务院举行庆祝中华人民共和国成立30周年大会。叶剑英在大会上代表中共中央发表讲话，全面总结了新中国成立30年的历史，提出“我们一定要把加快经济发展同逐步提高几亿人民的生活水平很好地结合起来，把充分发挥我国现有企业的作用同积极引进国外先进技术很好地结合起来”，改革和完善社会主义经济制度。同年11月，邓小平在接见美国不列颠百科全书出版公司编委会副主席吉布尼和加拿大麦吉尔大学东亚研究所主任林达光时说：“社会主义为什么不可以搞市场经济，这个不能说是资本主义。我们是计划经济为主，也结合市场经济，但这是社会主义的市场经济。”1982年4月，他在一次谈话中又说：“最重要的，还是陈云同志说的，公有制基础上的计划经济，市场调节为辅，全国一盘棋，主要经济活动都要纳入国家计划轨道。”

三位老一辈革命家不谋而合，共同把目光投向改革传统计划经济体制上来。在党中央的倡导下，以扩大企业自主权为目标的国有企业改革试点初见成效，人民群众也广泛地发挥聪明才智，家庭联产承包责任制悄然兴起。据时任中共安徽省委书记的万里回忆，在一次全国人大会议期间，他到主席团休息的地方对陈云说，安徽一些农村已经搞起了包产到户，看怎么办？陈云回答，我双手赞成。

1982年4月3日，邓小平在一次谈话中对陈云的经济体制改革观点给予了很高的评价：经济体制改革还只是试点，“最重要的，还是陈云同志说的，公有制基础上的计划经济，市场调节为辅”。9月，党的十二大在北京举行，“计划经济为主，市场调节为辅”的经济体制改革观点，被写进了十二大政治报告。

1984年，党的十二届三中全会通过了《关于经济体制改革的决定》，进一步提出社会主义经济是“公有制基础上的有计划的商品经济”，突破了把计划经济同商品经济对立起来的传统观念，对此后社会主义市场经济体制的建立提供了重要的思想基础。1985年，陈云在中国共产党全国代表会议上的讲话中道出了经济体制改革的本质：现在进行的社会主义经济体制改革，是社会主义制度的自我完善和发展。经济体制改革，是为了发展生产力，逐步改善人民的生活。

坚持实事求是的革命作风

实践是检验真理的唯一标准

陈云　八十三

实践要理论指导，理论要联系实际。

陈　云

八三、六、六

陈云曾多次题词“实践是检验真理的唯一标准”送人。就在1983年6月6日，陈云还曾给《红旗》杂志创刊25周年题词：“实践要理论指导，理论要联系实际。”这两幅题词，都体现了他对发生在1978年党的十一届三中全会前那场著名的关于真理标准问题的大讨论和恢复党的实事求是的思想路线的坚定支持。

回溯历史，这场端正思想路线的大辩论，是从什么是检验真理的标准这样一个哲学常识开始的。1978年5月10日，中共中央党校《理论动态》发表《实践是检验真理的唯一标准》一文。次日，《光明日报》以特约评论员的名义公开发表此文。由此，引发了关于真理标准问题的全国性大讨论。

实践是检验真理的标准，本来是一个十分清楚的问题，在“文化大革命”中却出现了思想混乱。有人说，毛主席的话句句是真理，一句顶一万句；有人说，毛泽东思想是最高最后的标准；还有人说，我们相信毛主席要相信到迷信的程度，我们服从毛主席要服从到盲从的程度。

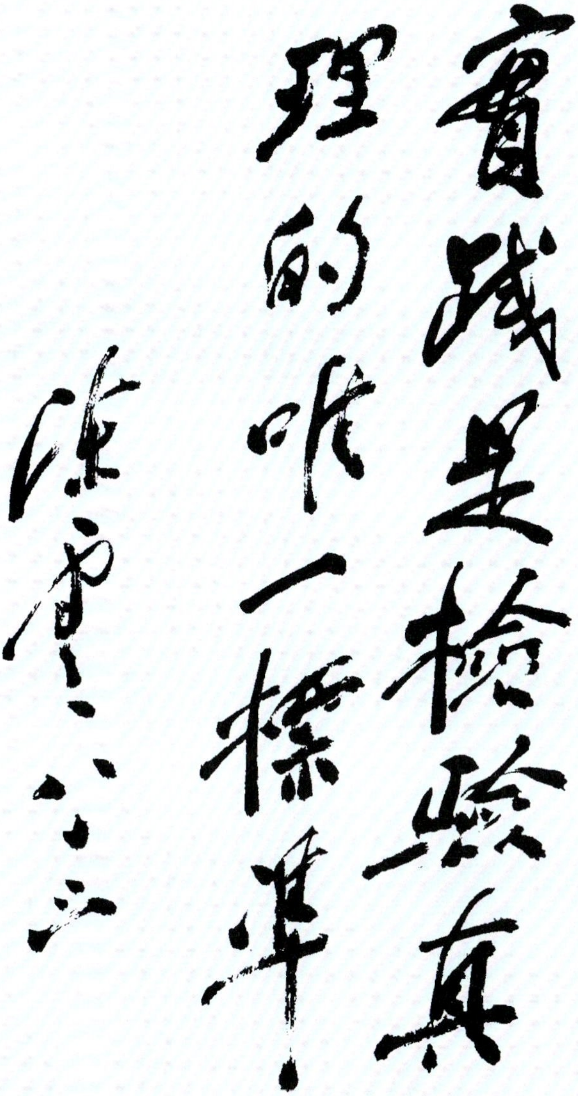
實踐是檢驗真理的唯一標準！
陳雲

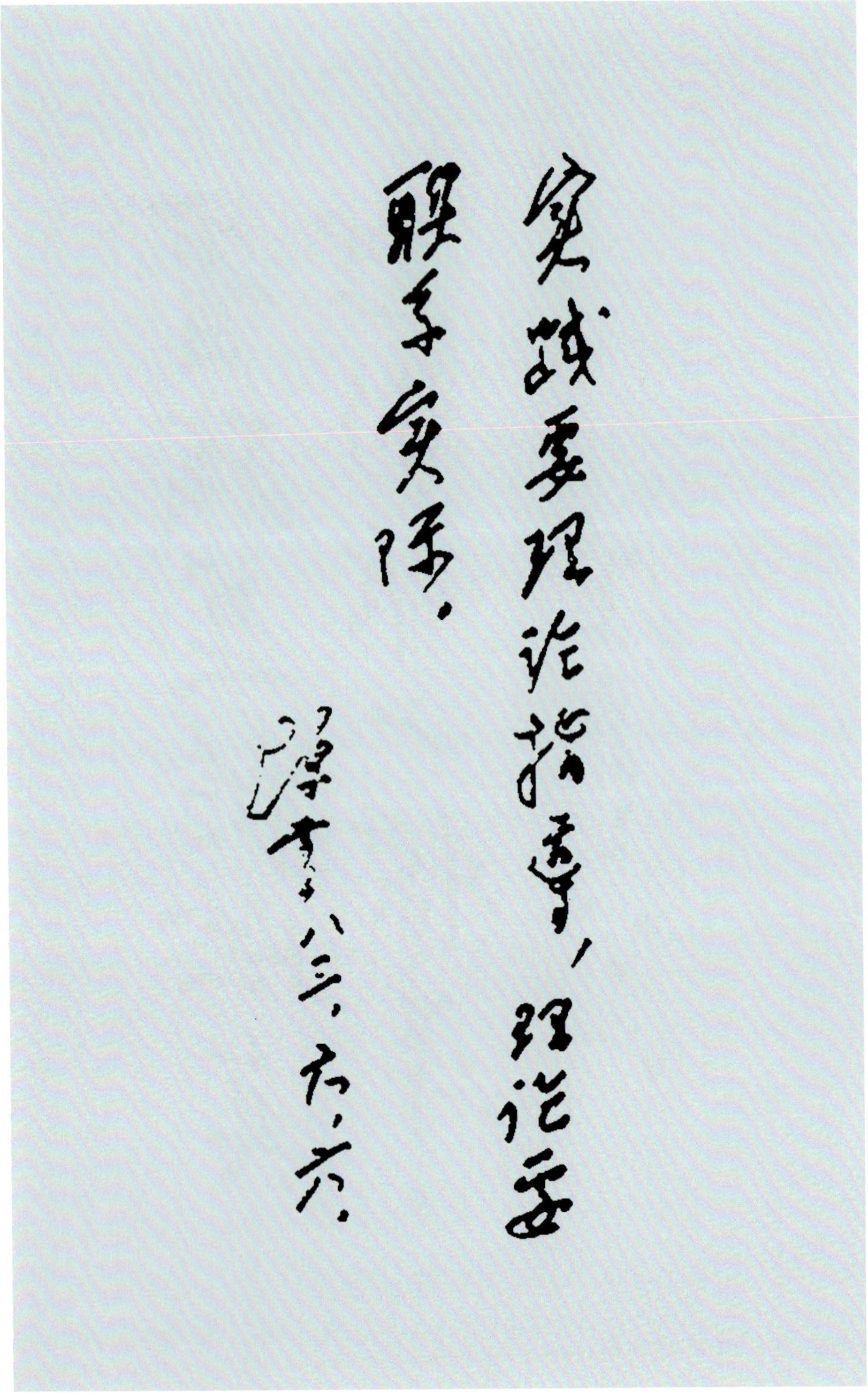

实践要理论指导，理论要联系实际，

陈云 八三、六、六

粉碎“四人帮”后，坚持“两个凡是”的人仍然在违背这个马克思主义基本理论，对毛泽东说过的话、做过的事，不论是否正确，都要求无条件地遵照执行。“两个凡是”直接保护“文革”中提出的许多错误观点，妨碍拨乱反正，妨碍党和人民总结历史教训。如果不加以批判，不用实践标准来反对“两个凡是”，如果仍沿着“文革”时期错误的道路走下去，就有亡党亡国的危险。

早在1976年10月16日，“四人帮”刚一粉碎，在中央一线工作的李先念打电话征询陈云对当前工作的意见。两天后，陈云写给李先念一个便条作为回复，上面除了写有六点比较概括性的意见外，还说到了一件具体的事：“要再查一查今年四月天安门事件的真相；当时绝大多数人是为悼念总理，尤其担心接班人是谁？混在人群中的坏人是极少数；‘四人帮’对这件事有没有诡计？”

1976年4月5日，在天安门发生的悼念周恩来、拥护邓小平、声讨“四人帮”的群众抗议运动，被称为“天安门事件”。4月7日，在“四人帮”的干预下，毛泽东和中央政治局对这个事件的性质作出了错误的判断：“天安门事件”被定性为反革命事件；邓小平被诬陷为这个事件的“总后台”，撤销党内外一切职务。

“四人帮”被粉碎了，如何看待“天安门事件”就成为当时反映时局走向的具有代表性的一件事。1977年春，中央准备召开工作会议，讨论揭批“四人帮”和当年的工作安排问题。陈云高度重视并准备在会上作书面发言。向来深思熟虑、反复比较后才提出看法和意见的他，事先约耿飚、王震等老同志进行了一次商谈，议题正是“天安门事件”和邓小平恢复工作。

陈云提出的这两个议题显然不合当时的政治大气氛。这一年的2月7日，“两个凡是”的社论发表：“凡是毛主席作出的决策，我们都坚决维护；凡是毛主席的指示，我们都始终不渝地遵循。”而陈云所要提出的这两件事都是毛泽东定的，按照“两个凡是”，这两件事就不能改变。在会前的小组会上，中共中央主席华国锋也打了招呼，要求大家在发言中不要触及这两个问题。因此，这两个问题是“禁区”。

但决心已定的陈云不顾高压，率先在会上提出：“邓小平同志与天安门事件是无关的。为了中国革命和中国共产党的需要，听说中央有些同志提出让邓小平同志重新参加党中央的领导工作，是完全正确、完全必要的，我完全拥护。”连用了三个“完全”，在一向出言慎重的陈云的话语里面，非常罕见。

由于陈云提出的这两件事明显“违禁”，会议简报组要求删掉有关内容才能发表，遭到陈云拒绝。结果陈云的整篇发言没有登简报，但他的发言还是传开了，产生了不小的影响。时任中共中央主席华国锋在会议临近结束时讲话表示，清明节，人民群众到天安门广场悼念周总理是可以理解的，要在适当的时机让邓小平出来工作，但同时仍坚持说“天安门事件”的性质是反革命事件，仍然肯定1976年“批邓、反击右倾翻案风”是正确的。这无疑是一个前后矛盾、明显不符合实事求是思想路线的提法。

邓小平明确表态：我出不出来没有关系，但“天安门事件”是革命行动；“两个凡是”不行，按照“两个凡是”，就说不通为我平反的问题；我们必须准确的完整的理解毛泽东思想。陈云和邓小平，这两位老革命家的观点高度一致。在这种情况下，一场“两个凡是”与实事求是的思想斗争，在党内外就不可避免地发生了。

1977年9月9日，是毛泽东逝世一周年纪念日。许多老同志纷纷发表讲话或撰写纪念文章。28日，陈云在《人民日报》头版发表了《坚持实事求是的革命作风》的文章。文章针对“两个凡是”的错误方针，明确地把实事求是提到根本思想路线的高度：“实事求是，这不是一个普通的作风问题，这是马克思主义唯物主义的根本思想路线问题。报刊上有些文章还是不懂得区别马列主义、毛泽东思想的字句和实质，还不是满腔热情去完整地准确地宣传毛泽东思想的实质，用它作为具体分析具体问题的指南。”

陈云的这篇文章是应当时的宣传口和新华社约请而写的。文章写出后，有人专门同十一大的报告一句一句地对照，说要改成一致。陈云说，既然每一句都要讲得一样，你们还约我写文章干什么？

陈云所表达的基本思想，同邓小平提出的“我们必须世世代代地用准确的完整的毛泽东思想来指导我们全党、全军和全国人民”这一正确的主张相呼应，为不久后兴起的真理标准问题大讨论定下了基调。这场争论的核心，实质就是思想路线问题，究竟是坚持马克思主义思想路线，还是用别的路线来代替，不仅仅是理论上正本清源的过程，实际上是两条道路的选择问题：是继续按照“两个凡是”走“文革”的老路，还是开辟一条新路？

陈云积极支持邓小平对“两个凡是”的错误观点的批评，积极支持关于真理标准问题的讨论，并一起推动中共十一届三中全会全面认真地纠正“文化大革命”中及其以前的“左”倾错误，重新确立了马克思主义思想路线、政治路线和组织路线，实现了新中国成立以来我党历史上具有深远意义的伟大转折。从此，我们国家进入了社会主义事业发展的新时期。

大声疾呼提拔培养中青年干部

新竹高于旧竹枝　全凭老干相扶持
明年更有新生笋　十丈龙孙绕凤池
陈云　八十六

陈云一直很重视提拔培养中青年干部。

“文化大革命”结束后，一大批老干部恢复工作，重新走上领导岗位，担负起领导拨乱反正、把全党工作着重点转移到经济建设上来、恢复和发展国民经济的历史重任。但许多老同志的身体状况和知识结构已不允许他们继续承担日益繁重的工作任务，干部老化问题愈加显现。同时，“四人帮”的帮派残余势力及其影响依然存在，成为社会主义现代化建设事业的不稳定因素。要保证十一届三中全会以来的路线、方针、政策长期坚持下去，还必须培养选拔一大批德才兼备、政治可靠、具有相当的领导能力和科学文化水平的优秀中青年干部，这是关系到党的事业后继有人的根本性问题。

在延安时期，陈云曾担任过七年党中央组织部部长，对党的干部政策、干部队伍的建设，特别是干部的教育、培养、选拔、使用等进行过系统的研究和论述，为党的组织建设和干部队伍建设积累了丰富的经验。进入历史新时期以后，随着改革开放的深入进行和经济建设的不断发展，青年干部匮乏的状况日益显露出来，陈云对此给予了极大的关注。

1978 年 12 月召开的中央工作会议上，陈云在东北组的发言中表示赞成有人提出的关于成立中央书记处的建议，说这可

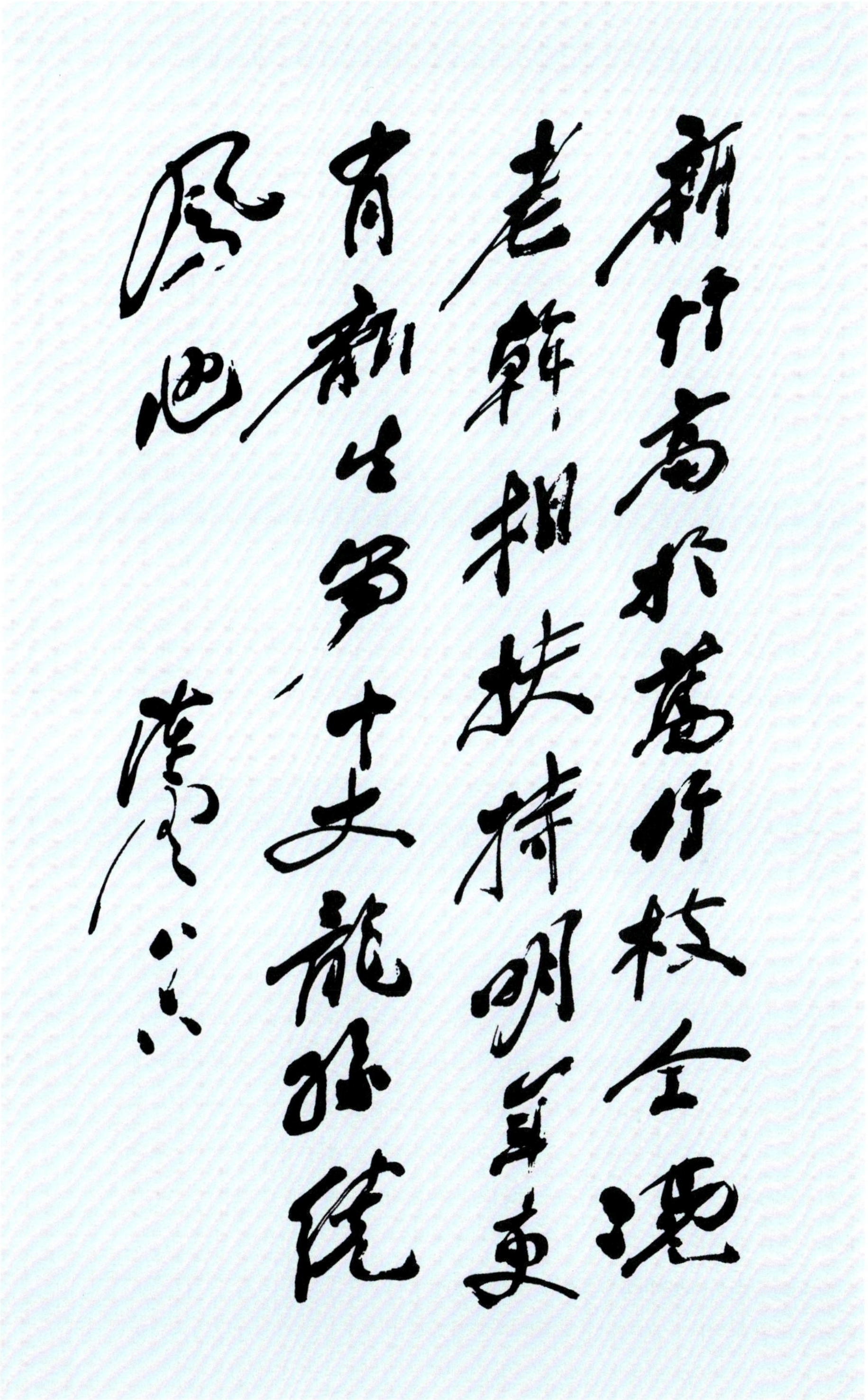
新竹高於舊竹枝全憑
老幹相扶持明年更
有新生筍十丈龍孫繞
鳳池

以使中央常委摆脱日常小事，更集中精力于国家大事。1980年2月，陈云从医院病房前往京西宾馆，同华国锋、叶剑英、邓小平、李先念等共同主持召开中共十一届五中全会。陈云在发言中郑重地提出设立中央书记处的必要性：成立中央书记处，这是党的一项重要的措施。这个事情非常紧迫、非常必要。现在从中央到县委，大部分人头发都已经白了。所以，有它的紧迫性，有它的必要性。现在我们主动地来选择人才，还有时间，再等下去，将来就没有时间了。会议决定，重新设立中央书记处。

此时，干部青黄不接的问题仍然非常突出。党的各级领导干部是实现党的路线的保证，党的干部能否后继有人是关系到党的事业兴衰成败和国家前途命运的重大战略问题。这种状况长期持续下去，必然严重影响党的事业的繁荣和发展。陈云有着十分强烈的历史责任感和紧迫感。

1981年3月29日，陈云在给时任中共中央宣传部顾问陆定一的复信中，表达了他对干部新老交替问题的担忧：老干部是重要的，但如果现在不提拔四十几岁的青年干部到各种级别的岗位上，让他们在工作中取得经验，接班问题就要成为大问题。现在部长和省委第一书记一级的干部都是六十开外了，如不在这一两年中提拔一批青年干部，将有极大危险。现在阻力很大，即使先进后出，也进不去。我正为此而呼吁。

4月2日，陈云离开北京，赴上海、杭州休养，但如何加快新老干部合作与交替步伐的问题，始终萦绕在他的心头。20日和22日，陈云同来杭州的胡耀邦谈话，郑重提出，要成千上万地提拔中青年干部，至少一万个。为什么要成千上万？一条理由，二十几个省区市，加上中央各部委，提一两百个人够用吗？不够用。成千上万，这是工作的需要。再一条理由，只有成千上万地提拔经过选择的好的中青年干部，才能使我们的干部交接班稳定地进行。还有一条理由，只有成千上万，才能使兴风作浪的分子搞不起大乱子。成千上万的好干部坐镇在那里，只有几个人在那里捣乱，搞不了大乱子。

5月8日，正在杭州休息的陈云经过深入思考，撰写了《提拔培养中青年干部是当务之急》。陈云指出，要大胆提拔40岁左右的青年干部，要成千上万地提拔培养，“从现在起，就成千上万地提拔培养中青年干部，让德才兼备的中青年干部在各级工作岗位上锻炼，老干部对他们实行传帮带，使大量的中青年干部成为我们各级党政工作强大的后备力量，随时可以从中挑选领导干部。这种办法是对我们最有利的办法，也是应该努力去做的办法”。陈云还就培养中青年干部提出了几条具体意见，提出一定要讲德才兼备，注意五湖四海，不能提拔“三种人”和“两种人”，而且“中央组织部要成立青年干部局”，要全党重视，建立起干部的梯队结构，“从基层单位直到中央，都要一齐动手”。对于老干部发挥余热的问题，陈云也考虑周到，并建议：“老干部是我们党的宝贵财富，应该很珍惜地使用他们，使他们尽到传帮带的职责。”“这些老干部退居工作第二、第三线后，在政治待遇上，如看文件、听报告、参加某些重要问题的讨论，必须予以保证；在物质待遇上，如住房、医疗、交通工具等必须予以照顾和优待。”陈云的这篇文章回京后即送胡耀邦、邓小平各一份，引起了他们的共鸣。这篇文章后又印发给1981年6月举行的中央政治局扩大会议和党的十一届六中全会。

7月2日至4日，中共中央召开省、市、自治区党委书记座谈会，讨论陈云撰写的《提拔培养中青年干部是当务之急》和主持起草的《关于老干部离休、退休问题座谈会纪要》。陈云在全体会议上讲话指出，我们现在的干部，青黄不接的情况很严重。差不多每天都有老干部死亡的报告。北京的，外地的，开追悼会，要送花圈，往往一天几起。这是一种情况。另外一种情况，现在各部也好，下面机关也好，开会的时候，部长、副部长，正手、副手，坐了一大桌，但真正能做工作的，只有几个人。这种状况再不能继续。陈云在讲话中再次强调必须立即主动地、成千上万地提拔培养中青年干部，特别是40岁以下的干部，还要做好老干部离退休工作。

1982年中共十二大上，针对加快干部队伍新老交替问题，陈云再次大声疾呼：要解决干部队伍交接班的问题，就要提拔青年干部进入各级领导班子，对这个问题，我讲两句话，一句话，必须成千上万地提拔；另外一句话，在“文化大革命”期间，跟着林彪、江青一伙造反起家的人、帮派思想严重的人，打砸抢分子，这三种人一个也不能提拔。

在邓小平、陈云等中央领导人的努力推动下，干部队伍的新老交替工作取得重大进展。这场始自20世纪80年代初期空前规模的干部新老合作与交替，对中国改革开放和社会主义现代化建设事业产生了重大影响。随着干部新老交替的全面展开，大批中青年干部走上领导岗位。在党的十二大选举出的348名中央委员和候补中央委员中，新当选的就有211名。这其中包括当时担任电子部部长、55岁的江泽民，水电部第一副部长、53岁的李鹏，中共天津市委书记、47岁的李瑞环等。

1990年，退出一线领导岗位的陈云借用郑板桥的《新竹》一诗，表达自己力主搞好干部新老交替的心情：

新竹高于旧竹枝，全凭老干相扶持。
明年更有新生笋，十丈龙孙绕凤池。

157★

特区第一位的问题是总结经验

特区要办，必须不断总结经验，力求使特区办好。

陈　云

八二、十、卅

不断总结经验，扎扎实实地搞好对外开放工作。

贺中信公司成立十周年

陈云　八十五

这两件珍贵手迹，是陈云支持我国对外开放工作的批示和题词。

1982年10月30日，陈云在一份题为《关于试办经济特区的初步总结》的中共广东省委文件上批示："特区要办，必须不断总结经验，力求使特区办好。"1989年8月28日，陈云为中国国际信托投资公司成立十周年题词："不断总结经验，扎扎实实地搞好对外开放工作。"

这突出地体现了陈云经济思想的特点。被誉为中共党内经济专家的他认为，经济建设的理想状态是综合平衡，按比例发展，做到稳步前进；基本原则是既要微观搞活，又要宏观控制，做到活而不乱。

陈云从陕甘宁边区开始，一直到新中国成立，在党内长期分管财经工作，他的主要精力从来是放在观察和解决每个时期经济工作中出现的实际问题，尤其是那些带有倾向性的问题和

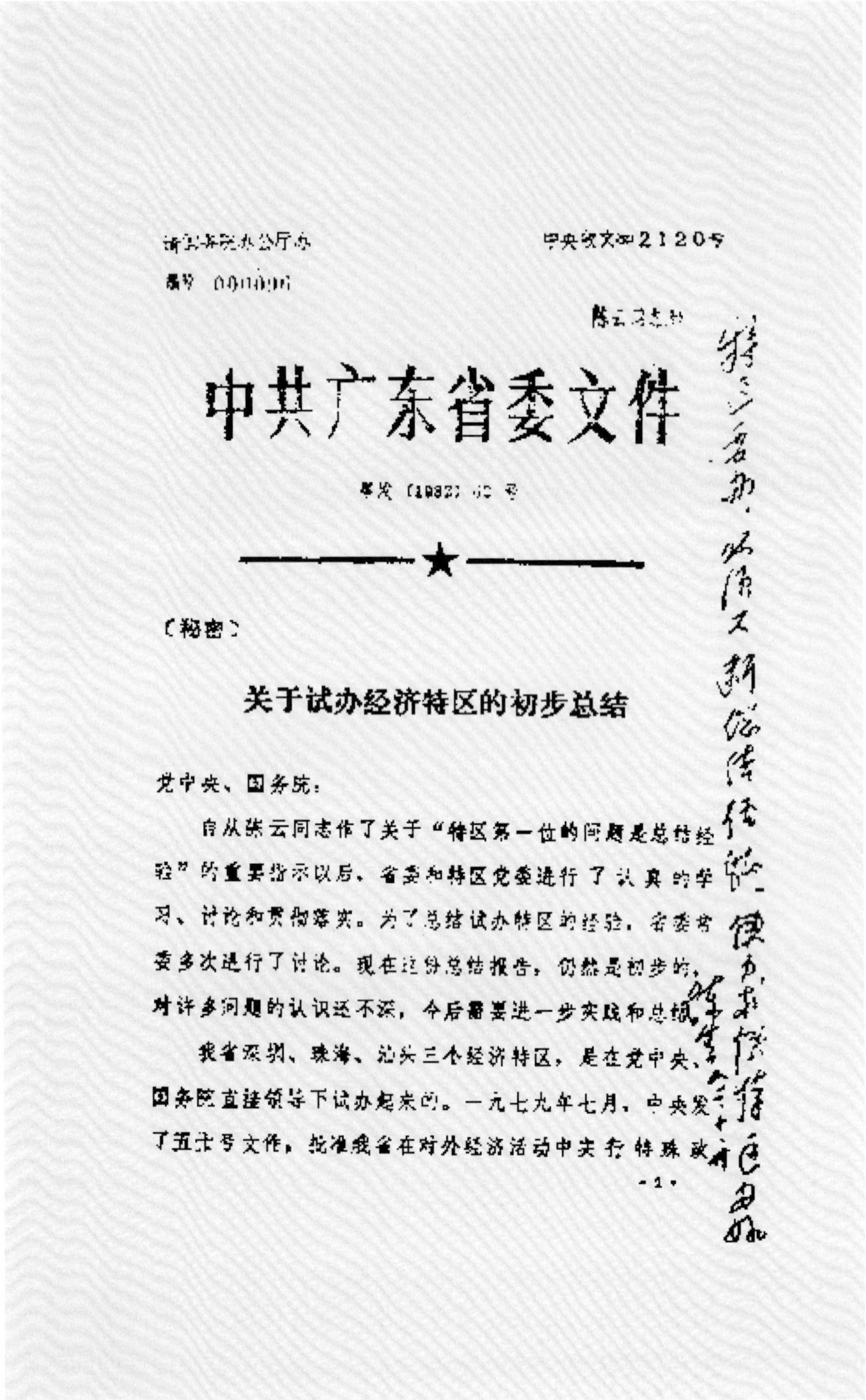

国务院办公厅办　　　　中央收文82 2120号

编号 000096

陈云同志阅

中共广东省委文件

粤发〔1982〕60号

〔秘密〕

关于试办经济特区的初步总结

党中央、国务院：

自从陈云同志作了关于"特区第一位的问题是总结经验"的重要指示以后，省委和特区党委进行了认真的学习、讨论和贯彻落实。为了总结试办特区的经验，省委常委多次进行了讨论。现在这份总结报告，仍然是初步的，对许多问题的认识还不深，今后需要进一步实践和总结。

我省深圳、珠海、汕头三个经济特区，是在党中央、国务院直接领导下试办起来的。一九七九年七月，中央发了五十号文件，批准我省在对外经济活动中实行特殊政

·1·

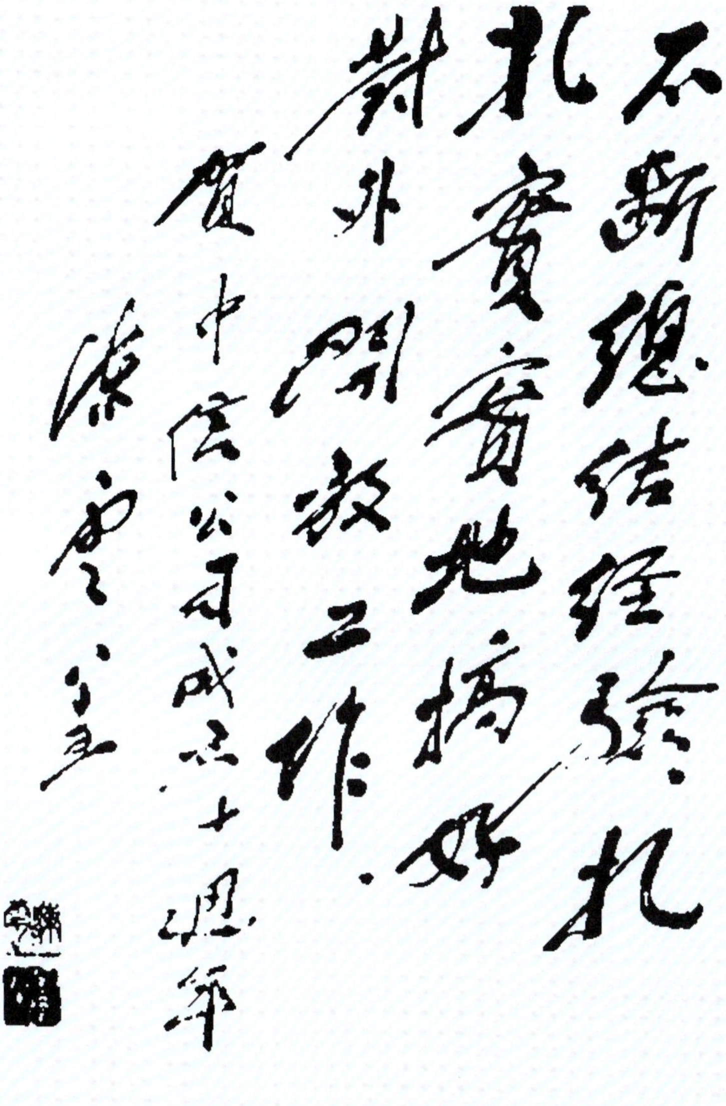
不斷總結經驗扎
扎實實地搞好
對外開放工作。
賀中信公司成立十周年
陳雲

有可能成为倾向性的问题上。正是这个背景，决定了陈云的经济思想具有很强的前瞻性、务实性和稳妥性。比如：当人们不大注意开放搞活甚至有人反对的时候，他会比较多地强调要打破框框、解放思想，提倡研究世界经济，大胆进行放开搞活；当人们已经普遍认识到改革开放的意义，改革开放已经不再成为问题甚至有人忽略改革开放中出现的负面影响时，他往往会比较多地强调要头脑清醒、处事谨慎，提醒人们注意改革开放中已经出现和可能出现的问题。

"文化大革命"后期，周恩来要陈云协助他抓外贸工作。那时，"左"的指导思想占上风，把利用资本主义信贷、"三来一补"进口国外先进设备等，统统说成是违背自力更生方针，大批所谓"洋奴哲学"；有人还把外贸中利用资本主义国家的交易所说成是参与资本家的投机买卖，把出口工艺品采用中国古代和西方历史文化题材说成是宣扬"四旧"和"封资修"。面对这种"左"的思潮，陈云指出，现在外贸已由过去75%面向苏东，变为75%面向资本主义国家，因此必须研究资本主义；不要把自力更生与利用资本主义信贷对立起来；资本主义的交易所有两重性，我们应当利用；"三来一补"的实质是利用国内丰富的劳动力，为国家创汇；进口设备附带进口零配件是为了减少损失，不是"洋奴"；出口工艺品是做生意，要适应客户需要，这与宣传什么无关。

改革开放后，陈云不再负责经济方面的具体工作，但他一直十分关心经济工作，特别是把注意力放在纠正改革开放过程中出现的一些偏差上来。

1980年，中央决定在深圳等四个毗邻港、澳、台的沿海城市试办经济特区，陈云参与了这项重大决策。但当一些人忽略了这几个城市的特殊条件，提出其他城市甚至整个省都要办经济特区时，陈云则提出了清醒的意见。

1982年春节，陈云同国家计委负责人座谈时，针对当时情况指出："现在搞特区，各省都想搞，都想开口子。如果那样，外国资本家和国内投机家统统出笼，大搞投机倒把就是了，所以不能那么搞。特区第一位的问题是总结经验。”

他还指出，特区有有利的方面，也会带来一些副作用，如外币打击人民币等；其他地方可以搞来料加工、合资经营，但不要再搞特区，尤其不能把整个省都变成特区。

根据陈云的指示，广东和福建两省对试办经济特区以来的经验作了认真总结。不久，中共广东省委和省政府向中共中央和国务院上交了《关于试办经济特区的初步总结》。这份报告指出：“自从陈云同志作了关于‘特区第一位的问题是总结经验’的重要指示以后，省委和特区党委进行了认真的学习、讨论和贯彻落实。为了总结试办特区的经验，省委常委多次进行了讨论。现在这份总结报告，仍然是初步的，对许多问题的认识还不深，今后需要进一步实践和总结。”陈云阅后，作了本篇开头说到的明确肯定的批示。

1984年，中央根据邓小平的建议，考虑开放14个沿海城市。那时，陈云正在杭州休养，谷牧受邓小平委托，到杭州向他汇报，听取他的意见。他表示同意开放这14个沿海城市，同时就特区建设的问题提出两点需要注意的问题：一是要有“拳头”产品，不能总是来料加工；二是要掌握好来料加工产品的内销比例。他指出，特区现在还没有“拳头”产品；对来料加工产品，国内市场要让出一些，但一定要保护我们自己必须发展而且正在发展的东西，使自己的东西一步一步地进步，不要被外面进口的挤掉了，比如发电机组。他用家乡话说：“瘌痢头的孩子还是自己的好。”

陈云也从正面对改革开放提出一些重要的建议。据曾任陈云秘书的朱佳木回忆，“走出去”就是陈云最先提出的。那是1984年夏天，时任国家计委主任宋平、副主任柴树藩来向陈云汇报首钢打算从拉美国家进口美国二手设备建新基地的有关情况。谈话中，陈云表示，开辟新基地要同老基地改建扩建进行比较，旧设备中有些跟水泥粘连在一起的东西不能用了，因此，可以考虑向国外要倒闭的企业投资，搞合营。接着，他指出：“对外开放不一定都是人家到我们这里来，我们也可以到人家那里去。”

1984年8月，一份材料反映美国制定的加勒比海法案刚刚生效，其中规定对该地区输往美国的“本地产品”（产值中本地制造者不低于20%）给予12年免税进口的最优惠待遇，建议我国利用这一有利时机向该地区投资办厂。陈云看到后当即批示，表示赞成，同意利用美国“加勒比海发展计划”的有利时机，向该地区投资办厂，以享受那一地区向美国出口免税的政策。他的这些主张，进一步打开了人们对外开放的思路，逐渐形成了后来被称作“走出去”的大战略。这些都对最终形成利用国内国外两个市场、两种资源，“引进来”和“走出去”相结合的对外开放新格局，产生了积极作用。

改革开放以来，我国宏观经济形势基本上没有出现大问题，即使遇到风浪也能很快平息，这与改革开放过程中的谨慎态度和稳重主张是分不开的。就好比一匹马，既要让它跑，又不能没有缰绳；又好比一辆车，既要踩油门，又不能没有制动。否则，后果不堪设想。陈云以他在党内形成的独特地位在这一进程中发挥了极其重要的作用。

发展农业是头等大事

发展农业是头等大事。

为纪念中国农学会成立六十六周年题赠坚持农业科学工作五十年以上的同志们

陈　云

八四、一、十一

“三农”问题是陈云一直非常重视的问题。新中国成立以后，陈云作为我国社会主义经济建设的奠基者和重要领导人，对“三农”问题进行了全面、系统、具体的论述。1984年1月11日，陈云为中国农业学会成立66周年题词：“发展农业是头等大事。”这句话集中体现了陈云关于中国农业发展的重要思想。

早在战争年代，陈云就开始关注中国的农业问题。1933年7月，陈云撰写了《这个巡视员的领导方式好不好?》一文。文章以农业工人工会一位工作努力的巡视员，由于领导方式呆板致使工作毫无成效为例，说明支部的领导方式是做好工作的关键，要把正确的决议运用到群众中去，成为对实际工作的指导，必须经过灵巧的工作方法和艺术的领导方式。这篇文章虽然重点谈的是工作方法问题，但陈云的写作是建立在对农村和农业问题深入了解基础之上的。

20世纪40年代中叶，陈云在陕甘宁边区主持西北财经委员会工作期间，采取多种措施促进边区农业的发展。他要求制定措施提高盐税，但不提高收购价，以便让农民转向春耕。为

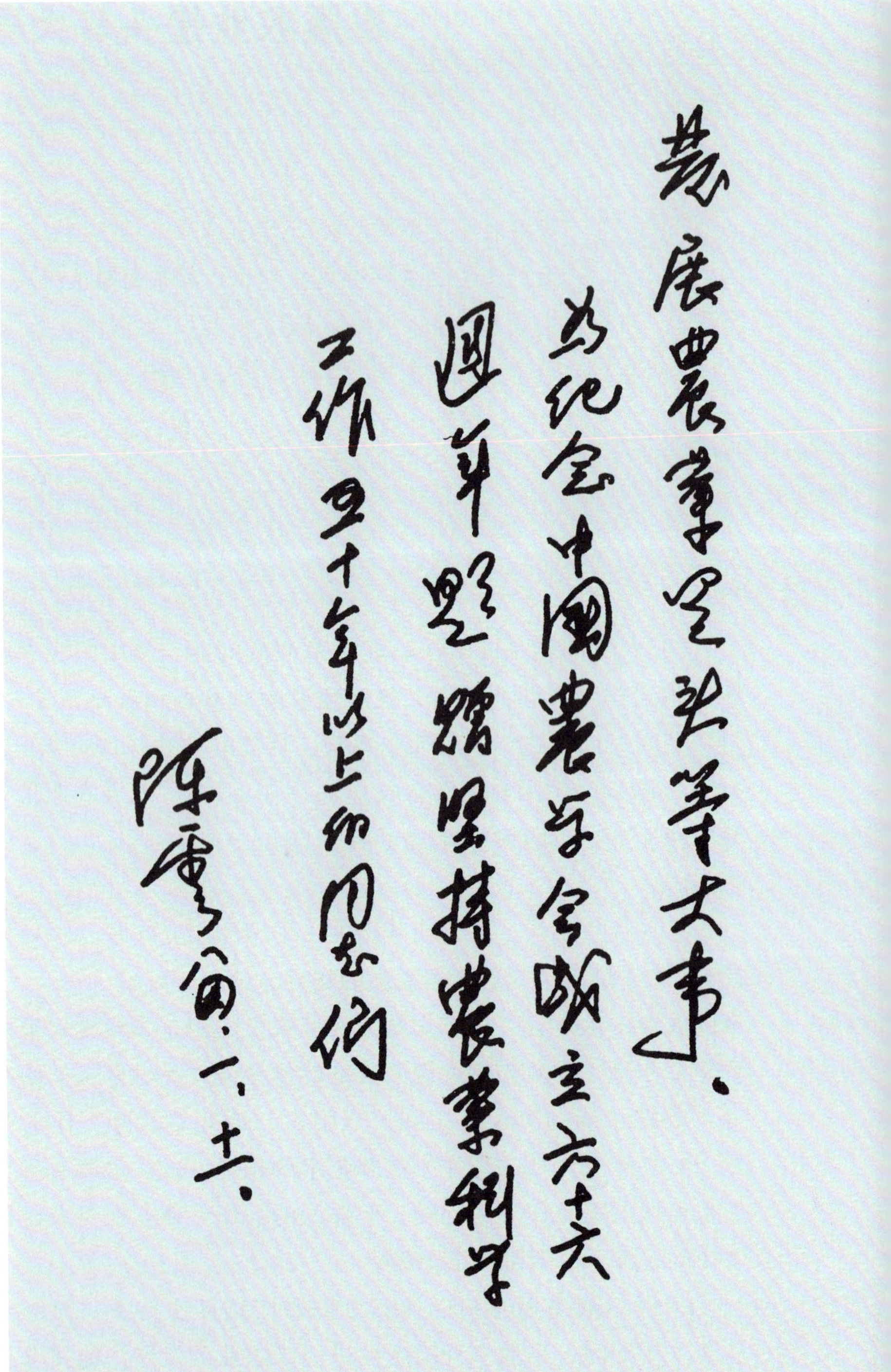

发展农业是头等大事。

为纪念中国农学会成立六十六周年题赠坚持农业科学工作五十年以上的同志们

陈云
八四、一、十六

了刺激农业生产，他主持会议要求提高一些粮价，但不能提得太高，否则财政负担不起，刺激农业生产的方法还要再多考虑一些。

新中国成立初期，陈云虽然不直接分管农业工作，但他十分关注农业生产的巩固与发展，指出发展农业是头等大事，“农业发展不起来，工业就很难发展”。上海解放之初，投机资本家利用物资极其匮乏的机会，大做投机生意，哄抬物价，引发全国性涨价狂潮，严重危及人民群众的正常生活与新政权的巩固。陈云领导财经战线工作者打响粮棉之战，从江苏、浙江、安徽、四川和东北、华中地区调拨抢运粮食，保证上海的供应。这一举粉碎了投机势力扰乱市场、哄抬物价之风，稳定了市场。经此一役，陈云更加认识到“人心乱不乱，在城市，中心是粮食”。基于对农业基础地位的高度认识，陈云在实际工作中把农业作为头等大事来抓。1957年9月，陈云在中共八届三中全会上的讲话中指明了农业生产的重要地位：“经济不摆在有吃有穿的基础上，我看建设是不稳固的。”“如果农业搞不好，就一定会扯我们前进的后腿。”“如果我们不能解决人民的吃饭穿衣问题，我们的社会主义建设事业便站不稳，必然还要回头补课。”陈云在担任中财委主任、国务院副总理期间，除具体抓了粮食收购、救灾、调运工作外，还通过增加水利建设投资、制定粮棉合理的比价等措施，促进粮棉等农产品的恢复和发展。1959年4月，陈云给中央财经小组写的信中说：“我国粮食问题还没有过关。粮食定，天下定；粮食紧，市场紧。粮食现在仍然是稳定市场最重要的物资，一定要做好这一方面的工作。”

在20世纪60年代初三年困难时期，陈云更加看重农业在国民经济中的基础性地位，认为农业问题是关系整个社会主义建设的大事，是不能不关心的，农业好转了，工业和其他方面才会好转。针对母猪私养、农作物种植安排和增加自留地等农业生产中实际面临的问题，陈云多次深入基层，实地了解农业生产状况，对中央调整农业政策提出了许多切实可行的办法。

仅1961年一年的时间，陈云就写出了《母猪也应该下放给农民私养》、《种双季稻不如种蚕豆和单季稻》、《按中央规定留足自留地》三个调查报告。1961年4月，陈云在建设大型氮肥厂杭州座谈会上主张不办公共食堂，粮食分配到户，给农民一定的自主权。他说："不一定都吃食堂，没有食堂难道社会主义就会垮台吗？粮食不到户，农民不敢讲话，否则他怕扣粮票。还有自留地一定要坚持，农民说得好：'我磨豆腐，由你点石膏不行，要我们自己来点。'"1962年3月，陈云进一步提出："农业问题，市场问题，是关系五亿多农民和一亿多城市人口生活的大问题，是民生问题。解决这个问题，应该成为重要的国策。"

进入新时期后，陈云对农业生产继续给予了极大的关注。1978年12月10日，基于农业生产问题严重和农民占我国人口绝大多数的基本国情，陈云在中央工作会议东北组的发言中指出："我们不能到处紧张，要先把农民这一头安稳下来。""建国快30年了，现在还有讨饭的，怎么行呢？"改革开放后，由于广大农村地区实行了家庭联产承包责任制，农业连续多年获得持续增长，但由于仓储等基础设施建设没有跟上，出现了低水平的过剩，发生了"卖粮难"。在这种情形下，很多人盲目乐观，认为我国粮食已经过关。陈云对此保持了清醒的认识。1979年3月，陈云在中央政治局会议上特别强调要按农、轻、重次序安排国民经济，指出："搞建设，必须把农业考虑进去。所谓按比例，最主要的就是按这个比例。这是一个根本问题。"

1981年12月22日，陈云在中共中央召开的省、市、自治区党委第一书记座谈会上讲话，认为农业经济是国民经济重要的一部分。农业实行包产到户等生产责任制后，"也必须以计划经济为主，市场调节为辅"。陈云说："所以要提出这个问题，是因为实行各种生产责任制以后，似乎农业可以不要计划了。事实并不是这样。这个问题本来是清楚的，搞了生产责任制以后，包产到户以后，计划并不是不要了。"为消除人们对这个问题的误解，陈云举出“粮食种植面积不能再缩小了”；“郊区必须种菜，不种不行”；“养猪要规定任务”；“种烟叶不能超过八百万亩”；“增产经济作物，只能靠提高单产和利用不种粮食的土地”等例子，说明这些都是国家计划，不能不坚持。他得出的结论是：“不能让农民自由选择只对他自己一时有利的办法。”“不这样做，八亿农民的所谓自由，就会冲垮国家计划。说到底，农民只能在国家计划范围内活动。只有这样，才有利于农民的长远利益，国家才能进行建设。”“这是农民与国家两利的大政方针。”

1985年9月23日，陈云在中国共产党全国代表会议上讲话，针对经济体制改革过程中出现的种种问题，阐述了自己的意见。他首先讲到的还是必须十分重视农业的极端重要性，特别是粮食生产一定要抓紧抓好。他形象地表述了农业的基础性地位不可动摇，“无农不稳”、“无粮则乱”。他说：“现在有些农民对种粮食不感兴趣，这个问题要注意。”他认为：“发展乡镇企业是必要的。问题是‘无工不富’的声音大大超过了‘无农不稳’。十亿人口吃饭穿衣，是我国一大经济问题，也是一大政治问题。‘无粮则乱’，这件事不能小看就是了。”

此后，在许多重要讲话中，陈云都反复强调农业的基础地位和对国民经济、国家安全的重要意义。

1988年5月18日，陈云在同姚依林谈到物价上涨后不拿工资的农民怎么办时说，根本问题是农民从土地转出来，拿工资，比当农民好得多。但这个事很不容易。我们有生之年，农业过不了关。1984年粮食丰收，有些人头脑发热。我说，万元户没有那么多，无粮则乱。当时，有些人不相信。这次谈话两个多小时才结束。10月，陈云同中央负责同志谈话，就当前经济工作谈了八点意见，第一位的就是粮食问题。他说，粮食问题始终是一个大问题。十亿人民要吃饭，农民种地卖粮给国家，天经地义。现在相当大一批农民搞乡镇企业，买粮食吃，不能小看。对乡镇企业要做些调查研究，哪些是有用的，哪些是不行的，以便积极引导，使其健康发展。

陈云为中国农学会的题词反映了他对农业问题长期以来的关注。这个观点，也是陈云经济思想的重要组成部分。

批示要求严厉打击经济犯罪活动

耀邦、小平、紫阳、先念同志：

我主张要严办几个、杀几个、判刑几个，并且登报，否则党风无法整顿。

陈　云

82、1、5日

这是1982年1月5日陈云在《信访简报》上的批示。

1978年12月，在党的十一届三中全会上，陈云出任重新成立的中央纪律检查委员会第一书记。在担任中纪委第一书记期间，他十分注重党风廉政建设，严厉打击经济犯罪活动就是其中的重要内容之一。

改革开放初期，一些党政军机关、党政军干部和干部子女投机取巧、放松要求、钻改革的空子，蜂拥经商，其中相当一部分同一些违法分子、不法外商相互勾结、相互利用，出现了倒买倒卖，行贿受贿，走私贩私，弄虚作假，敲诈勒索，逃避关税，制造和销售假药、假酒，谋财害命，以至贩卖、放映淫秽录像，引诱妇女卖淫等丑恶事件，严重影响了党和政府形象，群众十分痛恨。尤其是广东、福建等沿海省份，个别地方一时间出现内外勾结、走私活动猖獗的现象，涉及不少党员干部，群众意见很大。陈云敏锐地看到，消极腐败问题如果得不到高度重视和及时治理，势必搞坏党风，影响全局。

陈云严肃指出："'一切向钱看'的资本主义腐朽思想，正在严重地腐蚀我们的党风和社会风气。我们搞社会主义，一

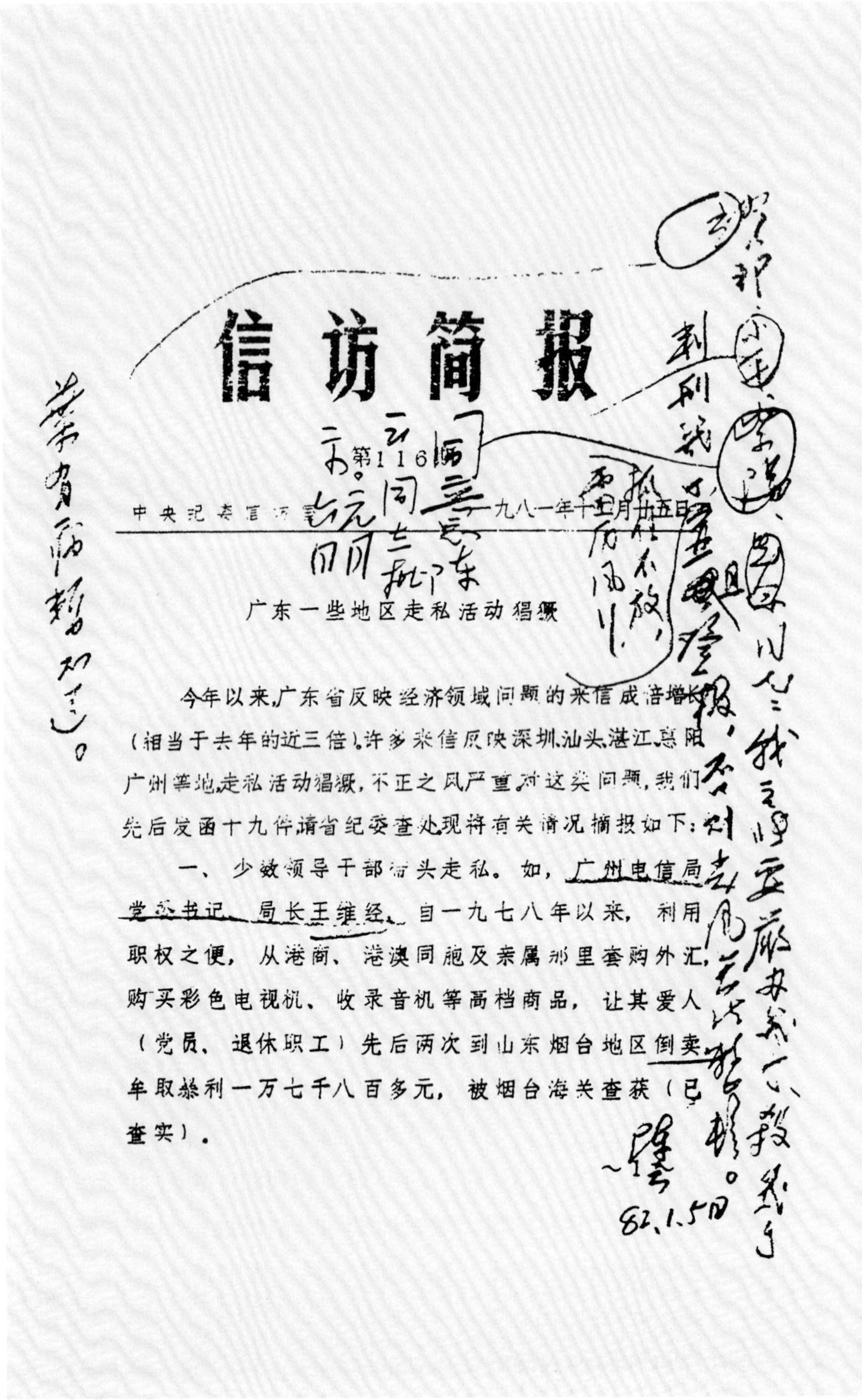

信访简报

第116期

中央纪委信访室　一九八一年十二月廿五日

广东一些地区走私活动猖獗

今年以来，广东省反映经济领域问题的来信成倍增长（相当于去年的近三倍）。许多来信反映深圳、汕头、湛江、惠阳、广州等地走私活动猖獗，不正之风严重。对这类问题，我们先后发函十九件请省纪委查处。现将有关情况摘报如下：

一、少数领导干部带头走私。如，广州电信局党委书记、局长王维经，自一九七八年以来，利用职权之便，从港商、港澳同胞及亲属那里套购外汇，购买彩色电视机、收录音机等高档商品，让其爱人（党员、退休职工）先后两次到山东烟台地区倒卖牟取暴利一万七千八百多元，被烟台海关查获（已查实）。

定要抵制和清除这些丑恶的思想和行为，要动员和组织全党和社会的力量，以除恶务尽的精神同这种现象进行坚决的斗争。”他要求提高全体党员的思想素质，创造良好的思想氛围，从根本上杜绝不正之风和腐败现象在党内的蔓延。

1982年1月5日，陈云看到中纪委报送的《信访简报》反映广东一些地区走私活动猖獗，有的干部为其提供保护并从中牟利，非常气愤，情绪十分激动地说：“告诉王鹤寿，要重办，要杀掉几个。杀几个，可以挽救一大批。解放初期，贪污几千元就杀。”他停下来，想了想又说：“干脆，我来批一下。”于是，他把这份简报立即批转胡耀邦、邓小平、赵紫阳、李先念，并在批语中指出：“我主张要严办几个、杀几个、判刑几个，并且登报，否则党风无法整顿。”几位中央领导阅后均批示“同意”。邓小平还在陈云批语中加了“雷厉风行，抓住不放”八个字。

1月11日，中共中央发出紧急通知，传达中央政治局常委关于对一些干部走私贩私、贪污受贿，把大量国家财产窃为己有等严重违法犯罪行为采取紧急措施的指示。中央政治局常委指出，对于这个严重毁坏党的威信，关系我党生死存亡的重大问题，全党一定要抓住不放，雷厉风行地加以解决。中央书记处于同日上午召开会议，决定派习仲勋、余秋里、彭冲、王鹤寿立即去广东、福建、浙江、云南等省，传达中央政治局常委的指示，采取紧急措施，开展打击走私贩私、贪污受贿的活动；要求其他省、市、自治区也要重视这方面问题，并采取相应措施；要首先认真处理负责干部中现行的经济上的重大犯罪案件，如果哪个省、市或部门的党委优柔寡断，熟视无睹，姑息养奸，中央将考虑追究责任；对需要逮捕和严厉处置的职务较高的负责干部的犯罪事实材料，一定要核对清楚并上报，以便统一量刑，并考虑公布其中一些特大案件。同日，中央就此向各地发出紧急通知。一场打击经济领域违法犯罪活动的斗争，由此开展起来。

2月11日至13日，中央书记处在北京召开广东、福建两省座谈会，讨论如何更坚决有效地贯彻执行中央紧急通知，进一步开展打击经济领域中违法犯罪活动的斗争，同时认真总结经验，端正对外经济活动的指导思想，促进对外经济活动健康发展，继续试办好经济特区。3月1日，中共中央转发了这次会议的纪要。3月8日，根据打击经济犯罪活动的需要，第五届全国人大常委会第22次会议通过《关于严惩严重破坏经济的罪犯的决定》，对《中华人民共和国刑法》的一些相关条款作了相应的补充和修改。

然而，这项工作遇到了来自上上下下的重重阻力。2月11日，中纪委在一份材料上反映：有人认为，中央抓打击严重经济犯罪很必要，但抓晚了，问题已相当严重，积重难返了。陈云立即批示："现在抓，时间虽晚了些，但必须抓到底。中纪委必须全力以赴。"陈云针对一些人担心大张旗鼓地开展打击经济犯罪会妨碍改革开放的顾虑说："怕这怕那，就是不怕亡党亡国。"

对于这场斗争的艰巨性，陈云也作了破釜沉舟的思想准备。他说："抓这件事是我的责任，我不管谁管？我准备让人打黑枪，损子折孙。"陈云特意叮嘱子女，出门时要注意安全。这段时间，喜爱书法的陈云经常赠送部下"横眉冷对千夫指，俯首甘为孺子牛"的条幅，借此来鼓励纪检干部。

7月1日，新华社在简报上刊载了香港《快报》一篇题为《反贪污斗争停滞不前》的文章。文章说："中共自年初发动反贪污斗争以来，只打了几只苍蝇，不过都是县委级或以下的干部，一只老虎也没有打着。正是雷声大，雨点小；只闻楼梯响，不见人下来。半年来，斗争的进展是令人失望的。近一两个月来，竟然沉寂下来，似有搞不下去之势，可见内部反抗之烈与阻力之大。"还说："中共近年不断宣扬法制，强调有法必依，法既已立，为何不依？何不坚决执法，以取信天下？"这篇文章引起陈云的关注，他在一些尖锐的意见下面画了线。7月5日，陈云将这份材料批转黄克诚、王鹤寿，指出，对于经济犯罪案件必须严办，阻力再大也必须办。7月8日，中共中央书记处召开全国电话会议，部署进一步开展打击经济犯罪活动的斗争。7月中旬，中纪委派出100多名司局级以上干部分赴各地，充实、加强办案力量，直接参与大案要案的处理工作。

为了抓落实，陈云还亲自督办了一些经济犯罪案件。化工部原副部长、北京燕山石油化学总公司原党委书记兼总经理杨义邦在对外经济活动中一再违反纪律，并有变相索贿受贿行为，给国家信誉和经济利益造成了重大损失。在处理此事的过程中，中纪委遇到了很大的阻力。陈云表示，这个案子一定要办，否则党风搞不好，无法向几百万烈士和几千万牺牲的战士交代。并要秘书转告中纪委领导同志，对这件事一定要顶住，处分决定通不过，就拿到政治局会上，政治局通不过，就拿到中央委员会的会上。陈云说："开放政策是对的，但越是在开放的地方，越是要加强政治思想工作，干部越是要'金刚钻'的。"1982年2月1日，中纪委决定给予杨义邦党内严重警告处分。2月22日，中央统战部顾问刘澜涛给邓小平、陈云、胡耀邦写信，反映党内不少同志对这个处分不满意，认为太轻了，会对全国整顿党风党纪起消极作用。2月24日，陈云在刘澜涛信上作了坚决的批示："这件案子书记处讨论了两次，不作决定。我是退无可退，才由纪委作出决定的。一部分参加书记处的同志顾虑重重，我看没有必要怕那些负责同志躺倒不干。要讲党性。不怕他躺倒。谁要躺倒，就让他躺吧。"3月2日，陈云就如何处理杨义邦错误的问题同胡耀邦谈话研究。7月22日，在陈云的主持下，中纪委作出《关于进一步核实和处理杨义邦同志所犯错误的决定》，决定给予杨义邦留党察看两年和撤销党内一切职务的处分，并建议撤销他在党外的各种职务，另行分配工作。8月11日，国务院决定撤销杨义邦化工部副部长职务，给予杨义邦应有的惩处。

广东省海丰县委书记王仲侵吞缉私物资、受贿索贿，数额巨大，影响恶劣。1980年3月，王仲的罪行败露，汕头地委作出决定，责令他停职交代问题。此案的处理受到了陈云的极大关注，他多次听取案情汇报，先后派出100多人次的工作组调查此案。当时有人认为，王仲是一个老同志，为党作过一些贡献，可以考虑从轻一点处理。但陈云认为，在改革开放的关键时刻，在一个地区出现如此严重的问题，王仲确实是起了非常坏的示范效果，如果对王仲不按照党纪、国法依法惩处的话，对打击严重经济犯罪的斗争、对改革开放都是不利的。1983年1月17日，王仲被依法判处死刑。

1981年3月，贵州遵义地区工商局原局长席常安伙同遵义地区收容所所长杜昭穆，以办理所谓“化肥案”为名，搞了700吨尿素假提货单。而后，席常安、杜昭穆又与地区工商局副局长俞有章、公安处副处长邵金玉等人合伙进行经济诈骗。前后共骗取人民币34万余元，并非法收容审查5人（6次）。事发后，此案久拖不决。直至1983年6月，中共遵义地委才作出对席常安撤职查办、杜昭穆依法逮捕的决定。7月，陈云收听了中央人民广播电台对此案的新闻报道后，对席常安等人被撤职查办的处理提出意见，认为：“这样处理太轻了，应当重判！”陈云进一步指出：“小平同志讲过处理重大经济案件要开杀戒，要准备杀它一百个。现在只杀了三个，太少了。”

陈云从更深远的角度，一再提醒全党和各级纪委，一定要严防改革开放可能带来的消极东西，强调了邓小平“两手抓，两手都要硬”的思想。在党的十二届二中全会上，他指出：“必须充分看到对外开放后带来的问题……现在看来，防止消极后果的工作还做得不够。”他认为，不对这种现象进行必要的管理和教育，这些现象就有可能泛滥成灾，败坏我们党的形象和社会风气，最终使改革失败。为此，他反复强调：“我们国家现在进行的经济建设，是社会主义的经济建设，经济体制改革也是社会主义的经济体制改革。任何一个共产党员，每时每刻都必须牢记，我们是搞社会主义的四个现代化，不是搞别的现代化；我们进行的事业，是社会主义事业。”

正是在邓小平、陈云等中央领导的坚强决心之下，一场严厉打击经济犯罪的斗争才在全国范围特别是沿海地区开展起来。仅1982年，在纪委系统立案的党员经济犯罪案件就有16万件之多，其中开除党籍的有9000多人，受党纪处分的有1.8万人，两者合计2.7万余人。这有效地遏制了歪风蔓延的势头，保证了改革开放的顺利进行。

纪委干部必须有一股正气

1.过去三年多纪建（检）工作，有些成绩，但执政党的纪建（检）部门，任务还非常重。

2.必须把各级纪建（检）部门的建立和加强。

3.纪委的干部，必须有坚强的党性，必须有一股正气。不是要那些过去四人帮提出的头上长角身上长刺那样的人。不是的，我们决不要这种人。但是必须是正派人，坚持党性与一切违反党纪的人和事敢于斗争的人。

这是陈云1982年9月9日在中纪委第一次全体会议上的讲话提纲。

1978年12月，党的十一届三中全会决定恢复成立中央纪律检查委员会，陈云当选为第一书记。从这时开始，一直到1987年，陈云执掌中纪委长达九年。出于纪律检查工作的需要，陈云对纪委干部提出了严格的要求。

党的十一届三中全会选举产生的中央纪律检查委员会由100人组成，陈云、邓颖超、胡耀邦分别当选为第一书记、第二书记和第三书记，黄克诚担任常务书记，王鹤寿、王从吾、刘顺元、张启龙、袁任远、章蕴、郭述申、马国瑞、李一氓、魏文伯、张策为副书记。其中，陈云是中央政治局委员、政治局常委、中央委员会副主席，邓颖超、胡耀邦为中央政治局委员，黄克诚为中央委员，王鹤寿、王从吾等也是长期在一线岗位工作、富有经验的老同志。从干部配备来看，重新成立的中

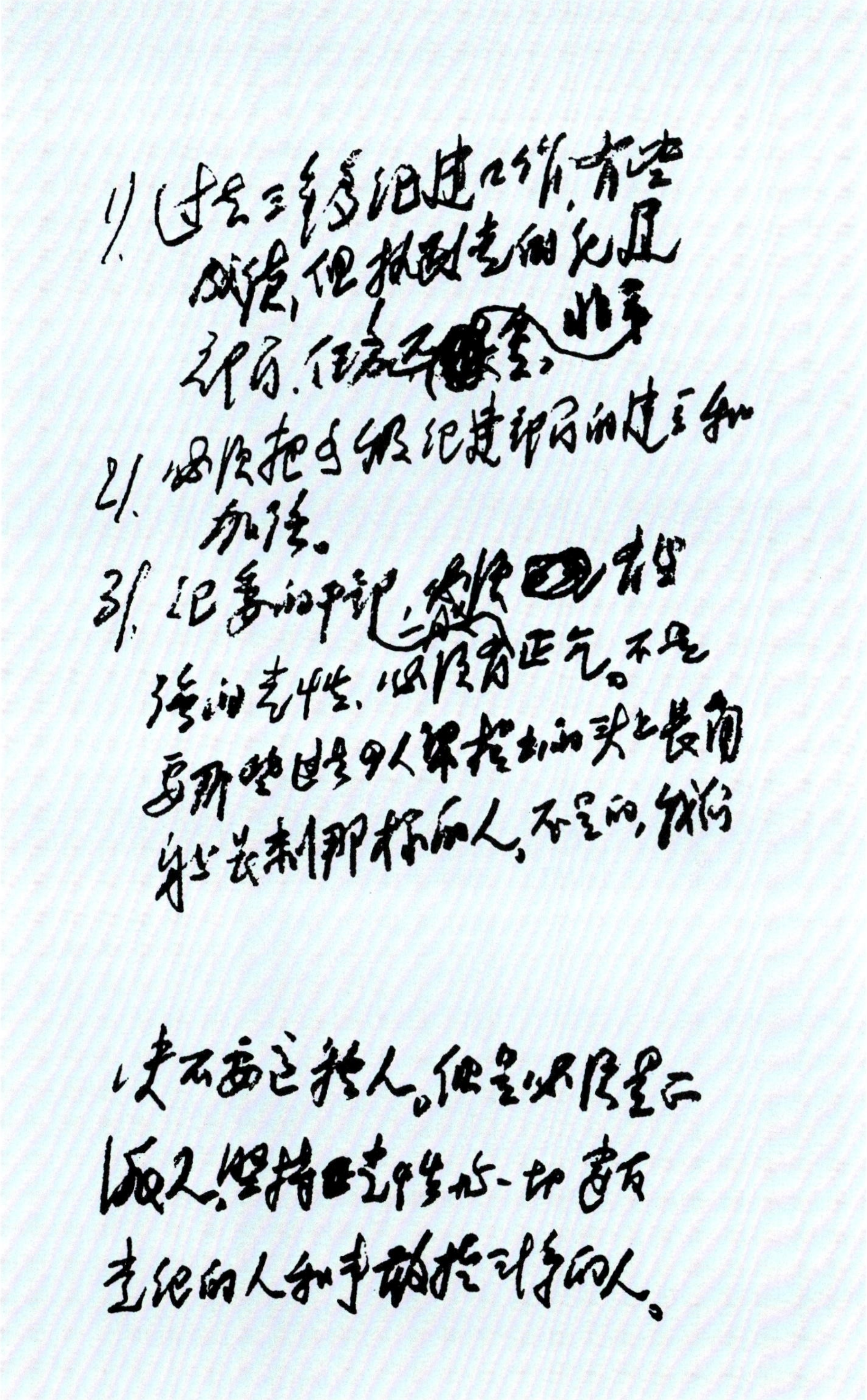
1/ 过去三年多纪建工作，有些
成绩，但抓得还很不够
2/ 必须把各级纪建部门的建立和
加强。
3/ 纪委的书记
必须有正气。
人。

纪委可谓群英荟萃、阵容强大。

“文化大革命”结束后，党的纪律检查工作面临的局面是十分严峻的。一方面，党长期以来形成的优良传统、好的作风，已经在十年浩劫中被破坏殆尽，党内的纪律检查工作机构早在1969年就被撤销，在这一时期突击入党的1000多万党员之中，许多人“派性”十足，甚至不知党性为何物；另一方面，在一个社会主义现代化建设崭新阶段即将到来的重要关头，纪检工作要面对许多全新的问题，社会各界对中纪委给予了殷切期待。

1979年1月4日，在中央纪律检查委员会第一次全体会议上，陈云郑重指出：“党的中央纪律检查委员会的基本任务，就是要维护党规党法，整顿党风。”在纪检干部选拔任用上，陈云一贯倡导“德才兼备，以德为主”的原则，强调要“确实提拔那些党性强，作风正派，敢于坚持原则的人”。这次会议对党的纪检干部旗帜鲜明地提出了要求：“怕字当头、模棱两可、和稀泥、随风倒，是做不好党的纪律检查工作的。”陈云要求纪检干部“不应当在原则问题上‘和稀泥’”。

1980年1月下旬，中央纪律检查委员会召开第二次全体会议，对过去一年的工作进行总结并提出1980年的中心任务，工作重点有了变化。会议指出，一年来主要处理了一些重大的历史遗留问题，没有腾出应有的时间，组织应有的力量，认真地去讨论、研究、检查、处理当前现实生活中的要案和大案。而这些要案和大案，广大党员、干部和群众是十分关心的，也是经常议论较多的。今后纪律检查工作将进一步围绕“四化”建设搞好党风、严肃党纪，同当前实际工作和现实生活中的不正之风进行斗争。要把党的纪律检查工作的重点，由根据党的三中全会方针处理历史遗留的问题和重建党规党法，进一步转移到保证党的三中全会以来的路线、方针、政策的贯彻执行，保证实现“四化”建设上来。

11月14日至29日，中纪委召开第三次贯彻《关于党内政治生活的若干准则》座谈会。会议认为，自1980年2月下旬中共十一届五中全会正式通过《准则》以后，许多地方和部门为纠正不正之风做了大量工作，但是总的说来，与新中国成立初期相比，党风还没有根本好转，在不少地区和部门中，一些党员干部的不正之风相当严重。还有部分同志，对搞好党风的重大意义认识不足，以为这个工作可有可无，甚至把抓党风与安定团结、“四化”建设对立起来，对不正之风放任不管乃至纵容包庇。针对这种状况，陈云在会议期间严肃地提出三条意见：“第一，执政党的党风问题是有关党的生死存亡的问题。因此，党风问题必须抓紧搞，永远搞。第二，纪律检查委员会的工作会有困难，但是经过统一认识，是可以解决的。第三，必须实事求是，查清事实，核实材料，再处理问题，并和本人见面。”陈云的指示，为纪检干部的工作指明了方向，同时提出了更加严格的要求。

在纠正新形势下的不正之风、打击经济领域犯罪活动的过程中，陈云始终高度重视纪检机构和队伍建设，提高纪检干部的整体素质。陈云将一批坚持原则的干部调到中纪委工作，他还经常将一些党内外、国内外的重要信息批给中纪委干部研究参阅，帮助他们随时掌握动向。

1981年12月31日，根据中央书记处指示，《人民日报》发表陈云《要讲真理，不要讲面子》一文。这篇文章是陈云在党的七大会议发言的一部分，其中严肃提出了干部如何看待集体和个人、成绩与不足的问题。他在文章中指出，假设你在党的领导下做一点工作，做得还不错，对这个功劳有怎样的看法？我说这里有三个因素：头一个是人民的力量，第二是党的领导，第三才轮到个人。这篇文章中提出的重要思想，对纪检干部提高自身修养、更加坚强有力地推动纪检工作的开展无疑起到了很强的指导作用。当时，中央文献研究室为发表这篇文章加写的按语指出，最近，党中央号召我们，要勇敢地拿起批评和自我批评的武器，清除自己身上的政治灰尘、政治微生物，切实改进党的领导作风，健全各级党委集体领导，增强党内外的团结。学习陈云同志这篇发言，对于贯彻落实中央的精神和要求，具有重要意义。同日，中央组织部和人民日报社联合召开老同志座谈会，就此进行座谈。1982年1月，中纪委和中宣部分别发出通知，要求各级纪委干部和宣传部门认真学习这篇讲话。

1982年9月，党的第十二次全国代表大会选举产生新的中央纪律检查委员会。其成员由原来的100人增加为129人。第一书记仍是陈云，第二书记为黄克诚，常务书记为王鹤寿。为了准备在这届中纪委第一次全体会议上的讲话，陈云在9月9日写了一份讲话提纲（即本篇所附手迹），就加强党的纪律检查工作提出三条意见：一是“过去三年多纪建（检）工作，有些成绩，但执政党的纪建（检）部门，任务还非常重”。二是“必须把各级纪建（检）部门的建立和加强”作为一项重要任务。三是“纪委的干部，必须有坚强的党性，必须有一股正气。不是要那些过去四人帮提出的头上长角身上长刺那样的人。不是的，我们决不要这种人。但是必须是正派人，坚持党性与一切违反党纪的人和事敢于斗争的人”。

9月13日，新一届中纪委召开第一次全体会议，陈云就当前加强党的纪律检查工作作了重要讲话，对党的纪检队伍建设和纪检干部的素质提出了严格要求。陈云着重指出，要把党的纪律检查队伍本身的干部选好、用好，“做纪律检查工作的干部，应当是有坚强的党性，有一股正气的人；应当是能够坚持原则，敢于同党内各种不正之风和一切违法乱纪行为作坚决斗争的人；而不应当是在原则问题上‘和稀泥’，做和事佬、老好人的人”。

根据陈云的指示精神，1983年3月2日，中纪委下发了《关于健全党的纪律检查系统，加强纪检队伍建设的暂行规定》，对各级纪律检查机构的设置、任务和职责范围，各级纪律检查委员会委员名额和机关编制，各级纪检机构干部配备和管理原则等都作了具体规定，提出按照革命化、年轻化、知识化、专业化的要求，调整充实各级纪委领导班子；各级纪委领导干部的任免、调动、奖惩应征得上一级纪委的同意，要保持纪检干部的相对稳定；纪检干部要有一定的马克思主义理论基础和党的建设、经济、法律、文化科学等必要知识，懂得党的方针政策，熟悉纪检工作业务，有较高的文化程度等。

在着力提高纪检干部的素质时，陈云也在关注清理纪检队伍中混入的“三种人”，确保纪检干部队伍的纯洁性。1983年，陈云将中共中央信访局刊载群众来信反映一些地方纪律检查部门中仍有“三种人”的简报批转黄克诚、王鹤寿，并在批语中指出，纪检队伍中不能有“三种人”，已有的要调开。对此，全国纪检机关进行了一次严格的认真审查，纯洁了队伍，为促进党风的根本好转提供了组织上的保证。

刚刚恢复重建的各级纪律检查委员会仍然沿用八大以来的领导体制，即在同级党委的领导下开展工作。这种领导体制与新时期党的纪检工作面临的形势与任务显然是不适应的，一些党委对纪检工作不理解、不重视、不支持，特别是某些党风存在严重问题的党委，更是给纪检工作造成了一定的干扰。对此，陈云给予了极大的关注。1980年，中纪委第二次全会正式向党中央提出建议，将中纪委以下的各级纪委由受同级党委领导改为受同级党委和上级纪委双重领导。党中央批准了这个建议，并在十二大上写入了党章。从此，党的纪检机关的双重领导体制就被确立下来，一直沿用至今。

在日常生活中，陈云也以身作则，在点滴的小事中特别注意严格要求自己。据陈云夫人于若木回忆，“不收礼，不吃请”是陈云立下的一条规矩，身边工作人员也不得违反。“不迎不送，不请不到”，这是陈云在去外地视察和休养时，对地方领导同志提出的要求，意在不打扰他们，让他们集中精力抓工作。“不居功，不自恃”，这是陈云处人处事的准则。新中国成立初期，陈云已是党中央五大书记之一，但他始终要求有关部门在待遇上、宣传上不能把他和毛、刘、周、朱并列。苏联政府赠送汽车，给五大书记一人一辆，他坚持把给自己的那辆车退回。实行工资制，有关部门给五大书记定为一级，他把自己改为二级。党的八大之后，丛书《红旗飘飘》要给每个政治局常委登一个小传，他始终不同意刊登他的传记。解放战争时期，他领导南满根据地军民取得了四保临江战役的胜利，但当有人写回忆录提到他在四保临江战役中的作用时，他却把送审稿中这一段全部勾掉。陈云多次对工作人员说：“凡是有人来送礼，必须向我报告，不得擅自收下。”有一年秋天，一个大军区的两位领导同志来到陈云的住处，汇报一次军事演习的情况，并带来了当地产的两盒葡萄。当他们起身告辞时，陈云让他们把葡萄拎走，并说，我是中纪委书记，葡萄不能收。他们解释说，葡萄值不了几个钱，这不是送礼，只是让老首长尝尝。陈云说，那我吃十颗，叫“十全十美”，剩下的还是请你们带回去。

陈云在主持中纪委工作期间，领导建立了新形势下党的纪律检查工作的组织体系和有关制度，对新时期党风廉政建设作出了十分突出的贡献，确保了改革开放现代化建设的顺利进行。

终生萦怀教育事业

志当高远　脚踏实地　同心协力　造就新人

陈　云

一九八五、六、二十一

教学相长，育才又育人

北京四中建校八十周年

陈　云

一九八六、三、十四

人民教师手册

陈　云

一九八六、三、四

百年大计教育为本

为北京化工学院建校三十周年题

陈云　八十四　一九八八

这是一组陈云关心中小学教育工作的题词。第一幅是1985年6月21日为北京第八中学所写的题词。第二幅是1986年3月14日为北京四中建校80周年所写的题词。第三幅是1986年3月4日为《人民教师手册》题写的书名。第四幅是1988年2月28日为北京化工学院建校30周年所写的题词。

20世纪80年代以来，陈云多次为中小学教育和教师题

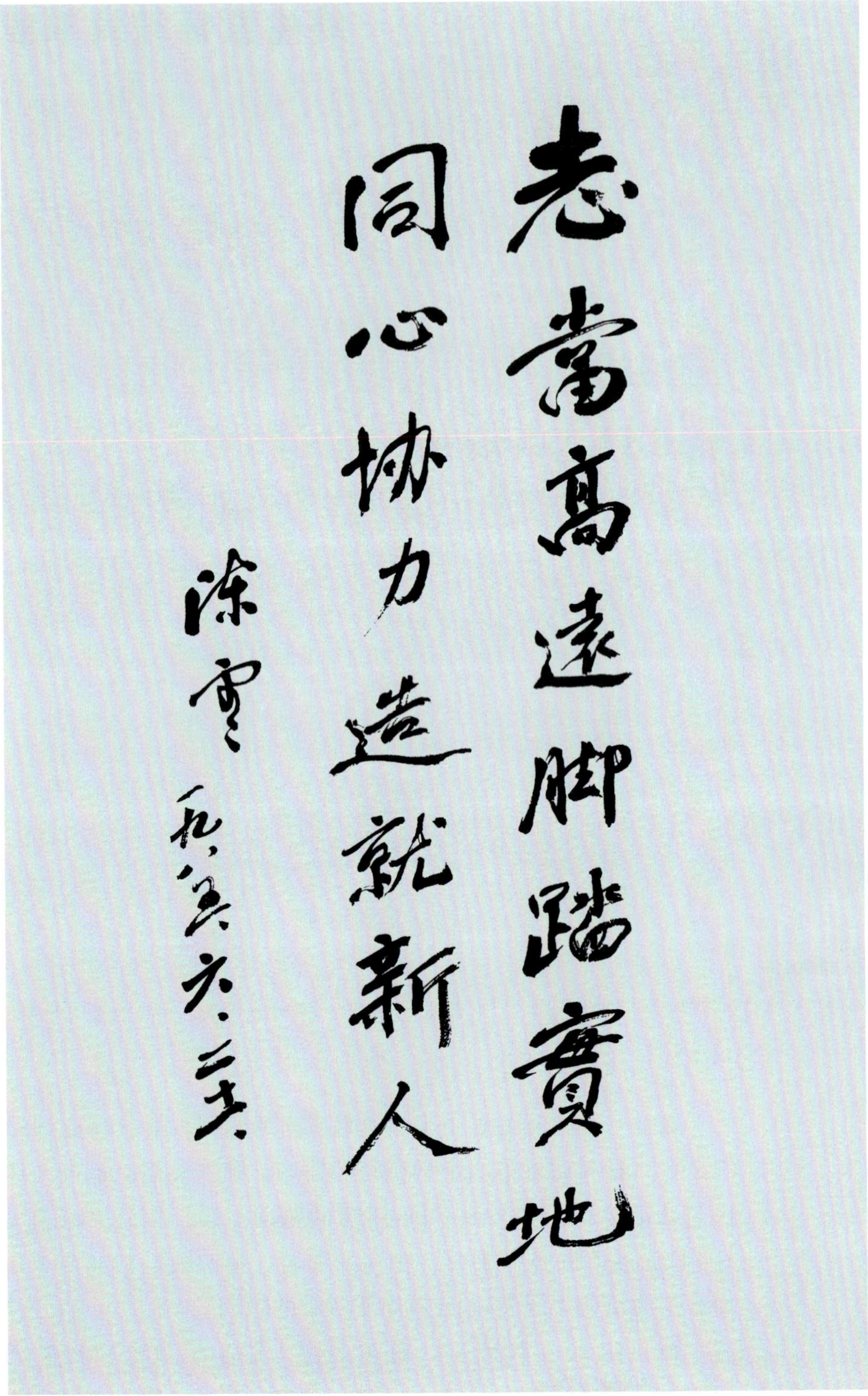
志高远脚踏实地
同心协力造就新人
陈云

教學相長、育才又育人
北京四中建校八十周年

人民教师手册
陈云
一九八六.三.四

百年大計教育為本

为紫化工学院建校二十周年题

陈云 一九八六

词，批示解决具体问题，还和幼儿教师、中小学教师一起过春节，以身作则，倡导尊师重教的社会风尚。

尊师重教，是中华民族的传统美德。但是，在“文化大革命”期间，人民教师的地位一落千丈，知识分子被贬为“臭老九”，全社会“尊重知识、尊重人才”的风尚遭到严重破坏。“文革”结束后，我国人才面临断层危险，而培养人才靠教育。陈云一贯强调，教育事业应当受到应有的重视，教育工作者应当得到充分尊重。1981年11月25日，在讨论《政府工作报告》稿时，他说，在科学和教育部分，应增加加强常规教育、提高整个国民教育水平、提高技术基础和在科学技术上组织攻关的内容。

1983年1月，陈云收到经济学家、全国政协委员千家驹的一封来信和他发表在《教育研究》上的《把智力投资放在第一位》的文章。来信说，许多国家的实践证明，教育是一种智力投资，收效虽缓慢，但一旦发生作用，其经济效益比任何其他投资都高。如不迅速采取措施实现义务教育，将来会像50年代处理人口问题一样，追悔莫及。来信还建议，将全部民办小学改为公办小学，民办教师改为公办教师，以便保证1990年前基本实现普及初等教育的目标。陈云看信后，十分同意这个意见，当即把信批转给时任中共中央总书记的胡耀邦和时任国务院总理的赵紫阳，并指出：“我认为他提出的这个问题是十分重要的，是很有远见的。希望指令计委、教育部等有关部门加以研究，提出方案，然后在书记处会议上专门讨论一次。”

由于种种原因，到20世纪80年代中期，对教育的重视程度、教师的社会地位和生活待遇仍然没有明显的改善。突出的问题，是师范院校招生困难，很少有高中毕业生在填报高考志愿时把师范类院校当作第一志愿。1984年9月2日，《人民日报》发表山东益都二中刘沂生写的《值得忧虑的一个现象》，反映的就是这个问题。它背后的深层次原因是：教师的地位没有得到社会重视，住房困难，工资待遇偏低。

两天后，陈云转告中央有关负责人：“师范院校学生的数量和质量保证不了，对今后的教育，对四化建设的各方面，影响都很大。同时，要继续想一些办法，帮助教师主要是中小学教师，解决一些实际问题，如住房问题，不断提高他们的社会地位，逐步使教师工作真正成为社会上最受人尊敬、最值得羡慕的职业之一。”12月25日，教育部负责人通过新华社记者披露了陈云的意见，并说，党中央和国务院已决定拿出十几亿元，从1985年1月1日起为全国数百万中小学教师增加工资。

这年秋天，为解决从1956年以来一直没有提高部分职工工资的“欠账”问题，国务院有关部门制定了《关于国家机关和事业单位工作人员工资制度改革的意见》，报送中央审批。10月9日，陈云联想到教师待遇亟待改变，在这份意见上批示：“对中小学教师，不仅要有工龄工资，而且要使他们的工资标准，比同等学历从事其他行业的人略高一点才好。”

少年儿童是中国教育事业最根本的希望，他们是祖国的花朵、祖国的未来，儿童教育是教育工作中一个重要方面。关心中国教育事业的陈云，对儿童的教育也十分关注。1981年2月5日，他在首都中小学、幼儿园教师春节座谈会上指出：“教育界的同志们工作很重要，也很辛苦。要使大家充分认识到：关心下一代、关心少年儿童，就是关心我们祖国的伟大前程，就是关心全世界的伟大前程。”

陈云关注少年儿童观看电影一事，就体现了他对儿童教育的关心。1981年1月26日，《人民日报》第8版刊登了茅盾、夏衍、阳翰笙、曹禺、赵寻等人写的《想想孩子们吧！》一文。文章提出儿童剧演出缺乏场地的问题。陈云看《人民日报》有个习惯，就是特别关注第8版。所以，当他看到这篇文章时，便对身边工作人员说，这篇文章是写给我看的。因此，陈云第二天专门给胡耀邦写信，提出解决儿童剧演出场地问题很重要，也可能办到。可否由中央书记处指定有关部门专门议一下？开放单位内部礼堂可先在中央和北京市党政军民学机关试行，然后推广到全国。这样就解决了教育儿童的一件大事。中共中央书记处在当年3月份召开的儿童和少年工作座谈会上，传达了陈云的这一意见。

1981年4月13日，中央办公厅率先将怀仁堂向儿童开放，这天，中国儿童艺术剧院的演员们来到中南海，在这里演出了话剧《岳云》。1982年5月，陈云通过《人民日报》又了解到，新儿童剧场尚未竣工，首都儿童看戏难的问题仍没有解决，他再次致信相关负责人，建议采纳茅盾等人的意见：“在今年6月1日儿童节时，全国城镇的所有影剧院和机关企业的所有礼堂，均应免费向孩子们开放一天。如同意，请考虑可否由中央和国务院联名就此事作出紧急决定。”在陈云的提议下，全国的影剧院在当年“六一”儿童节向少年儿童免费开放。5月28日，中共中央办公厅、国务院办公厅联合向全国下发《关于全国的影剧院和礼堂、俱乐部“六一”向少年儿童开放的紧急通知》。全国的少年儿童度过了一个充满欢乐和笑声的节日。

1983年8月4日，在盛夏的北京，78岁高龄的陈云在共青团中央书记处第一书记胡锦涛等陪同下，来到中南海怀仁堂参加中国少年报社组织的全国“快乐的小队活动”夏令营活动开营式，会见来自全国的166名优秀少先队代表和辅导员代表。他满怀深情地说：“现在我们已经老了，今后你们的父母也会老的，到那时，你们就要接班，社会主义建设事业和共产主义事业就要靠你们继续进行下去。因此，你们积极开展少先队活动，助人为乐，发明创造，这个方向是正确的。希望大家能带动更多的小朋友来开展这个活动，为长大后做一个合格的接班人做好准备。”

在讲话中，陈云还语重心长地对辅导员代表说：“现在，教师的地位，特别是中小学教师的地位比‘文化大革命’时期是大大提高了，今后还要再提高。但是，我也希望教师同志们都能自己看重自己的工作，热爱自己的工作，并且不断提高自己的业务水平，使自己无愧于人民教师的荣誉。”

1986年2月9日是中国的农历春节，陈云在家中会见了北京市中小学和幼儿教师的9名代表。在热烈的气氛中，陈云向全国教育战线的教职员工致以节日的问候。听取大家汇报后，陈云讲话，强调中小学教育的重要性，提出要继续倡导尊师重教的社会风尚。他说："办好中小学教育是关系到提高中华民族素质的一项根本大计，是与祖国繁荣富强联系在一起的。现在中小学教育办得怎样，一定程度上将决定21世纪中国的面貌。""我们的学校是传授文化、科学、技术知识，培养社会主义建设人才的重要场所，也是社会主义精神文明建设的重要阵地。而中小学教育，包括幼儿教育，则是基础教育，一定要办好。""中小学生具有什么样的世界观，将来能否担负起历史的重任，同中小学教育有密切联系。"在这一年1月7日，他还为中学的政治课题词："宣传马列主义，搞好学校政治课教育。"

他在热情赞誉教师工作的同时，还勉励大家好好干。在2月9日的这次会见中，陈云还对在座的时任国家教委主任李鹏说："党和政府的各级组织，都要关心教师，帮助他们解决一些实际问题，为他们的工作和生活创造更为有利的条件。"

在陈云等的关怀下，教师这一职业逐渐获得它应有的地位，很多师范院校被列为重点院校，优先招生；中小学教师的社会地位不断改善和提高。

当社会主义中国的发展进入20世纪80年代后，陈云已经步入晚年。即便如此，他还是矢志不渝地关心着中国的教育事业。无论是倡议解决教师生活和工作难题，还是关怀少年儿童的发展和学习情况，陈云都亲笔向相关部门和有关负责人写信，提出自己的见解和意见。1993年，这位88岁的老人在接见家乡党政负责人时，又一次叮嘱："一定要把教育抓好，今后社会发展要靠教育。"

环境保护是一项大国策

治理污染，保护环境，造福子孙后代。

陈云　八十四

这是1988年8月25日陈云为纪念第一次全国环境保护工作会议召开和我国环境保护工作开创15周年的题词。

作为共和国经济建设的奠基人，陈云一向对中国的环境保护和发展十分关心和重视。在新中国经济建设的实践过程中，陈云是中国共产党内较早认识并关注经济建设和环境保护之间关系的领导人之一。他深刻地指出，环境保护是我国的一项大的国策，要当作一件非常重要的事情来抓。

就在书写上述题词的第二天，陈云在内部参考资料上看见了两份关于环境污染的报告：一份是新华社简报上登载的《卫星看不见的城市》；一份是人民日报社简报上登载的《四川排放污物总量约占全国十分之一》。两份报告反映的内容都不容乐观，陈云阅后立即给当时的国务院总理赵紫阳等写了信，说："这两份材料你们那里也有，现送去请再看看。治理污染、保护环境，是我国的一项大的国策，要当作一件非常重要的事情来抓。这件事，一是要经常宣传，大声疾呼，引起人们重视；二是要花点钱，增加投资比例；三是要反复督促检查，并层层落实责任。"同时，陈云在信中还特别要求，请有关部门以后这方面的材料"送我看看"。国务委员兼国务院环境保护委员会主任宋健后来传达了陈云的三点意见，并表示："陈云同志的意见，言简意深，符合国情，切中我国环境保护工作

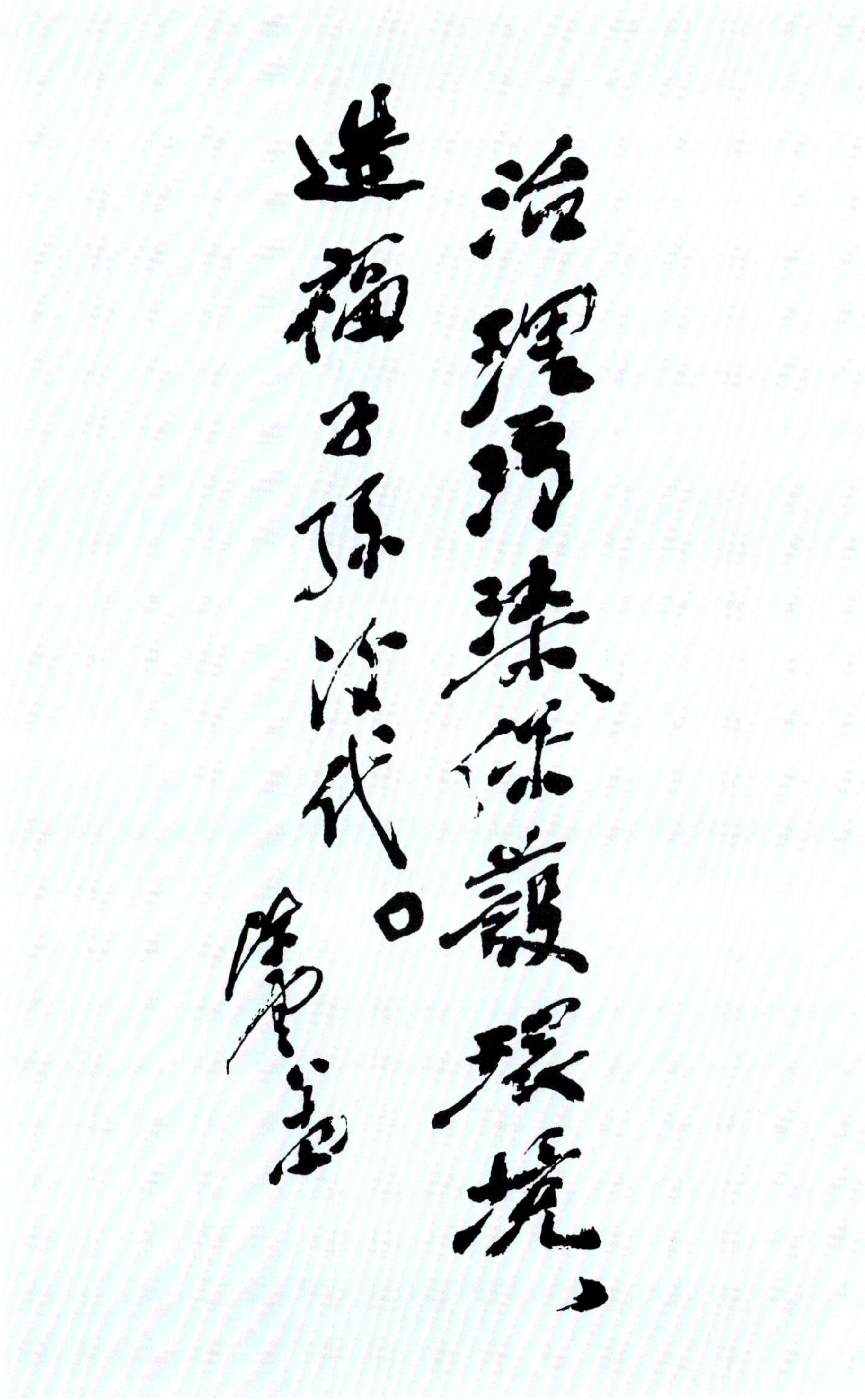
治理污染保护环境，
造福子孙后代。

的要害。”

1990年，著名水利专家张光斗给陈云写信，反映他和陈志恺对中国水资源发展的看法。他们认为：“我国水资源紧缺，华北、西北、东北都缺水，农业时遇干旱，北京、天津、太原、大同、青岛、大连等几十个城市缺水，工农业争水现象已很突出，形成水源危机。南方水量较多，但城市和工业也缺水，农业也遇干旱。此外，水源污染也十分严重。必须抓紧水源建设。宁未雨绸缪，毋临渴而掘井。”信的最后说：“您老对我国经济建设，运筹帷幄，恳请大力支持。”张光斗的这封信并非无的放矢，他深深知道，陈云对我国的经济建设十分了解。早在20世纪50年代，陈云在主持全国经济工作的时候就很重视水资源的建设。现在，环境问题变得如此尖锐，已到了刻不容缓的程度，这令85岁的陈云忧心忡忡。1990年6月6日，他将张光斗的信批送给江泽民等中央领导同志，并写下了这样一段话：“水的问题始终是一个大问题。要从战略高度来认识水的问题的严重性。各级领导部门，尤其是经济、科技领导部门，应该把计划用水、节约用水、治理污水和开发新水源放在不次于粮食、能源的重要位置上，并列入长远规划、五年计划和年度计划加以实施，以逐步扭转目前水资源危机的严重状况。”江泽民看完材料后批转给邹家华：“在考虑‘八五’计划时得认真研究一下水的问题。人无远虑，必有近忧。是应该未雨绸缪。”

环境保护工作还涉及另外一个重要的方面——人口问题。陈云也非常关注这一问题。1979年5月18日，他在杭州同有关负责人谈话时指出，“中国人口多，有困难，要想办法发挥它的优点”，但“人口要控制”。几天以后，陈云在上海谈及宝钢建设时，又提到人口问题：“人口问题解决不好，将来不可收拾。”就计划生育的问题，陈云说：“先念同志对我说，实行‘最好一个，最多两个’。我说要再强硬些，明确规定‘只准一个’。准备人家骂断子绝孙。不这样，将来不得了。”

当时很多人担心一旦只准生一个孩子会带来很多问题，比如人口老龄化、劳动力不足、养老等。但相对于由于人口激增带来的困难，相对于人民生活水平能否改善，严格控制人口增长是第一位的问题。中央法制委员会的一份简报曾反映：需要解决无儿老人的养老问题。陈云看了后作了批示："现在对独生子女照顾很多，我看照顾不起。应该照顾的是老人。""总之，计划生育这件事必须办，照顾的钱应该用在哪里，要研究。"1980年6月15日，陈云又专门写信给主管计划生育工作的陈慕华，说："限制人口、计划生育问题要列入国家长期规划、五年计划、年度计划。这个问题与国民经济计划一样重要。关于这一点，我已与姚依林同志谈过，他是很同意这个意见的。"从20世纪80年代开始，我国的计划生育政策逐步形成一套行之有效的办法和程序，"提倡一对夫妇只生育一个孩子"成为了中国人的共识。

陈云不仅在国家政策的制定和规划中强调保护环境的重要作用，在实际生活中，他也是以身作则践行保护环境的要求。在陈云的办公室和卫生间里各有一只小水壶，这两个水壶有很大的用处，每次在更换热开水的时候，陈云首先要求把办公室和卫生间里的热水收集到水壶中。办公室水壶里的凉白开用来同热水兑着喝，卫生间水壶里的水则用来刷牙和洗头。在陈云家中的水池旁，常年贴着"节约用水"的纸条。陈云自己洗一次脸只用一杯水。一次，新来的工作人员有些不相信，陈云就当着他们的面表演了一次。

支持文化出版事业

全心全意为读者服务
为新华书店五十周年题

陈　云
一九八六、十、十九

这是陈云为新华书店成立50周年所写的题词。

在此之前，同年5月29日，陈云还为《文摘报》创刊5周年题词“博采百家，精选精编”；为祝贺《参考消息》发行一万期题词“客观反映，以资借鉴”。这类题词占了陈云平时题词不小的比例，也表达了他对文化出版事业的积极关注和大力支持。

曾在商务印书馆做过学徒和店员的陈云对这个行业有着天然的亲近感。解放后，在对一些传统老字号的资本主义工商业社会主义改造过程中，有一种看法认为既然公私合营了，“字号”作为封建主义时代标志物之一，就应该彻底消失，改为统一编号。陈云通过调查，不同意这种看法，力主保留传统字号原有的牌子，不能变换。

北京是著名的文化古城，传承和推动文化的发展是摆在政府面前的一项重要工作。20世纪50年代中期，北京私营古旧书业经营困难。1955年底，来薰阁、修绠堂、春明书店等向政府提出公私合营申请。次年1月，市文化局成立对私改造办公室，制订出“古旧书业公私合营计划”，并进行清产核资工作。2月，在听取北京市私营古旧书业改造工作汇报时，陈云

全心全意為讀者服務

為新華書店五十週年題

陳雲

一九八六、十、十九、

提出“大户合营、小户跑腿吃饭、个别吸收”的意见。在听取对北京市私营图书发行业进行社会主义改造的工作汇报后，陈云说：“新华书店门店太少，买书很不方便，你们应该更好地便利人民的需要。”

根据陈云的谈话精神，北京市批评了一些地区急躁粗暴的做法。市文化局拟定的《北京市改造古旧书业暂行方案》明确提出，在全行业实行公私合营的原则下，对当时国营、私营并存局面中的私营户采取的办法是从行政上加强领导、管理和监督。目前，保持其原有经营特点和方法，不急于从经济上加以改造。对古旧书业改造工作的政策调整，调动了私营户的积极性，销售业务大大提高，仅1956年1月至10月，私营户的进、销额均为1955年的3倍，总利润达85万元，是1955年的8.5倍。

1957年3月，陈云赴上海进行市场调研。他走在南京路上看百货公司时，问店员一天做多少笔生意。店员回答，一天做150笔左右。陈云听了非常高兴，对陪同的上海市副市长宋季文说：“在其他城市，店员告诉我只能做几十笔。”他随即嘱咐公司经理：“要保持优良的经营作风，不能把牌子砸了。”这次看市场的过程中，陈云还问宋季文：“你知道为什么上海中华书局、商务印书馆、北新书局、开明书店等大书店都集中在四马路？”没等宋季文回答，他自己说：“因为上海是全国的经济、金融和商业中心，集中在一起不光方便上海人，而且便于为全国来上海的人服务。同样，永安、先施、大兴、国货四大百货公司集中在南京东路，也是便于为全国服务的。集中在一起，商品品种齐全，顾客在这家买不到，可以到那家买。”这个例子看起来很小，却反映了陈云调查研究的深入细致和贯穿始终的为群众、为读者服务的思想。

陈云的这种思想也体现在他对报刊编排的关心和主张上。1980年12月29日，他对《人民日报》提了意见，认为《人民日报》发表了很多好文章，但是有些太长，很多人没有看，很可惜。如果加一个提要，标一些小标题，文内分一二三，人家忙了也可以看一个要点。所以，“报纸要改进，要争取他们看，要争取更多的人看，这很重要”。陈云举1980年12月27日《人民日报》的编排为例：这一天，《人民日报》头版头条报道的是大灾之年获得大丰收的消息，标题为《今年是我国三十年来第二个粮食高产年》。陈云认为：“标题很好，但没有提要，如果把主要内容提出来，一看提要就知道主要内容，就好了。”1982年5月11日，陈云又向人民日报社提出报纸要为广大读者着想的意见：“报纸要为广大读者着想，报社的领导和编辑要经常提醒自己：‘假如我是读者’，‘假如我是一个很忙的读者’。《人民日报》为人民嘛。”10月20日，《人民日报》头版报眼位置新辟了一个专栏——“在今日首都报纸上”，用一两句话点出首都各大报纸所刊发的重点文章，增加了报纸的信息量。24日，在一版左下位置，又开辟了一个同样文字短小、信息量较大的专栏——“在地方报纸上”。这两个小栏目的出现，受到陈云的赞赏。他说：“文章越长，看的人越少；越短，看的人越多。应当多写点‘豆腐块’文章。”所以，他表扬：“《人民日报》新辟的‘在今日首都报纸上’和‘在地方报纸上’这两个专栏，办得不错。”

后来，《人民日报》将这两个栏目合并成“今日报纸要目”，继续不定期刊登，并且在继续办好“今日谈”、“市场随笔”、“漫谈”等短小精悍的栏目的同时，增加了“言论摘编”等用三言两语介绍文章观点的栏目，深受读者欢迎。《人民日报》在长文章的前面搞一个“内容提要”，将文章的主要观点用醒目的字体编排，这个习惯一直延续到今天。

继承祖国宝贵的文化遗产

紫阳、依林同志：

整理古籍是一件关系子孙后代的事情，国家应当给予支持。此信所提经费问题，请计委商财政部、教育部解决。

陈 云

八三、三、十五

做好古籍整理工作，继承民族文化遗产。

陈 云

一九八六、十、十九

第一幅手迹是陈云在全国古籍整理研究规划会议部分同志来信上的批示，第二幅是为中华书局成立75周年所写的题词。

中华民族有数千年的历史，有着光辉灿烂的文明和十分宝贵的文化遗产。在改革开放以后，如何对待这笔精神财富，挖掘中华民族优秀传统文化的最大价值，是社会主义精神文明建设中的一个重要问题。陈云对此一直十分关心。这份批示和题词，就是陈云为古籍保护整理而写的。

早在青年时代，陈云在上海商务印书馆当学徒、店员时期，就对我国的图书典籍有了一定的了解，也十分热爱。1923年，当他听说位于杭州西湖之滨的江南著名藏书楼——文澜阁保存着一部完整的乾隆年间手抄的《四库全书》时，曾去看过。1977年5月中旬，在时隔54年以后，他旧地重游，又专程紫阳、依林同志：整理古籍是一件关系子孙后代的事情，国家应当给予支持。此信所提经费问题，请计委商财政部、教育部解决。

陈云　一八年，三，[illegible]

陈云、乔木同志：

中央关于古籍整理工作的指示下达以后，我们受到极大的鼓舞。武汉大学黄焯教授为此表示要向陈云同志行“九叩礼”，可以代表我们的心情。值兹教育部召开高等院校古籍整理研究规划会议之际，我们深感古籍整理研究工作中有些问题，非一个部门、一个地方所能解决，而这些问题不解决，即影响中央指示的落实，故不得不向您们呼吁，请求您们在百忙中关心此事。

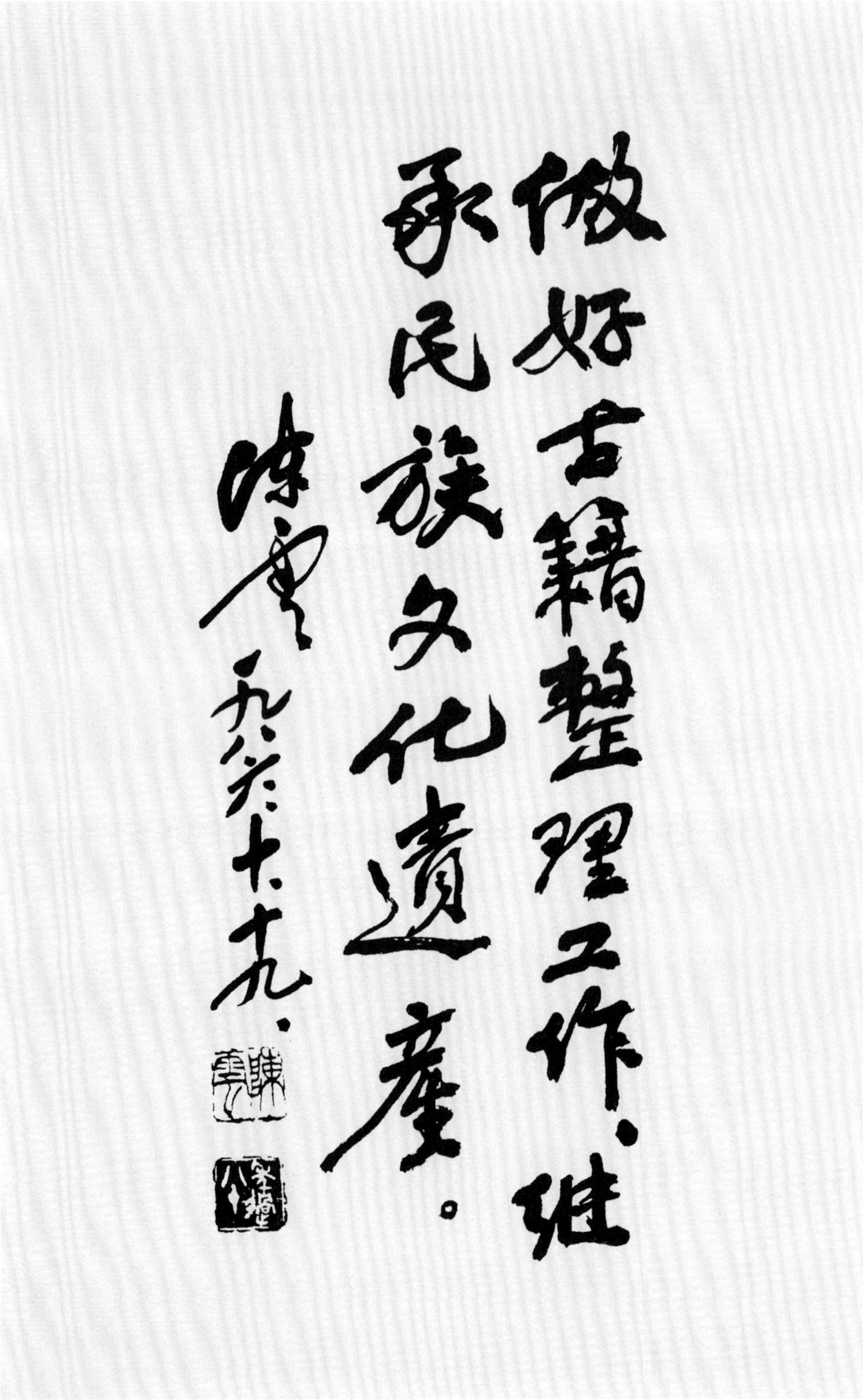
做好古籍整理工作，继承民族文化遗产。
陈云

来到与文澜阁毗邻、孤山之巅的“青白山居”，参观保存在这里的这部《四库全书》。陈云在后来的一次谈话中还特意有针对性地提到保护古籍：“过去我曾经提出，要找一些老人对那些古书进行圈点。中国的古书是没有标点符号的，好难看懂。如果圈点，就容易看懂了。所以我提出要赶快做，如果那些老人都死了，就难办了。”

长期以来，我国整理研究古籍事业几经坎坷。1958年，国家科学规划委员会成立了古籍整理出版规划小组，协调全国专家学者开展工作，整理和出版了古籍约两千多种。北京大学中文系还创建了我国唯一的培养古籍整理研究人才的古典文献专业。“文化大革命”十年内乱期间，不仅古籍整理出版工作几乎完全停顿，而且古籍文物被当作“四旧”毁弃，损失惨重。许多古籍专家被诬为“反动学术权威”，遭到迫害，古籍研究队伍损失惨重。

粉碎“四人帮”后，各项事业百废待兴。由于人们对于古籍的观念认识不一，有的尚未完全从“扫四旧”的传统意识中转变过来，古籍研究人员缺少，各大学的工作都在恢复之中，因此古籍整理工作一直没有取得有效进展。陈云认为，祖国的悠久历史和丰厚文化遗产，需要一代代地传承下去；我国浩如烟海的古籍文献，承载着中华民族的知识与智慧，必须加以整理，服务于当代和后代。

1981年4月、5月，北京大学中文系古典文献专业已经几年没有招生了，该专业的教师们为继续保留专业设置和招生权利而多方奔走，在向有关领导反映未果的情况下，他们准备越级上报。这时，同他们工作联系较多的中华书局传递来一个重要信息：在中央领导人当中，陈云比较懂行，也在关注这件事情，他在杭州休养时发表过有关的内部谈话，并且还向中华书局了解过情况。于是，该专业全体教师立即写信给陈云，要求恢复古典文献专业，并扩大招生。陈云接到这封信后，派秘书王玉清专程到北大听取了他们的意见。5月22日，陈云还打电话给中华书局，了解古籍整理的相关情况。在相继听取中华书局和北大教师的意见后，经过综合归纳，陈云写成《整理古籍是继承祖国文化遗产的一项重要工作》一文。

他说，整理古籍，把祖国宝贵的文化遗产继承下来，是一项关系到子孙后代的重要工作。现已整理和出版的约两千多种，还差得很远，得搞上百年。整理古籍不仅要作标点、注释、校勘、训诂，还要有今译；应组成直属国务院的古籍出版规划小组来领导这项工作，并由这个小组提出一个为期30年的古籍整理出版规划；古籍整理工作可依托高等院校，在一些有条件的大学，成立古籍研究所；要将各地许多分配不对口的古籍专业人员，尽可能收回来，安排到整理古籍的各专门机构；国家应编制一个经费概算，以支持这项事业，尽管国家现在有困难，也要花点钱。9月17日，经中共中央书记处会议讨论同意，陈云的这些意见，以《中共中央关于整理我国古籍的指示》下发执行。

根据陈云的提议，1981年12月10日，国务院决定恢复古籍整理出版规划小组，直属国务院，中央纪委副书记、中央对外联络部副部长李一氓自告奋勇，担任组长，教育部周林、国家出版局王子野任副组长，办公机构设在中华书局。对于古籍整理出版规划小组工作的开展，陈云也十分关心。陈云认为："搞这个工作，不是一朝一夕的事，要搞个10年、20年、30年，甚至更长一些时间。这件事情一定要搞到底。"他指出："第一个10年，先把基础打好，把愿意搞古籍整理的人组织起来，以后再逐步壮大队伍。古籍整理出版规划，可以像国民经济计划那样，搞滚动计划，前10年分为两个五年规划，在第一个五年规划的基础上，经过充实，搞出第二个五年规划。"古籍中最珍贵的是那些古籍孤本、善本。有些图书馆的保存条件不好。流存在民间的，稍一不慎，更容易散失。在国际学术交流中，一些专家学者发现，我国还有很多古籍善本流落海外，比如日本就相当多，这些善本在国内已经失传，必须进行复制。陈云指出："现在有些古籍的孤本、善本，要采取保护和抢救的措施。图书馆的安全措施要解决。散失在国外的古籍资料，也要通过各种办法争取弄回来，或复制回来。同时要有系统地翻印一批孤本、善本。”陈云提出，古籍整理工作，可以依托高等院校。“有基础、有条件的某些大学，可以成立古籍研究所。有的大学文科中的古籍专业，如北京大学中文系的古典文献专业，要适当扩大规模。”鉴于一些整理古籍的专业人才分配不对口，陈云要求尽可能收回来，安排到古籍整理的各专门机构。“一些分散在各地的整理古籍的人才，有的可以调到中华书局或其他专业出版社，有的可以分配他们担任整理古籍的某些任务。”

1982年3月，全国古籍整理出版规划会议在北京召开，会议制定了1982年至1990年古籍整理出版规划。

1983年，周祖谟等九位大学教授就关于建议设立古籍印刷厂致信陈云，并在信中反映了广大教育战线工作者对陈云的指示和党中央的决定的热烈拥护。信中特意提及，武汉大学黄焯教授所说“要向陈云同志行九叩之礼”“可以代表我们的心情”。3月15日，陈云将信批转赵紫阳、姚依林，并在批语中说：“整理古籍是一件关系子孙后代的事情，国家应当给予支持。此信所提经费问题，请计委商财政部、教育部解决。”1983年9月，教育部成立全国高等院校古籍整理研究工作委员会，周林担任主任，彭珮云、白寿彝、邓广铭为副主任，办公机构设在北京大学，负责全国古籍整理研究人才的培养和科学研究工作。古籍整理出版工作进入一个新时期。

1986年10月19日，陈云特意为中华书局成立75周年题词：“做好古籍整理工作，继承民族文化遗产。”可以说，陈云对于推动古籍整理工作的尽快展开，起到了非常重要的作用。此后，濒临损毁的大批文物古籍得到保护，中断的历史文献研究队伍获得发展，古籍整理出版工作也取得了丰硕的成果。

了解世界大势的窗口

客观反映，以资借鉴

陈云　八十二

这是1986年5月29日陈云为《参考消息》所写的题词。

几十年来，陈云一直关注中共中央机关报《人民日报》，新华社编印的《参考消息》、《参考要闻》和其他内部参考材料，以及中央人民广播电台的广播节目“新闻和报纸摘要”等。从这些媒体中了解国内外信息、动态和知识，几乎是他每天必做的事。

《参考消息》是陈云最爱看的报纸之一。在“文化大革命”中，中共中央办公厅停止向遭受批判的陈云发送文件和新华社编印的《参考资料》、《参考消息》以及除《人民日报》以外的各种报纸。此后，陈云自费订阅《参考消息》，直到恢复给他发送这份报纸。陈云后来回忆说：“‘文化大革命’期间，我就看书。从1967年7月20日起，戚本禹这些人搞的，连《参考资料》、《参考消息》也不给看。我说好，就读《资本论》，读马列原著。这样自学了几年。”

长期以来，陈云不仅自己坚持读书看报，还要求子女和身边工作人员读书看报。当孩子们参加工作后，他要求他们除必须阅读马克思、恩格斯、列宁的著作外，每天坚持看《人民日报》和《参考消息》。

陈元是陈云的长子。受父亲的影响，他从五六年级就开始看《参考消息》。据陈元回忆，那时自己总是想知道世界上都

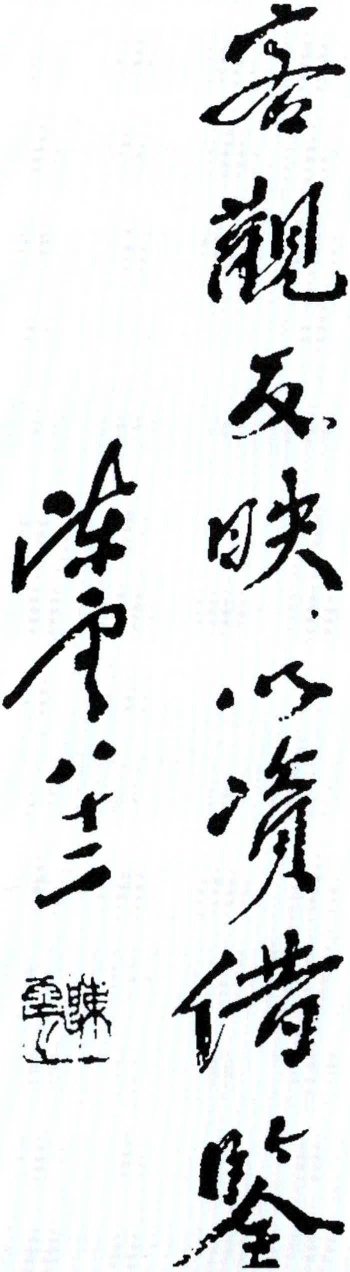
客觀反映，以資借鑒
陈云 八十二

发生了什么事情。于是一天悄悄地走到了父亲的办公室，自己坐在沙发上，拿起了父亲的《参考消息》。坐在办公桌前的陈云刚开始不明白陈元在干什么，结果发现陈元坐在那里认真地看着《参考消息》。他一句话也没有说，只是给了儿子一个鼓励的眼神。从此以后，陈元每天只要有时间就会去父亲的办公室看《参考消息》。

1969年，陈云被“战备疏散”到江西南昌附近，别的东西没带多少，却带了三箱马列和毛泽东的著作。在近三年时间里，他每天上午去工厂“蹲点”，下午和晚上在住所读书、看报学习。

1970年12月14日，陈云在给女儿陈伟华的信中表扬了陈元坚持看《参考消息》的事情。陈云写道：“元元连看了十年了。”这是陈元第一次从父亲那里听到他对自己看报学习的评价。对陈元肯挤时间学习，陈云感到欣慰，他勉励女儿陈伟华：“要像你哥哥一样，每天挤时间学。”

陈伟华回忆道：“哥哥陈元在父亲的指导下，从初中开始看《参考消息》，阅读《马克思传》，高中和大学阶段自学哲学，通读《资本论》，并作了大量的读书笔记。在学习马列主义理论方面，他是我们兄妹儿人中的佼佼者。”

至于如何学习，陈云给女儿的第一个建议就是“订一份《参考消息》”，“这可以知道世界大势”，“不知世界革命的大事件，无法增加革命知识的”；还特别详细地叮嘱“订一份《参考消息》，每月只花五角钱，你应该单独订一份，免得被人拿走”；这样，“既看日报，又看《参考消息》，才能知道国内国外的大势”，“这是政治上进步的必要基础”。

1971年4月，陈伟华到南昌去看望父亲。陈云告诉女儿，学好理论是政治上进步的基础，学好哲学尤其重要。掌握了唯物辩证法，就有了观察问题的立场、观点和解决问题的办法。陈伟华说：“一天，吃过晚饭后，父亲把我叫到身边，说：‘你还要多了解世界的大事。爸爸送给你一本《世界知识年鉴》，这几天你把它通读下来，我要提出问题让你回答。’就这样，在南昌探亲的二十多天里，我和父亲在一起的大部分时间是在读书中度过的。”

坚持看《参考消息》，使得陈云始终能够了解国际大势，具有世界眼光。他在1972年至1974年协助周恩来抓外贸工作时，提出要适应尼克松访华后我国与资本主义贸易上升的情况，首先在外贸领域中把国内计划经济的规矩变一变，要敢于利用资本主义信贷，“不要被那些老框框束缚住”，“要研究当代资本主义”。

1973年6月7日，陈云在听取中国人民银行工作汇报时指出：“要研究包括像尼克松国情咨文那样的东西。过去没有参考资料，只有参考消息，但过去这方面的材料我是都要看的，重要地方还画圈圈。像康纳利、舒尔茨、德斯坦的讲话材料都要看，都要研究。列宁讲过：到共产主义时代，会用金子修一些公共厕所。我看，现在离那个时代还很远。不研究资本主义，我们就要吃亏。不研究资本主义，就不要想在世界市场中占有我们应占的地位。”

终生喜欢听评弹的陈云，还要求评弹演员看《参考消息》，提高思想政治水平。1977年6月22日，在杭州评弹座谈会后，他同部分与会人员谈话时说：“要经常对评弹艺人进行教育。说新书，就要让艺人看报纸，看《参考消息》，了解国家大事和世界形势。”

通过以上梳理，是否也可以说，《参考消息》伴随了陈云一生的读书生活，是他了解世界大势的窗口，也是他最喜爱的报纸之一。

关心曲艺事业

宝林同志：

来信收悉。得知你们举办了相声作品讨论会，并将召开评奖大会，很高兴。祝你们在发展相声艺术、丰富人民精神生活的事业中，取得更多的成就。

敬礼！

陈　云

八四、八、廿九

出人出书走正路

陈云　八十二

作为党的第一代中央领导集体和第二代中央领导集体的重要成员，陈云对我国曲艺事业的发展一直十分关注。早在1943年3月，陈云在延安文艺工作者会议上发表《关于党的文艺工作者的两个倾向问题》的讲话，对曲艺和曲艺工作者提出了明确、具体的要求，对贯彻毛泽东《在延安文艺座谈会上的讲话》精神，推动文艺工作者与新时代的群众相结合，起到重要作用。

众所周知，陈云对评弹十分喜爱。陈云的舅舅廖文光喜爱听评弹，年幼的陈云便经常跟着舅舅去听书。他曾回忆说，我10岁前就听书，在我们家乡，先是跟我舅舅去听，听上瘾了，有时候大人不去，就一个人自己去听。在陈云小的时候，想要进书场听书，要用三个铜板买一个筹，才能在书场里有个座宝林同志：

来信收悉。得知你们举办了相声作品讨论会，并将召开评奖大会，很高兴。祝你们在发展相声艺术，丰富人民精神生活的事业中取得更多的成就。

敬礼！

华君武 八四.八.廿九.

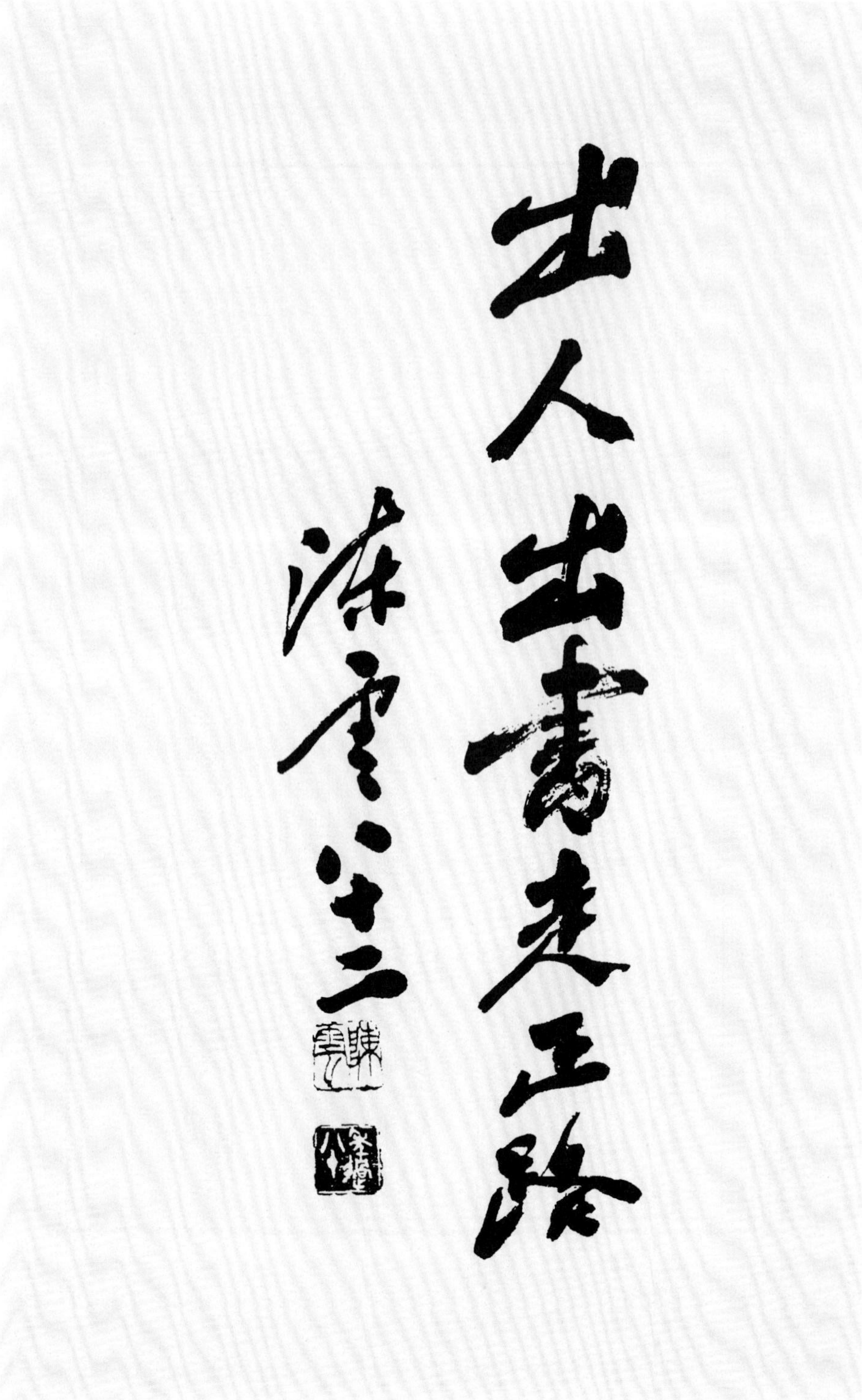
出人出书走正路
陈云 八十二

位。但也有很多像陈云一样买不起筹的客人，书场就允许这些人可以站在书场的后面，站在那些光线比较暗的角落里，靠着墙壁听书，所以行话当中叫“阴立”，也叫“戤壁书”。

从少年时代“戤壁书”开始，评弹就给陈云留下了许多美好的回忆。后来，投身革命的陈云，因戎马倥偬几乎搁置了这一爱好。直至20世纪50年代，到杭州病休的陈云才又有了重听评弹的机会。他在杭州、上海、苏州等地，利用公余和疗养时间，听了大量的评弹书目。半年时间，就听了蒋月泉、朱慧珍、杨斌奎、朱介生、薛筱卿、徐丽仙、吴子安、曹汉昌等名家的30多部书目。很多老演员发现陈云听的书又多又广，而且每回书他都要听上很多遍，因此，亲切地称他为“老听客”。

在杭州时，到大华书场听书成为了陈云最大的乐趣之一。当时大华书场的评弹节目是白天一场、晚上一场，每场大约一个半小时。陈云每个星期都会到书场听两次到三次书。陈云听书常常以一个普通听众的身份亲自前往书场。警卫人员担心他的安全，他说：“我不像毛主席、周总理、少奇、朱德同志那样，容易被群众注意和围观。我们进书场不宜过早，也不能太晚。”

每次到这里听书，这位“老听客”都有自己的一套规矩：第一条，乘坐的汽车不能停在书场门口，防止阻碍别的群众进场；第二条，负责警卫工作的工作人员只留下一个人，其他人可以分散，不要跟他在一起；第三条，在时间上，既不能早到，也不能迟到。尤其对于第三条，陈云对自己有着严格的规定。据陈云身边工作人员、卫士长牟信之回忆，陈云如果说是7点半，那一定是7点半准时进场。因为去早了，担心演员紧张。去晚了，又脱离群众。但是卡准钟点也不是很简单的事情。如果陈云下了车，发现时间还没到，稍微早了一些，陈云就会嘱咐大家慢点走，自己也放慢脚步，以保证准点进场。

陈云记忆力好，每次听书回来，他都能原原本本地讲给别人听。他说：“从书中，我学到不少生动的历史知识，也受到了真、善、美的熏陶。”

1960年，陈云在与评弹界人士谈话时指出，培养下一代，训练方法应以集中为主、分散为辅，政治学习、文化学习，都要集中进行。当时，建评弹学校的想法，已经在他脑中萌生。他在与时任苏州市文化局局长周良的谈话中说，要把培训学生的事情作为党的文艺事业的一个重要部分，戏曲都有学校，为什么我们评弹没有学校呢？1961年夏天，陈云在苏州休养。在一次与评弹界的座谈中，陈云正式向与会人员建议，苏州、江苏和上海可以联合办一个评弹学校。

在陈云的建议下，上海市评弹团、江苏省曲艺团和苏州市相关人员组成了学校的领导小组，开始着手苏州评弹学校的筹建工作。1961年，苏州评弹学校正式创立。

1981年4月，陈云在与中国曲艺家协会顾问吴宗锡的谈话中，首次提出应当“出人出书走正路”来保证发展评弹艺术，指出，对于你们来说，出人出书走正路，保存和发展评弹艺术，这是第一位的，钱的问题是第二位的。走正路，才能保存和发展评弹艺术。要以正派的艺术，打掉艺术上的歪风邪气。

在陈云的长期关心、指导下，评弹事业取得了丰硕的成果。

新中国成立后，陈云长期在北京工作、生活，对北方曲艺非常关心，陆续听了许多北方曲艺节目的录音，调查了曲艺工作的情况和问题。相声主要是以讽刺进行战斗的艺术，是一种最易为群众理解和接受的艺术，拥有广泛的听众。陈云非常尊重以相声为代表的曲艺工作的艺术规律，始终强调曲艺是一种群众性的文化娱乐，不能只强调政治内容，而忽略了文化娱乐的一面，对曲艺工作提出了许多非常专业、内行的意见。1960年12月22日，陈云在同中央人民广播电台文艺部工作人员谈曲艺问题时指出：“总的说来，整个曲艺如京韵大鼓、河南坠子，甚至相声都失之于严肃。劳动、学习一天，非常紧张，下班看戏也像是开会，这样的东西人家不喜欢。特别是曲艺，更应该轻松一点。”24日，陈云在同中国曲艺工作者协会负责人谈话中，具体分析了新书比传统书的艺术水平低、吸引听众的力量差的原因，指出：“人们在劳动之后，喜欢听一些轻松愉快的东西，这不是听报告受政治教育所能代替的。”这些意见促进了纠正当时片面强调文艺为政治服务所产生的偏差。1961年2月14日，陈云在同中宣部文艺处负责人的谈话中着重提出，要注意某些艺术形式的趣味性的特点，“现在有些相声不引人笑，有些滑稽戏并不滑稽，就像评弹缺少噱头一样。有人说，保存了噱头和穿插，会破坏评弹艺术的完整性。对不对呢？我看不对，也许去掉了噱头和穿插，才真的破坏了评弹艺术的完整性”。

在工作中，陈云也以相声为例，生动形象地介绍倾听各方意见、改进工作方法的重要作用。1956年7月2日，陈云在同国务院第四办公室、第五办公室、第八办公室及其所属各部、局、专业公司负责人座谈时说道，主席、中央说，今后每项工作中都要有一批人唱对台戏，侯宝林说相声就是两个人。矛盾统一，事物才有发展，“两个万岁”。我不知道业务部门的同志是否赞成，有反对派督促我们有好处。苏联没有反对派，什么事共产党说了算，结果吃了亏。哪个地方、部门有争论，哪里就出真理；反之，没有争论，大致要出毛病。

改革开放后，由于相声创作队伍薄弱，相声存在着平、白、直、露的缺点，形式单调，语言贫乏，好作品不多，新作品出不来，反而出现了一些粗制滥造、庸俗低级的作品。陈云对此十分关心。

1984年春节，陈云邀请相声演员侯宝林、山东快书演员高元钧、京韵大鼓演员骆玉笙、评书演员袁阔成等曲艺界人士来到中南海欢度春节。陈云与曲艺工作者亲切交谈，询问了曲艺界的情况，听取了他们对曲艺工作的意见和要求。陈云勉励曲艺工作者坚持出人出书走正路，在文艺界内部开展认真的批评和自我批评。陈云对曲艺工作者提出的关于建立曲艺学校、成立曲艺研究机构等要求，表示理解和支持。陈云接见曲艺界人士的消息和春节谈话发表以后，在文艺界和有关各界产生了很大的影响。在陈云的鼓励下，离开舞台已经四年多的侯宝林担任了中国艺术研究院曲艺研究所筹备组的负责人，并具体从事相声的后勤、辅导工作。

为推动相声艺术事业的发展，中央人民广播电台、文化部艺术局、《曲艺》编辑部、中国青年报社联合举办了全国相声评比大赛。1984年6月25日至7月15日，主办单位联合召开了全国相声评比作品讨论会。这是新中国成立以来相声界的第一次盛会。参加会议的有各地著名的老中青相声演员、作者、理论工作者等100多人。67岁的侯宝林担任了评比活动的顾问，他心情激动地给陈云写信汇报情况。8月29日，陈云亲笔回信，表示祝贺，表达了自己对相声艺术发展的殷殷期待："祝你们在发展相声艺术、丰富人民精神生活的事业中，取得更多的成就。"

1985年4月12日，中国曲艺家协会第三次代表大会开幕。陈云来信表示祝贺。陈云在贺信中热情赞扬了广大曲艺工作者近几年来取得的显著成绩，勉励大家坚持为人民服务、为社会主义服务的方向和百花齐放、百家争鸣的方针，坚持出人、出书、走正路，创作演出更多的具有时代精神、为广大人民群众喜闻乐见的曲艺作品，为丰富人们的文化生活，促进社会主义精神文明建设作出更大的贡献。

1986年3月，陈云为全国曲艺新节目汇演题词："出人出书走正路。"

1990年8月，已是85岁高龄的陈云为中国曲艺家协会与江苏省人民政府、天津市人民政府分别在南京和天津两地联合举办的首届中国曲艺节题名，表达自己对曲艺事业的关心。

陈云一直关注、关心着评弹、相声和其他曲艺工作。直到逝世之前，他还惦念着整个曲艺事业的改革与发展，保持着与曲艺界人士的密切联系。

寄情评弹艺术

姑苏城外有山塘　果是人间极乐场
沽酒店间蜂亦醉　卖花人过路犹香
陈云　八十六

评弹，是苏州评话和弹词的总称，是一门历史悠久的传统说唱艺术。评弹起源于温柔的江南水乡，流行于富饶的长江三角洲地区。

陈云，是一位不折不扣的评弹爱好者，是评弹艺术的“知音”，更是评弹界令人尊敬的“老听客”。

陈云早年丧父母，寄居在舅父廖文光家里。在陈云家东边有个名叫“长春园”的评弹书场，书场为了招揽听众，每天都会有伙计扛着介绍当天书目的木牌在练塘镇的街巷里宣传。镇上的小孩们总会跟在伙计的身后嬉闹玩耍，年幼的陈云就常在其中。爱好评弹的舅父经常带陈云去书场听书，后来陈云时常一个人去。长春园书场，是可以站在墙边上免费听书的，听客们称这种听书形式为“戤壁书”，陈云大多以这种形式听书。书中讲的故事，聪颖的陈云几乎都能完整地记下来，再讲给小朋友们听。通过评弹，他积累了许多中国历史知识和古典文学知识，由此也培养了陈云对评弹浓厚的兴趣爱好。几十年后，陈云还回忆说：“我是听‘戤壁书’出身，听《英烈》（阴立）的，小时在家乡章练塘。”

随着陈云在上海投身革命，紧张忙碌的工作使得陈云很难再像童年一样听“戤壁书”了。陈云重新接触评弹，是在1957

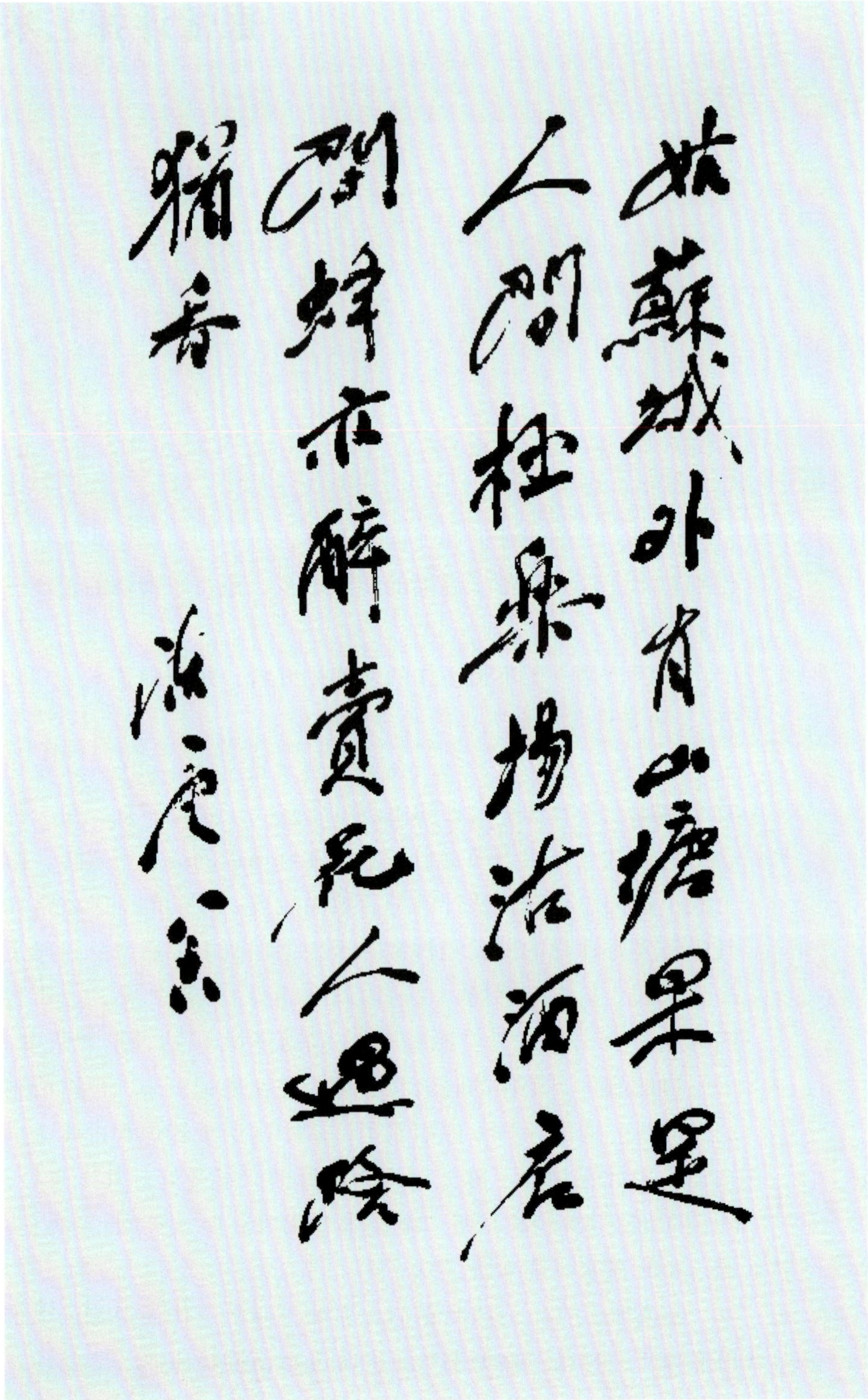
姑蘇城外有山塘果是
人間極樂場酒店

年。那年11月12日，陈云因患过敏性皮肤病在上海华东医院住院。医生建议他以休养来恢复身体，逐渐改变过敏的体质。然而，由于长期处在精神高度集中和紧张的工作环境中，陈云即便是休息下来，思想也总是不能放松。正当大家一筹莫展的时候，陈云无意间打开收音机，听到幼年时就熟悉的曲调——评弹。评弹悠扬的唱段深深吸引了他的注意力。调剂自己工作压力的办法终于找到了，那就是听评弹。对此，陈云说："1957年、1959年先后两次到南方养病，听听评弹，觉得对养病有好处。本来头脑发胀，听听书就好些，这样又重新听了。"陈云还这样说，评弹治好了我的病。

陈云曾谦虚地说："我听书和搞经济工作不一样。经济工作是我建国以来分工从事的工作，是用全副精力去抓的。评弹是我的业余爱好，随便谈谈的。"但事实上，评弹界的同志们都称陈云为"老听客"，因为陈云对评弹这门艺术的认识十分深刻，对评弹的演艺十分了解，他往往能够对评弹事业的发展提出宝贵而中肯的意见。

陈云提出，搞评弹艺术，要结合实际生活和工作。一次，陈云在听完长篇评话选回《三国·赠马》后，称赞演员把书中的角色演活了，并表扬了演员们的口技。但陈云随后指出，书中战马的表现过于单调和一致，事实上，战马有自己的个性。如何把握战马的特点和个性？陈云建议评弹演员到部队骑兵营去观察学习，只要接触了实际情况，自然对战马的习性会有所了解。曾经挥斥方遒的陈云诚恳地说："骑兵们掰开马嘴，看一看马的牙齿，就能知道这马有几岁。据说一匹战马在三岁时要训练，四岁就上战场。你去部队体验一下生活，就会懂得有关马的知识，那你说起书来就会比今天更生动了。"

陈云鼓励新书目的创作和演出。他指出："要重视创新工作。专业作家不够，可以用带徒弟的方式培养。此外，也要发动评弹艺人深入生活，创作新节目。"在杭州期间，陈云对评弹及其发展进行了深入的调查研究。陈云十分关心一个问题：评弹艺术的未来在哪里？一次，在听完评弹新书《林海雪原》

后，陈云约请相关负责人，在谈话中说："在曲艺中，像评弹那样有很强感染力的，是少有的。评弹大可发展，应该努力扩大业余队伍，让群众掌握评弹，评弹的群众基础就更好了。评弹要反映群众的生活，这样评弹的节目就多了。评弹要创作新节目，但只靠专业搞创作的人是不够的，他们的人数太少了。"

除了鼓励发展新书，陈云也强调要正确对待旧书、老书。陈云曾把评弹书目分为三类，即传统书（老书）、"斩尾巴"书（是新中国成立初期部分评弹艺人发起的停说传统书目的运动）、现代题材的新书。陈云特别强调要正确对待老书，说："传统书的毒素多，但精华也不少。如果不整理，精华部分也就不会被广大听众特别是新的一代接受。精华部分如果失传了，很可惜。"对老书的整理工作，陈云提出了工作要求和方法："整旧工作可以分作两步走。首先，把最突出的坏的地方删掉；然后，逐回整理，或者整理成几个中篇，或者整理成分回的形式。""要防止反历史主义的倾向，以免损害了精华部分。好的东西，优秀的传统艺术，千万不能丢掉。"

陈云还十分重视引导评弹艺术的健康发展。评弹作为一门民间艺术，既要有思想性，也要有娱乐性。陈云一贯强调评弹的发展不能忽视娱乐性，忽视娱乐性很容易就脱离了评弹的本意，也就脱离了群众。他特别强调评弹中要有适当的"噱头"。"噱头"，在评弹中通常指书中那些逗人发噱的笑料。评弹界有"噱乃书中宝"、"无噱不成书"的说法。20世纪50年代后期，由于受政治环境影响，评弹艺人们因怕犯"政治错误"而变得十分谨慎，不敢说"噱头"。然而到1960年后，随着环境的宽松，在说书中又出现了滥放"噱头"的情况。针对这个问题，陈云提倡健康的"噱头"。他说："严肃应与活泼相结合，书中应该有适当的穿插，因为听书究竟不同于上课，要让人家笑笑。工作疲劳了，要有轻松愉快。过分严肃，像上课一样，那也不必叫书场，可改为训练班了。噱头不能滥放，但我还是主张应该有适当的噱头，以调剂气氛。"对于"噱头"这个问题，陈云是从实事求是的研究角度出发的。一次，他听了一出评弹演出后，问随行的同志："这出评弹一共放了多少噱头？"那位被提问的同志愣住了，只好回答："我没有做统计，不晓得。"陈云便告诉他："头一回书里一共放了11只噱头。"并具体讨论了哪些"噱头"是好的、必要的，哪些"噱头"是不合适的。

陈云对评弹一生钟爱。他对评弹并不像一位普通听客那样简单地喜好，而是出于对保护、继承和发扬中国优秀传统文化的责任心，是以一个政治家的角度去看待评弹发展的。他对评弹艺术正确发展的指导性贡献，是曲艺界永远不会忘记的。

1994年5月，陈云因肺炎住进北京医院，除了一些简单的生活品外，他还带了几个大箱子放在病房的角落，箱子里是他收藏了大半辈子的评弹录音带和唱片。终生寄情评弹艺术，直到他生命的最后一息。1995年4月10日下午2点零4分，陈云听着自己心爱的评弹，静静地离开了人世。

喜爱杭州的山山水水

杭州是好地方

陈　云

八四、五、十六

千百年来，人们一直喜欢用“上有天堂，下有苏杭”来赞美杭州的湖光山色，生长于江南水乡的陈云也非常喜欢杭州。据统计，新中国成立后，陈云总共到杭州23次，在西子湖畔留下了许多佳话。1984年5月16日，陈云欣然为杭州市题词“杭州是好地方”，以表达对杭州的喜爱之情。

杭州，位于中国东南沿海北部，历史悠久，是中国六大古都之一；风景宜人，是典型的江南水乡，吸引了无数古今中外名人游览参观、驻足欣赏。

据陈云夫人于若木回忆，20世纪20年代，少年陈云曾慕名到过杭州。当年陈云随上海商务印书馆的同事，从黄浦江滨来到美丽的西子湖畔，流连忘返。担任新中国领导人之后，由于工作需要，陈云曾多次到杭州调研、视察，但每次都匆匆来、匆匆去，没有闲暇欣赏杭州美丽的风景。20世纪50年代后期，由于长时期工作劳累，陈云不得不中断工作，调理身心。在休养期间，陈云才真正有机会流连于杭州的湖光山色中，静养身心。

新中国成立后，陈云作为以毛泽东为核心的第一代中央领导集体的重要成员和经济战线的主要领导人，始终关心着杭州的建设与发展。1958年，“大跃进”热潮在全国兴起，许多地

杭州是好地方

陈云

八〇、四、十五、

方不顾自身实际，盲目上马项目，不尊重经济规律，对国家经济建设产生了不良的影响。11月13日，杭州半山钢铁厂合金钢车间在生产时全部倒塌，造成18人死亡、19人受伤。事故引起中央的高度重视，12月16日，陈云赶到杭州，亲自视察并指挥处理钢铁厂倒塌事故。他详细询问了事故的有关情况，并关切地询问事故抢救和善后处理情况。12月22日至26日，陈云主持召开全国基本建设工程质量杭州现场会议。26日，陈云作总结发言。针对当时全国基本建设中存在的突出问题和倾向，陈云从厂房建筑结构、设计、施工、建筑材料、安全作业、地方党委领导和发动群众等七个方面，提出了明确具体的要求。在发言中，他提出，就建筑工程来说，当前全国的主要倾向已经不是保守和浪费，而是降低了建筑结构的质量。他强调，“设计是基本建设的关键。决定工厂建设的质量好坏、合理与否的命运”，要“恢复和建立保证工程质量的各种制度”。建筑材料“必须是合格的才能使用”，“在关键性的工程上，如果没有合格的材料，宁可停工待料，决不马虎”。最后，陈云语重心长地说，工程建设，百年大计，质量第一。随后，中共中央批转了陈云在全国基本建设工程质量杭州现场会上的两个讲话纪要，工程建设盲目蛮干、不讲质量的势头渐渐得到遏止。

改革开放后，由于年事已高，加上北京空气比较干燥，陈云原来的皮肤过敏和气管炎在冬天更加严重。医生建议，江浙的气候水土更适宜于他的身体。于是，陈云每年到气候较为湿润的南方过冬，他选择了杭州。从1977年到1990年，陈云每年都要到杭州住一段时间。

陈云严于律己、一丝不苟，甚至一些细节性的小事情也很注意。陈云每次到达杭州或返回北京，都会选择星期天，以便陪同的子女当日随机往返而不影响工作。为了不影响地方上的工作，陈云始终奉行自己与浙江省和杭州市的领导的“约法三章”——“不接不送”、“不请不到”。陈云说，地方上的同志都很忙，有许多事情要做，不能打扰他们的工作。只有在逢年过节时，陈云才同意省委领导和老同志上门看望。

在杭州生活期间，陈云艰苦朴素、克己奉公，始终是粗茶淡饭、布衣素食。陈云的一日三餐十分简单，中、晚餐都是四小碟菜和一个汤，甚至春节也是如此，且不许他人作陪。秘书萧华光曾回忆起陈云的食谱：早餐，豆浆一杯，放白糖；面包两片（重约一两多），面包上抹一点苹果酱；咸花生一小盘（十二三粒）。中餐，米饭二两（粳米），炒菜两盘，一荤一素。荤菜经常是两段带鱼或一个猪肉丸子。猪肉丸子重约一两多，做时肉末中稍放些面包屑，这样丸子就比较松软。素菜就是一般蔬菜，如油菜、扁豆、小白菜、萝卜等。晚餐，米饭一两半（粳米），炒菜两盘，一盘是豆制品，一盘是蔬菜。中晚餐从不喝汤。另外，除了早餐吃两片面包外，也从不吃任何面食，也不参加任何宴请。杭州的厨师见陈云的饮食太简单，标准太低，主动提出要给陈云做几样杭州名菜吃。陈云听说后说，我已经习惯了，还是吃我原来的那一套不变，不想吃什么杭州名菜。陈云外出从不坐进口轿车，总是坐国产红旗车。他外出不搞前呼后拥，只带秘书和几个随身警卫，车辆也是最少的。陈云每次到杭州，都会带着三样东西：一是一只延安时期就跟随他的用了几十年的旧皮箱；二是一台用来听评弹的老式苏联制造的放音机；三是一条薄薄的、褪了色的旧棉被。曾多次接待过陈云的赵群鸣回忆道，首长生活比较俭朴，从没有什么高的要求。他住的房间陈设相当简单，不需要高级的东西。如果要换高级的，他就说不要。有一次想给他换一个美国产的马桶，他说，不要了，还是用国产的。他一年四季从来不请客，从来不加餐。

陈云从少年时代起就喜欢听评弹。评弹发源于苏州，流行于江苏、上海和浙江地区，至今已有数百年的历史，是江南人民群众喜闻乐见的一种说唱艺术。陈云的最大业余爱好可以说莫过于评弹，评弹界尊称他为“老听客”。1959年和1977年，陈云先后两次在杭州主持召开评弹座谈会，对评弹的发展给予了很大的关心与指导。1959年11月25日至27日，他在杭州谢家花园（柳莺宾馆）主持召开了新中国成立后评弹界的第一次盛会。会议的最后一天，陈云就新书和老书问题、长篇和中短篇问题、专业队伍和业余队伍问题、自弹自唱和弹唱分工问题、苏州话和非苏州话问题、组织领导和管理工作等问题，发表了意见。他指出："通过发动艺人搞创新和整旧工作，可以加强政治思想的领导。""通过创新和整旧，可以解决三方面的问题：一是满足广大听众的需要；二是促进艺人的思想改造；三是提高书目的思想性和艺术性。"他强调，评弹"这一艺术形式要发展，必须更深入工农群众。评弹艺术如能为广大工农群众所掌握，他们可以用这种形式来教育自己，也可以参加创作，丰富评弹的演出书目"。

1977年6月15日至17日，在陈云倡导并征得文化部同意后，他在杭州主持召开了一次评弹座谈会。陈云除了在会前专门写了《对当前评弹工作的几点意见》的书面发言，还在会上多次讲话，鼓励评弹界的文艺工作者，要为经济基础服务，为人民服务，为社会主义建设服务。同时，建议说新书的艺人要读书读报，要了解国家大事和世界形势，要学习一点马列著作。这样，可以提高思想政治水平，这对提高业务也有帮助。会议最后还形成了《评弹座谈会纪要》。

在杭州休养的时候，陈云曾经常到书场与群众一起听评弹。陈云每次去书场，都轻车简从，进场不惊动群众，退场静静走旁门。在杭州不少与陈云同场听过评弹的群众自豪地说："我不止七八次和陈云一起听书，我就坐在他后排右侧，每逢演员放噱头，他就和大伙儿一起放声大笑，一点没有中央领导的架子。"

钱塘江畔的云栖，竹海层层叠翠，环境清幽。陈云在杭州，到外面活动不多，尤其是最后几年，外出的次数更少，但他每次到杭州，云栖是必去之处。陈云对云栖的青山翠竹和幽静环境，怀有一种特殊的感情，曾多次讲，不到云栖就等于没到杭州。有一年，他前后竟去了九次之多。1985年的春天，很少为地域名胜题词的陈云欣然挥毫，为杭州云栖题写了碑名"云栖竹径"，可见他对云栖的酷爱之情。1987年植树节，陈云在云栖亲手种下了一棵杭州的市树——樟树。陈云不仅自己喜爱云栖的竹径幽深，还乐于推荐身边工作人员去看一看。1989年1月，陈云在杭州休养期间，杭州下起了大雪。第二天清晨，陈云刚刚起床就叫来秘书说，杭州遇上这么一场大雪不容易，你安排大家出去转转，到云栖去看看雪景。

在杭州休养期间，陈云叮嘱身边人员，要关心群众、爱护群众，心中始终装着人民群众。他经常提醒工作人员："云栖是工人疗养的地方，游客多，工人朋友多，一定不要妨碍群众，要主动与群众说话。如果有人提出照相，不要拒绝。"工作人员何宝生回忆说，他每次出游，总是走在游客中间，凡是认识他的人，总是停步向他问好，有时他停下步来与游客聊天。一天他在"云栖竹径"散步，碰上几位上海游客，他便打起了上海腔，与他们闲谈了好一会儿。有时他的出现，会使游客闻讯赶来看他，有时围观群众会越来越多，负责警卫的同志感到担心，可他却谈笑风生，说到高兴时还会开怀大笑。

1990年夏末，陈云出现明显的心衰迹象。在医生的建议下，陈云决定10月以后改到医疗条件更好的上海休养。从此，陈云再也没有到过杭州。

同毛泽东的深厚感情

毛泽东题词墨迹选

毛泽东是第一代中央领导集体的核心，陈云是第一代中央领导集体的重要成员，他们共同为实现中华民族解放、建立新中国、探索中国社会主义建设道路作出了杰出的贡献。1983年9月9日，在毛泽东逝世七周年之际，陈云为《毛泽东题词墨迹选》题写书名，表达了对老战友的深切怀念之情。

陈云和毛泽东相识于土地革命战争时期。1933年1月，陈云到达中央苏区，相继担任中华苏维埃共和国全国总工会党团书记和中共中央白区工作部部长等职。这期间，陈云对毛泽东并不熟悉，“且听说是机会主义”，在同毛泽东相识以后，感觉他“经验多”。1934年2月，中央执行委员会召开第一次会议，“陈云很希望毛主席能够继续当选为主席”。

1934年10月，第五次反“围剿”失败，红军被迫长征。1935年1月15日至17日，陈云出席了遵义会议。由于从自己的切身体会中认识到“左”倾错误的危害，陈云坚决支持毛泽东等人的正确主张。后来，他在自传中这样写道：“遵义会议上我已经很了解几次军事指挥之错误，是赞成改变军事和党的领导的一个人。”会后，在传达遵义会议精神时，陈云在提纲中写道，“扩大会中恩来同志及其他同志完全同意洛甫及毛王的提纲和意见”，“毛泽东同志被选为常委”，“以泽东同志为恩来同志的军事指挥上的帮助者”，明确表达了对毛泽东的支持。

遵义会议后，陈云受中央派遣赴莫斯科汇报工作。在谈到

毛泽东题词墨迹选

遵义会议时，陈云着重介绍会议纠正了第五次反“围剿”最后阶段与长征第一阶段中军事领导人的错误，撤换了“靠铅笔指挥的战略家”，推选毛泽东担任领导，建立了坚强的领导班子。陈云向共产国际领导人指出，“像毛泽东、朱德等军事领导人已经成熟起来”。在长达一万余字的报告中，陈云提到毛泽东的地方并不多，但他对毛泽东的肯定和赞扬却非常鲜明。陈云向共产国际的报告，使共产国际对中国革命特别是以毛泽东为首的中央新的领导的了解更加具体和全面，对毛泽东的评价更加鲜明和提升，并取得了他们的支持。陈云对确立毛泽东在中国共产党内的领导地位作出了直接的贡献。

1936年3月，陈云撰写的《随军西行见闻录》在巴黎《全民月刊》上发表。陈云赞扬了毛泽东的领导才干和政治头脑，文章展现了毛泽东的人格魅力：“赤军中确有一些领袖，这些领袖，非但聪敏，且有才能。譬如朱德、毛泽东为赤军之首创者，在各省军队及南京军之不断围攻与物质条件如此困难情形之下，对战七八年，竟以少数赤军而组成现在几十万赤军，这确非易事。我觉得朱毛非但是人才，而且为不可多得之天才。因为没有如此才干者，不能做成这样大的事业。”

1937年底，陈云回到延安，相继担任中组部部长、西北财经委员会副主任，在毛泽东的直接领导下开展工作。延安时期，陈云有了更多的时间和机会同毛泽东接触，两人也结下了深厚的情谊。陈云曾经多次谈过他在延安时期学习毛泽东著作的情况和体会。1978年12月，陈云在中央工作会议东北组的发言中说：“1942年我养病的时候，仔细研究了毛主席的著作和文电，感到贯穿在里面的一个基本思想，就是实事求是。”1981年3月，陈云在同邓力群的谈话中又说：“毛泽东同志亲自给我讲过三次要学哲学。在延安的时候，有一段我身体不大好，把毛泽东同志的主要著作和他起草的重要电报认真读了一遍，受益很大。我由此深刻地领会到，工作要做好，一定要实事求是。”受毛泽东实事求是思想的启发，陈云也提出了“不唯上、不唯书、只唯实，交换、比较、反复”的哲学理念，并受益终生。

毛泽东对陈云的工作能力尤其是财经工作方面的才干颇为欣赏，多次对陈云的工作成绩提出赞扬。新中国成立后，陈云任中央财经委员会主任，在领导统一全国财政经济，稳定金融、物价的斗争中取得了胜利。毛泽东称其“不下于淮海战役”。薄一波曾回忆说：“记得有一次我向毛主席汇报工作时，说到陈云同志主持中财委工作很得力，凡看准了的事情总是很有勇气去干的。毛主席听后说，哦，过去我倒还没有看出来。我又重复讲了一遍。毛主席听了，没有说话，他顺手拿起笔来，在一块纸上写了一个‘能’字。我问道，你写的这个‘能’字，是否指诸葛亮在《前出师表》里叙述刘备夸奖向宠的用语：‘将军向宠，性行淑均，晓畅军事，试用于昔日，先帝称之曰能。’毛主席点了点头。”

1956年9月13日，毛泽东在党的七届七中全会第三次会议上发表讲话，谈到关于中共中央设副主席和总书记的问题时说，中央准备设四位副主席，就是少奇同志、恩来同志、朱德同志、陈云同志。毛泽东评价陈云说：“我看他这个人是个好人，他比较公道、能干，比较稳当，他看问题有眼光。我过去还有些不了解他，进北京以后这几年，我跟他共事，我更加了解他了。不要看他和平得很，但他看问题尖锐，能抓住要点。所以，我看陈云同志行。”

1959年6月24日，毛泽东在湖北省委第一书记王任重陪同下乘火车由武汉往长沙，讲到陈云时说：“国乱思良将，家贫思贤妻。陈云同志对经济工作是比较有研究的，让陈云同志来主管计划工作、财经工作比较好。我们有的同志思想方法比较固执，辛辛苦苦的事务主义，不大用脑子想大问题。”对陈云给予了极高的评价。

“文化大革命”爆发后，许多老干部被打倒，有的甚至被迫害致死。陈云实际上被免去了中央副主席的职务，并长时间没有分配具体工作，但毛泽东还是关心着陈云并对他给予了保护。党的九大召开前夕，康生、江青等企图将陈云排挤在九大代表之外。毛泽东特意在周恩来报送的关于九大主席团的材料上批示：“明天宣布开幕式上主席台人数不宜太少，似宜有伯达、康生、董老、伯承、朱德、陈云等数人参加，请考虑酌定。”在毛泽东的关怀下，陈云出席了党的九大并被选为中央委员。

“文化大革命”结束后尤其是十一届三中全会后，有人借口毛泽东晚年的错误和“文革”的错误，否定毛泽东的历史地位，社会上出现了一股企图否定毛泽东历史功绩和毛泽东思想指导地位的“非毛化”思潮，这种情况造成了党内的某种思想混乱。1977年9月28日，在毛泽东逝世一周年之际，陈云发表文章指出：“实事求是，这不是一个普通的作风问题，这是马克思主义唯物主义的根本思想路线问题。我们要坚持马克思列宁主义，坚持毛泽东思想，就必须坚持实事求是。如果我们离开了实事求是的革命作风，那末，我们就离开了马克思列宁主义、毛泽东思想，而成为脱离实际的唯心主义者，我们的革命工作就要陷于失败。所以，是否坚持实事求是的革命作风，实际上是区别真假马克思列宁主义、真假毛泽东思想的根本标志之一。”陈云倡导坚持实事求是的思想，为正确评价毛泽东和毛泽东思想的历史地位，起到了推动作用。

1978年中央工作会议期间，针对各种评价毛泽东的言论，陈云强调要客观认识毛泽东的功过是非，对于不同时期，要区别对待，充分肯定毛泽东在中国革命和建设中的历史功绩。

1979年3月6日，陈云在会见马来亚共产党总书记陈平时指出：“我们对毛主席的评价，不会像赫鲁晓夫对斯大林那样。我们说，没有毛主席就没有新中国。毛主席提出防修反修等问题对我们是有好处的。”“对毛主席的评价不仅是中国的问题，而且是世界的问题。就像对斯大林的评价一样，不仅是苏联的问题，而且是世界的问题。”作为中共第一代和第二代中央领导集体的重要成员，陈云与邓小平一道站在历史高度和时代前列，从中国发展道路和中国国家形象的视野，充分肯定毛泽东的历史功绩，倡导坚持毛泽东思想的精髓，这为《关于建国以来党的若干历史问题的决议》评价毛泽东和毛泽东思想定下了基调。陈云提出："一定要在我们这一代人还在的时候，把毛主席的功过敲定，一锤子敲定，一点一点讲清楚。这样，党的思想才会统一，人民的思想才会统一。如果我们不这样做，将来就可能出赫鲁晓夫，把毛主席真正打倒，不但会把毛主席否定，而且会把我们这些做含糊笼统决议的人加以否定。因此，必须对这个问题讲得很透彻。"

对毛泽东的历史功绩，陈云曾在一次与邓力群的谈话中这样评价道：一是培养了一代人，一大批干部；二是正确处理了西安事变，制定了抗日战争期间我们党的一系列方针政策并写了许多重要著作；三是延安整风时期倡导学习马列著作，特别是学哲学，对于全党思想提高、认识统一起了很大作用；四是毛泽东的一整套理论和政策对中国革命的胜利起了决定性的作用；五是毛泽东在党内的威望是通过长期的革命斗争实践建立起来的。他同时指出，确立毛泽东的历史地位并不是要回避毛泽东晚年的错误，而是要以马克思主义的实事求是的态度给予科学的评价。他主张对毛泽东晚年的错误要分析，要把毛泽东发动"文化大革命"的动机和实际的结果区分开，同时要从制度上找原因。陈云认为："实际上应该说，党内民主集中制没有了，集体领导没有了，这是'文化大革命'发生的根本原因。"

对于毛泽东晚年的错误，陈云同样主张实事求是地分析。他对胡乔木说，一是毛主席的错误问题，主要讲他的破坏民主集中制，凌驾于党之上，一意孤行，打击同他意见不同的人。着重写这个，其他的可以少说。二是整个党中央是否可以说，毛主席的责任是主要的。党中央作为一个教训来说，有责任，没有坚决斗争。假如中央常委的人，除毛主席外都是彭德怀，那么局面会不会有所不同？应该作为一个党中央的集体，把自己的责任承担起来。在斗争时是非常困难的，也许不可能。三是毛主席的错误，地方有些人，有相当大的责任。毛主席老讲北京空气不好，不愿待在北京，这些话的意思，就是不愿同中央常委谈话、见面。他愿意见的首先是华东的柯庆施，其次是西南，再其次是中南。

在《决议》的起草和讨论过程中，争论的焦点、重点和难点，仍然是对毛泽东和毛泽东思想的评价问题。对此，邓小平深刻地指出："对毛泽东同志的评价，对毛泽东思想的阐述，不是仅仅涉及毛泽东同志个人的问题，这同我们党、我们国家的整个历史是分不开的。要看到这个全局……这不只是个理论问题，尤其是个政治问题，是国际国内的很大的政治问题。如果不写或写不好这个部分，整个决议都不如不做。"为解决这个问题，陈云提出了关键建议。1981年3月，陈云在同邓力群谈话时说："《决议》要按照小平同志的意见，确立毛泽东同志的历史地位，坚持和发展毛泽东思想。要达到这个目的，使大家通过阅读《决议》很清楚地认识这个问题，就需要写上党成立以来60年中间毛泽东同志的贡献，毛泽东思想的贡献。因此，建议增加回顾建国以前28年历史的段落。有了党的整个历史，解放前解放后的历史，把毛泽东同志在60年中间重要关头的作用写清楚，那末，毛泽东同志的功绩、贡献就会概括得更全面，确立毛泽东同志的历史地位，坚持和发展毛泽东思想，也就有了全面的根据；说毛泽东同志功绩是第一位的，错误是第二位的，说毛泽东思想指引我们取得了胜利，就更能说服人了。"陈云认为，毛泽东在新中国成立以后特别是"文革"当中犯了"左"倾错误，但是评价毛泽东不能只局限于"文革"十年和他晚年的错误。

陈云还提出，中央要提倡学习，主要是学习马克思主义哲学，重点学习毛泽东的哲学著作，还有马恩列斯的著作和历史。

1984年1月11日，陈云通过办公室复信中国人民解放军总政治部罗荣桓传记组，回答他们1983年11月10日询问应当如何反映东北解放战争初期毛泽东在指导方针上一些失误的问题时指出，东北解放战争初期，由于我们进入这个地区的时间不过几个月，敌人的兵力也有变化，因此，对东北的情况还处在认识的过程。在这个过程中，对和战问题、作战方针问题提出这种或那种意见，都是可以的，也是需要的。我们应当这样来理解当时毛泽东给东北局的电报上提出的一些意见，而不应当把个别意见同实际情况不符说成是毛泽东在指导方针上有什么失误。

实事求是是毛泽东思想的精髓，是陈云学习毛泽东和毛泽东思想得出的科学方法。陈云对毛泽东科学、客观的评价，体现了一个共产党员实事求是的高尚品格，也体现了他对毛泽东等老战友深厚的感情。

和刘少奇相知甚深

向坚定的共产主义战士刘少奇同志学习

陈云　八十四

一九八八、四、二

这是1988年陈云为《缅怀刘少奇》一书写的题词。

为纪念刘少奇诞辰90周年，中央文献出版社于1988年8月出版了《缅怀刘少奇》一书，书中收集了刘少奇的战友和曾在他身边工作过的同志撰写的41篇回忆文章，表达对少奇同志的怀念和敬仰。陈云应邀为该书作了如上题词，号召人们“向坚定的共产主义战士刘少奇同志学习”。

陈云与刘少奇共事40多年，相知甚深。

在大革命时期，二人的早期革命生涯都是同工人运动联系在一起的。20世纪30年代，刘少奇是赤色职工国际第五次代表大会的执行委员，陈云从领导工人运动走上革命道路。到中央苏区后，刘少奇和陈云曾先后担任中华全国总工会党团书记。在全总苏区中央执行局，陈云任党团书记，刘少奇任委员长。他们在一起工作了一年多时间，一起到福建汀州考察指导工会工作，一起出席在瑞金召开的中国农业工人第一次代表大会，一起向中央局提出以全总名义号召工人带头参加红军，创建中国工农红军工人师。

延安时期刘少奇在党内地位的提高，陈云是支持者之一。延安整风运动中，陈云曾发言指出，十年的白区工作，主观主义占统治地位，直到刘少奇来白区工作后才开始转变。现在检

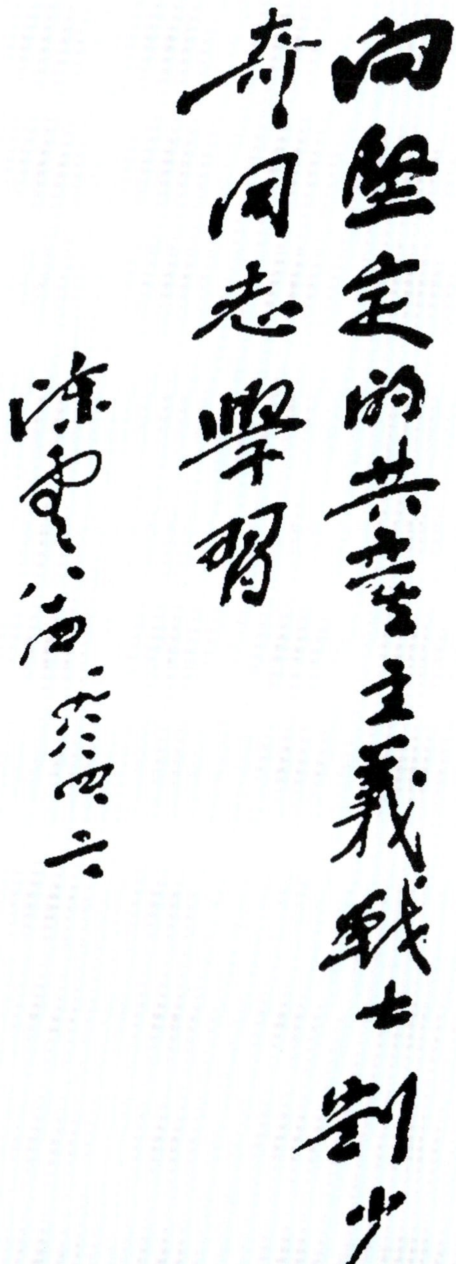
向坚定的共产主义战士刘少奇同志学习
陈云

查起来，刘少奇是代表了过去十年来白区工作的正确路线。他提出："有些干部位置摆得不适当，要补课或正位，如刘少奇将来地位要提高。"在1943年中央领导机构改组时，刘少奇成为中央书记处书记，实际上已成为地位仅次于毛泽东的党内第二把手。刘少奇是白区工作正确路线代表的评价也写进了后来的七大历史决议中。

新中国成立后，陈云和刘少奇一同为新中国的建设和发展运筹帷幄，为共和国渡过经济难关殚精竭虑。陈云主持全国财经工作的第一件事是组建中央财政经济委员会。这件事得到了刘少奇的关心和支持。在"大跃进"之后的扶困救危中，刘少奇对陈云主持财经工作的指导思想、解决经济困难问题的杰出才能给予了很高的评价。1962年3月，为使国家渡过严重的经济困难，刘少奇举荐陈云出任中央财经小组组长。调整国民经济，力挽危难局面，陈云不仅在经济工作的组织领导与决策方面得到刘少奇的信任和支持，而且在经济工作的指导思想上也得到了刘少奇的推举和赞赏。刘少奇指示邓力群等人把陈云在社会主义改造基本完成以后的讲话、文章找到，编成小册子《陈云同志几年来有关经济建设的一些意见》，发给中央常委、书记处和中央财经小组各同志参考学习。刘少奇认识到，陈云的这些思想对国民经济大幅度调整必能发挥重要的指导作用。

"文化大革命"中，刘少奇被打成"党内反革命修正主义集团的总头目"和"党内最大的走资本主义道路的当权派"，被永远开除党籍并受迫害致死。刘少奇一案是我党历史上的最大冤案。对于刘少奇在"文革"中被诬陷的种种"莫须有"罪名，陈云难以置信。他后来说："开八届十二中全会的时候，当时我已靠边站。讨论开除刘少奇的问题，特别要我去开会，在会上才看到材料。"但在当时的历史条件下，他也无能为力。

党的十一届三中全会上，陈云被增选为中央副主席，兼任刚成立的中央纪律检查委员会第一书记。平反冤假错案，成为他领导下的中央纪委的一项主要职责。无论是从党的利益，还是从战友情谊，陈云都感到有责任平反刘少奇冤案。

1978年底，在邓小平、陈云等的关心下，刘少奇夫人王光美结束了12年的牢狱生活。不久，她带着儿子刘源、女儿刘平平来到陈云家里表示感谢。陈云立即接待了他们。陈云告诉他们，少奇同志这个案子是全党最大的冤假错案。如果这个大案子最后能澄清，那么与这个案子牵连的其他案子和所有受冤屈的人自然都平反了。陈云还说，关于少奇同志“三顶帽子”的事，党史上已多次有过结论，不仅不是罪过，而且是功绩。陈云深知，“文化大革命”期间，林彪、“四人帮”把刘少奇的所谓“罪行”材料广为散布，传达到全体党员和全国人民中间，影响很深。加之人民群众对刘少奇历史不大了解，对“文革”中发生的各种事情也难以究明真相，如果轻率给刘少奇平反，势必引起人们的思想混乱。因而他对王光美说，现在平反这件事情还急不得，不能操之过急，我们要把当事人都找来，一件事情一件事情予以澄清，一件事情一件事情都搞扎实，让它证据齐全，能经得起历史的考验。王光美临别时，陈云再次宽慰她，给少奇同志平反，这件事情不是你一家的，这是全党的事情，这事我们是要负责到底的。

1979年2月5日，国家地质总局局长孙大光致信时任党中央秘书长、中央纪委第三书记的胡耀邦并党中央，建议重新审议刘少奇一案。胡耀邦转报中央常委批阅。2月23日，陈云在孙大光来信上作出批示：“中央常委各同志已传阅完毕，中央办公厅应正式通知中组部、中纪委合作查清刘少奇一案。”

这是在刘少奇案件平反过程中最为关键性的批示。它明确了案件的复查是经过中央政治局常委同意的，是中央行为；明确了负责复查的部门是中央组织部和中央纪委。对于陈云的这个批示，当年负责刘少奇一案复查工作的杨攸箴回忆说：“如果没有他的批示，那这个案子就启动不了，复查就启动不了。”

4月18日，刘少奇案件复查组成立。中央纪委副书记王鹤寿直接负责复查工作。复查小组由八人组成。他们分别来自中央纪委、中央组织部、对外经济贸易部、中央党校和军队系统。

复查组迅速展开了广泛的调查取证工作。经过10个月周密的调查研究，反复核对各种材料，用可靠的事实逐条否定了八届十二中全会强加给刘少奇的罪名。复查组反复讨论，七易其稿，写出了详尽确切的复查情况报告，经中央纪委书记办公会议讨论通过，送陈云审阅。陈云对复查报告看得很仔细，对结论进行了多次的推敲，听了王鹤寿多次的汇报。他把文件的附件，每一件都与以前的那个审查小组所提供的材料进行对照。复查报告经陈云审定后，最后上报中央政治局。中央政治局一致同意这个复查报告，据此作出关于为刘少奇平反的决议草案。1980年2月23日至29日，党的十一届五中全会为刘少奇平反昭雪，恢复名誉。会议经过认真讨论，一致通过《关于为刘少奇平反的决议》，决定撤销八届十二中全会通过的审查报告和错误决议，恢复刘少奇作为伟大的马克思主义者和无产阶级革命家、党和国家的重要领导人的名誉；因刘少奇问题受到株连造成的冤假错案，由有关部门予以平反。

1980年5月17日，刘少奇追悼大会在人民大会堂举行。为参加刘少奇追悼会，5月16日，陈云专程从杭州赶了回来。追悼会结束后，陈云同刘少奇家属握手时，表情凝重，一向很少落泪的他这一次流泪了。这是为战友获得平反欣喜的眼泪，是为我们党重新恢复实事求是思想路线而振奋的眼泪。

高瞻远瞩的战略家

白日依山尽　黄河入海流
欲穷千里目　更上一层楼
书赠余建亭

陈云　时年八十一

陈云晚年酷爱练习书法，他除了经常书写鲁迅的名言外，还特别喜欢抄录唐诗。为此，身边工作人员还专门买了一本《唐诗鉴赏辞典》摆在他的案头，闲暇时他就翻翻，练字的时候就看着写。陈云写了很多唐诗的名言名句送人，1985年6月30日写下这幅作品，并揿有他的两枚印章“陈云”和“乙丑年八十有一岁书”。

陈云这幅作品书录的是盛唐诗人王之涣的《登鹳雀楼》。诗人登高望远、赋诗言志，表达了他高瞻远瞩、积极进取的胸襟抱负，也道出了站得高才能望得远的哲理。余建亭是陈云的老部下，1948年夏到1949年5月期间担任陈云的秘书，后来一直在陈云的领导下工作。1985年余建亭也是70多岁高龄的老人了，年过八旬的陈云将这首脍炙人口的励志诗书赠给他，与他共勉，从中我们也体会到了陈云胸襟开阔、目光远大的革命家情怀。

陈云善于在错综复杂的形势下抓住主要矛盾，提出具有重大战略意义的措施。新中国成立之初，陈云主持全国财经工作，当时形势复杂严峻，陈云却能蛇打七寸、抓住主要矛盾解决问题。比如，1950年春夏之交，国民经济困难，商品滞销，

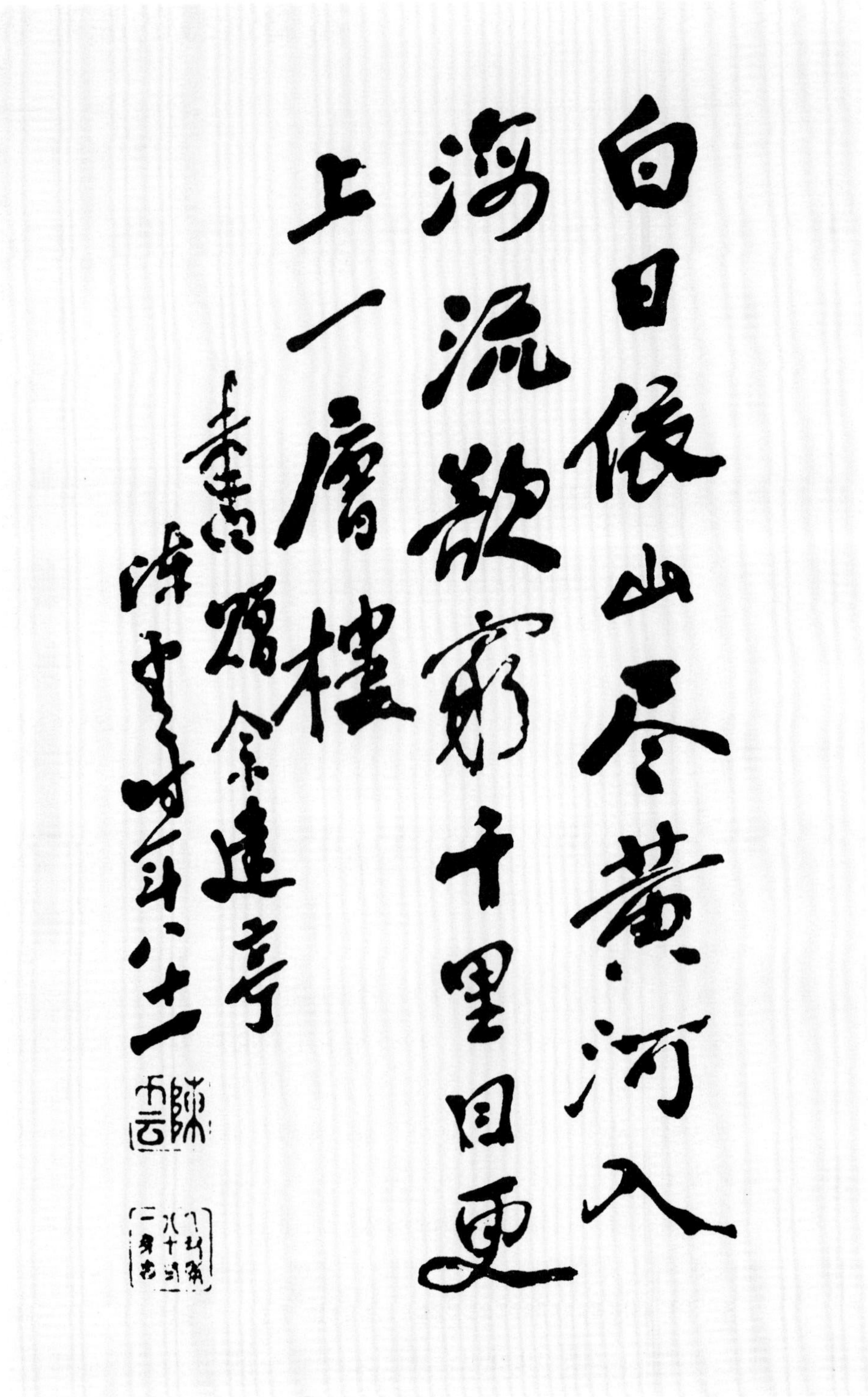
白日依山尽黄河入
海流欲穷千里目更
上一层楼
书赠余建亭
陈云时年八十二

私营工商业经营困难，由此引起工厂关闭，商店歇业，失业增多。陈云经过调查研究，采取了投放货币、收购农副产品、开展城乡交流、政府向私营工厂加工订货等有力措施，很快就扭转了形势，缓解了经济紧张状况。陈云在总结这段时间的工作时说，6月以前是统一财经，6月以后是调整工商业。“只此两事，天下大定。”在开国错综复杂的环境中，抓统一财经和调整工商业两件大事，就天下大定，这充分体现了陈云的战略思考能力。再如，粉碎“四人帮”以后，陈云敏锐地观察到，当时影响实现全党工作重点转移的主要障碍，是“文化大革命”中发生的重大政治事件和历史上遗留问题没有解决。因此，他审时度势，率先在中央工作会议上提出“坚持有错必纠的方针”，揭开了平反冤假错案的序幕，抓住了历史转折的关节点，迎来了历史发展的新篇章。

陈云也处处强调领导干部要注重思考战略问题。他认为，新时期的工作并不好做，面对纷繁复杂的任务，领导同志很容易陷入琐事不能自拔，甚至迷失前进方向，因此他多次建议上层机构要有人专心考虑大问题、战略性问题。1990年6月6日，陈云同前来看望他的江泽民谈话，郑重提出要拿出一定时间“踱方步”，考虑战略性的问题。他说，你们现在的工作，比我们那个时候要难做。而且，有许多紧急事情要处理。但是，如果对来访者都要安排你们去会见，恐怕谁也受不了；如果每会必到，恐怕也办不成大事。陈云的话，是他治国理政的宝贵经验和殷切期望。他深刻地认识到，作为领导同志，不能陷于日常事务性工作，而要有更高的目光和胸怀。只有站得高才能想得远，只有善于进行战略思考，才能科学判断形势，抓住主要矛盾，带领全党形成共识，从容而又顺利地把我们的事业推向前进。

从这个角度说，“欲穷千里目，更上一层楼”饱含着陈云对党的事业成败、对国家长远发展、对人民根本利益多么大的期待啊！

心系人民群众

既扫自己门前雪　又管他家瓦上霜
书赠刘家栋
陈云　时年八十一

“既扫自己门前雪，又管他家瓦上霜”，陈云曾将这句话写了很多条幅送人，这一幅是他1985年写给老部下、老秘书刘家栋的，末尾署名“书赠刘家栋，陈云，时年八十一”，揿盖“陈云”、“年过八十”两枚印章。

陈云常说，中国古代有句谚语，“各人自扫门前雪，莫管他人瓦上霜”，是讽刺那种缺乏社会公德和同情心的自私自利的人的。我看应该把它改为“既扫自己门前雪，又管他家瓦上霜”。他还特意把这句话用大字写成了条幅，并作了注释：共产主义精神，既形象又易懂，比说一大篓道理更能让人理解什么是共产主义精神。这是真正的深入浅出，通俗易懂。

陈云把共产主义精神化作时刻心系群众、时刻挂念老百姓冷暖安危的普通小事。

“老吾老以及人之老，幼吾幼以及人之幼。”设身处地为他人解决困难，是陈云的一大特点。陈云的老部下刘淇生回忆说，陈云在延安时期担任中组部部长既严厉又亲切，他非常关心干部的困难，总是千方百计帮助干部解决自身难于解决的问题，如：夫妻分离的，根据本人意愿，通过组织手续使夫妻团聚；对于未婚的，也尽可能给以照顾，使双方的工作地靠近，以便能经常见面。“有困难找组织”，这是干部战士们的通用

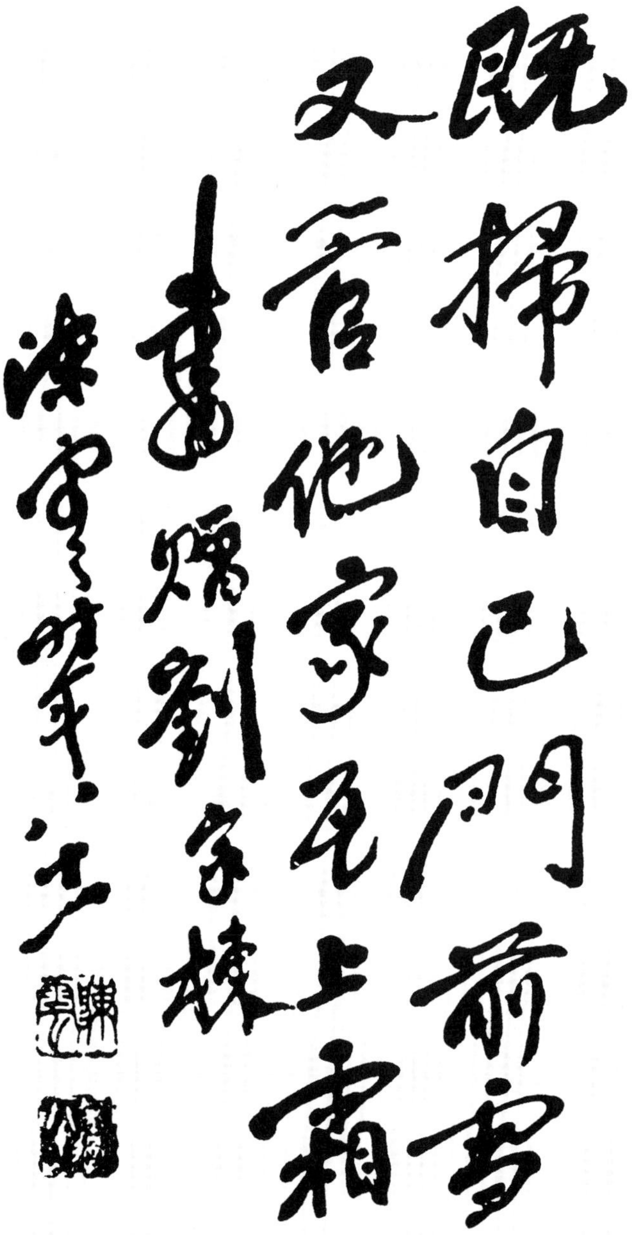
既扫自己门前雪
又管他家瓦上霜
书赠刘家栋

语，是他们对中组部信任的表现。有的干部找对象也要找组织商量，把中组部看作是自己的“老家”。

陈云20世纪50年代主管全国经济时，既管国家建设的大事，也时刻关心老百姓吃饭穿衣的“琐事”。他批评那种只注重国家重大建设而忽视群众生活的错误倾向。《陈云文选》中的《一定要把蔬菜供应问题解决好》，反映了陈云殚精竭虑思考如何保证城市的蔬菜供应、解决老百姓的生活困难的一面。

进入新时期，陈云依然关注老百姓的“菜篮子”。20世纪80年代，北方的居民冬天用菜十分单一，基本上就是大白菜，而且不像现在这样可以随吃随买，而是要一次性把冬天要吃的大白菜买回家储存。由于菜量大，商业部门往往堆放在露天，如果供应慢了，或者居民购买不及时，寒流一到，很容易发生烂菜。陈云熟悉这个情况，多次过问北京大白菜的产销与贮藏工作。1982年10月25日，陈云针对北京、天津多次发生的烂菜问题，致信胡耀邦等，指出：“霜降已过，11月8日‘立冬’。今年必须避免烂菜。因此生产、流通、消费这三个环节必须立即组织好。因为菜‘烂与不烂’只有几个小时的关键时刻。大白菜是北京市民当家菜类，因此必须安排在前。”第二年，陈云又在北京市委、市政府关于大白菜收贮运销工作情况的报告上批示：“城市居民贮藏有困难，但春节后吃不到便宜的大白菜又有意见。这件事要由北京市委拟出一个妥善可行的办法才好，因为这是一个长期存在的问题。”他对老百姓的关心如此之细腻、周到。

陈云对推动知识分子政策的落实和待遇改善也不遗余力。1982年北京航空学院教师刘成功，写信反映中年知识分子工资太低，工作、生活负担很重，身体健康堪忧的情况。当时陈云夫人于若木在书记处研究室科技组工作，她看到信后立刻送给陈云。陈云对信中所提情况十分重视，要求在供中央领导同志参阅的简报上刊登，并批送给中共中央政治局各常委，还亲自写了一封信，建议“在今明两年内着手解决”知识分子的待遇问题。陈云这封信作为中共中央政治局会议参阅文件，在全党产生极大反响，有力地促进了中年知识分子生活待遇的提高。国务院决定，从1982年10月起，在全国范围内给中年知识分子增加两级工资。1983年，于若木还请人去看望刘成功，祝贺他“三喜临门”：一喜是他的建议得到中央的采纳；二喜是长了两级工资；三喜是住上新房。

“一方有难，八方支援。”20世纪90年代，年事已高的陈云虽然离开了工作岗位，但依然不忘关心社会上生活困难的老百姓。1994年4月初，他在上海从中央人民广播电台“新闻和报纸摘要”节目里听到中央机关为希望工程捐款的消息，立即让秘书从他的存款中取出5000元钱捐助给革命老区、贫困地区的失学儿童。他说：“我们是社会主义国家，绝不能让儿童失学，应该动员全社会力量来解决这个问题。”不久，他在病床上听到中央号召为贫困地区捐赠衣服、被子的消息，就告诉夫人于若木马上去办。全家除捐赠了几十件衣服外，还特意以陈云的名义捐赠了一条崭新的丝绵被子和床单。他听说后很高兴，专门把于若木叫到病床前，亲自告诉她这个消息。

陈云从不给身边的人谋取任何私利，但他对下属的关心是润物细无声的。他一生简朴，去世的时候没有留下什么财产，只有不到2万元的稿费和1万多块钱的抚恤金。他逝世后，遵照他的遗愿，于若木从中拿出2万元，给一个家庭经济困难的工作人员家属补贴家用。陈云关心下属、热心助人的崇高品质和伟大人格也影响了他身边的每一个人。

老共产党人陈云用他终生的行动告诉我们：共产主义精神是伟大的，也是平凡的；是深刻的，也体现在普通生活的每个细节里。陈云的心里一直装着他人的困难，时时考虑普通老百姓的利益，不愧是优秀的共产党人。

善于学习的榜样

闻鸡晨舞剑　借萤夜读书
书赠邱纯甫

陈云　时年八十

这是陈云手书的一幅珍贵墨宝。陈云一生热爱学习、重视学习。这幅送给邱纯甫的条幅，目的就是倡导勤奋学习之风。

条幅内容涉及两个催人向上的故事。闻鸡起舞，指东晋祖逖听到晨鸡啼鸣就起床舞剑，比喻有志向的人应该奋起学习。凿壁偷光，指西汉匡衡幼时凿穿墙壁引邻舍之烛光读书，终成一代名相的故事，倡导不能因为困苦而放弃学习。

陈云视野开阔、思想活跃，对具体问题的研究和学习十分深入，真正做到了“活到老、学到老”。一直到他生命的最后时刻，他都在不停地思考新问题、学习新知识。学习是陈云永不停止的爱好。

在青年时期，陈云就是一位求知若渴、一丝不苟的人。1919年冬，陈云因家庭经济原因无力升学，到上海商务印书馆当学徒。由于年纪小，书馆安排他到发行所的柜台工作。在商务印书馆，除了完成日常的工作外，陈云并没有虚度业余时间。在学徒期内，他每天都要利用早晚时间读书、习字、念英语。他看遍了书店中的童话、章回小说、少年丛书，有时也翻翻杂志。不仅如此，陈云还到上海图书学校学习了三年，主要学习中英文、基本业务知识等。随着年龄的增大，他渐渐开始阅读一些政治书籍。正因为陈云的聪颖好学，他成为当时商务

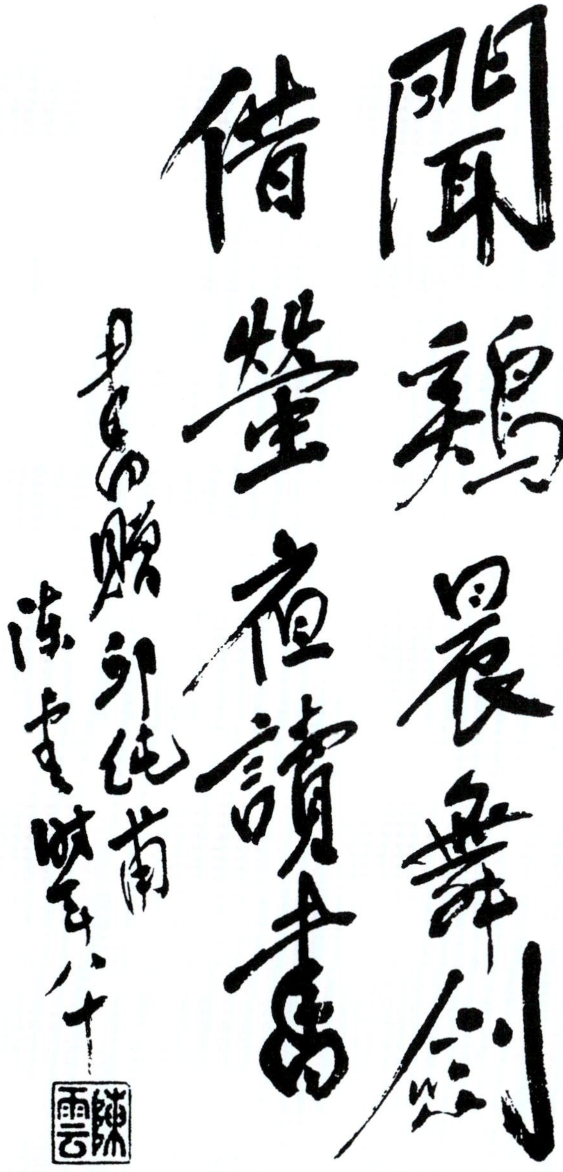
闻鸡晨舞剑
借萤夜读书
陈云时年八十
陈云

印书馆发行所年轻人中学识最渊博的一个。

投身革命后，在奔波流离、战火纷飞的年代，陈云也未曾放松学习。他不仅自己注重学习，还经常劝导和督促身边的同事和朋友一起学习。1938年4月14日，陈云在延安抗日军政大学作《怎样做一个革命者》的报告。他特别指出："同志们的知识还只是在书本上、课堂上学来的，真正的学习还只是一个开始。"陈云在党内推崇学习、热爱学习、组织学习的行为获得了同志们的一致好评。毛泽东在延安在职干部教育动员大会上就曾表扬陈云，说："陈云同志有'挤'的经验，他有法子'挤'出时间来看书、来开会。"

陈云不仅喜欢学习，还善于学习。在学习的过程中，他创造和发现了许多行之有效的学习方法。1939年，他在延安写的《学习是共产党员的责任》一文中提出学习的几种方法："共产党员特别是高级干部对革命所负的责任这样重大，自己的知识又这样少，应该是'加油'的时候了。"他总结出一整套学习办法，指导大家读书，如一本一本书读懂很重要、学习理论一定要联系实际、读书要做笔记、读书最好有几个小组、读书要与懒惰作斗争等。

陈云在主持工作的地方，都非常重视培养学习氛围。1952年，中财委所属各部门负责人召开会议讨论学习斯大林《苏联社会主义经济问题》一书，陈云要求大家把这一学习当作基本建设来看待，中财委为此专门成立了以陈云、薄一波、曾山等为正、副主任的学习委员会，确定每星期三、六下午为集中学习时间，在此时间内不得请假、迟到、早退、办公、打电话、传递信件，并自带学习材料，保持学习室的安静秩序。

陈云对学习的执着更没有因为遇到人生低谷而放弃。"文化大革命"期间，陈云被下放江西，政治生涯遭到严重挫折。陈云在去江西时，带上了大量的书籍。他很认真地将这些书看了不止一遍，并结合自己参加革命工作以来的实践和经历，不断思考一些重大问题。通过学习，他对前来看望的子女说："过去我只有实践经验，现在我又系统地学习了理论。又有实践，又有理论，将来再遇到什么问题，我都不怕了。”下放江西的陈云，意志并没有消沉，通过不断学习反而更加自信。陈云读书时，在书上标上了很多记号。他告诉子女，将来我什么都不留给你们，就这一些书留给你们，你们看一看就知道我怎么想问题的。

党的十一届三中全会以后，中国的建设和发展进入了一个全新的阶段。此时的陈云已步入晚年，但他仍然随时保持着学习新知识的习惯。在为李先念写的悼词中，陈云明确表示：“现在我们国家的经济建设规模比过去要大得多、复杂得多，过去行之有效的一些做法，在当前改革开放的新形势下很多已经不再适用。这就需要我们努力学习新的东西，不断探索和解决新的问题。”陈云从中顾委退下来后，他的秘书曾告诉陈云子女：“以后跟你父亲聊天的时候，多聊环保技术、生物技术，以及将来这方面的发展。你父亲说他退下来后，很想研究中国环境保护的问题。”事实也确实如此，陈云对科技的进步、对新生的事物非常敏锐，十分有兴趣。

进入20世纪90年代，此时的陈云一天的生活中有一项必不可少的环节——看报和听广播。他喜欢看《人民日报》、《红旗》、《求是》和《参考消息》。每天早晚还要坚持收听半小时国内新闻和15分钟的国际新闻。随着年岁的增大，陈云有时赶不上收听新闻的时间，他就让秘书将当天的新闻录好后收听。同样，由于年龄的原因，陈云的眼睛很难看清报纸上的蝇头小字，他只好委托身边工作人员将报纸的相关内容念给他听。

习近平总书记在2015年6月12日陈云同志诞辰110周年座谈会上曾说：“我们纪念陈云同志，就要学习他刻苦学习的精神。陈云同志出身贫寒，只读过小学，但他靠在长期实践中坚持不懈的刻苦学习，具备了很高的思想理论水平和解决问题能力。他强调‘学习是共产党员的责任’，‘一天到晚工作而不读书，不把工作和学习联系起来，工作的意义就不完整，工作也不能得到不断改进’。”在新的形势下，我们应当以陈云为榜样，深入学习经济、政治、文化、社会和国际等各方面知识，广泛学习哲学、历史、法律和优秀传统文化，做到学以益智、学以励志、学以立德、学以修身。

255★

用好调查研究这个“利器”

工欲善其事　必先利其器

陈云　时年八十一

这是陈云1985年写的一个条幅。这句话出自《论语》，比喻想做好一件事，准备工作非常重要。书写这句名言，从思想方法的角度看，体现了陈云一个突出的工作方法：注重决策之前的准备工作，更具体地说，就是重视调查研究。

陈云在处理每个问题和作出每项决策的时候，总要先进行认真的、周密的调研。他说：“领导机关制定政策，要用百分之九十以上的时间作调查研究工作，最后讨论作决定用不到百分之十的时间就够了。”这是他一个重要的思想方法。

对于调查研究，陈云强调要全面，“重要的是要把实际看完全”，“弄清楚全面情况”。他说：“片面的情况不是真正的实际，也就是说，它并不合乎实际。所谓难也就难在这里。”陈云身体不好，但是每一项重大决策之前，他都要深入群众亲自做调查研究。抗日战争时期，为了搞清楚华北地区基层情况，他在百忙之中仍找来根据地的九个乡支部书记，每人都谈上三天三夜，完整记录了调查内容，为我们了解抗战初期敌后根据地群众发动情况留下了一份珍贵的历史资料。新中国成立初期，陈云主管财经工作，为了解资本主义工商业改造的情况，1956年4月下旬到5月中旬，他到上海、武汉、广州等地进行了20多天的调查研究，重点与工商界人士进行座谈，交流想法、听取意见，从而搜集到大量第一手材料，摸清了许多情

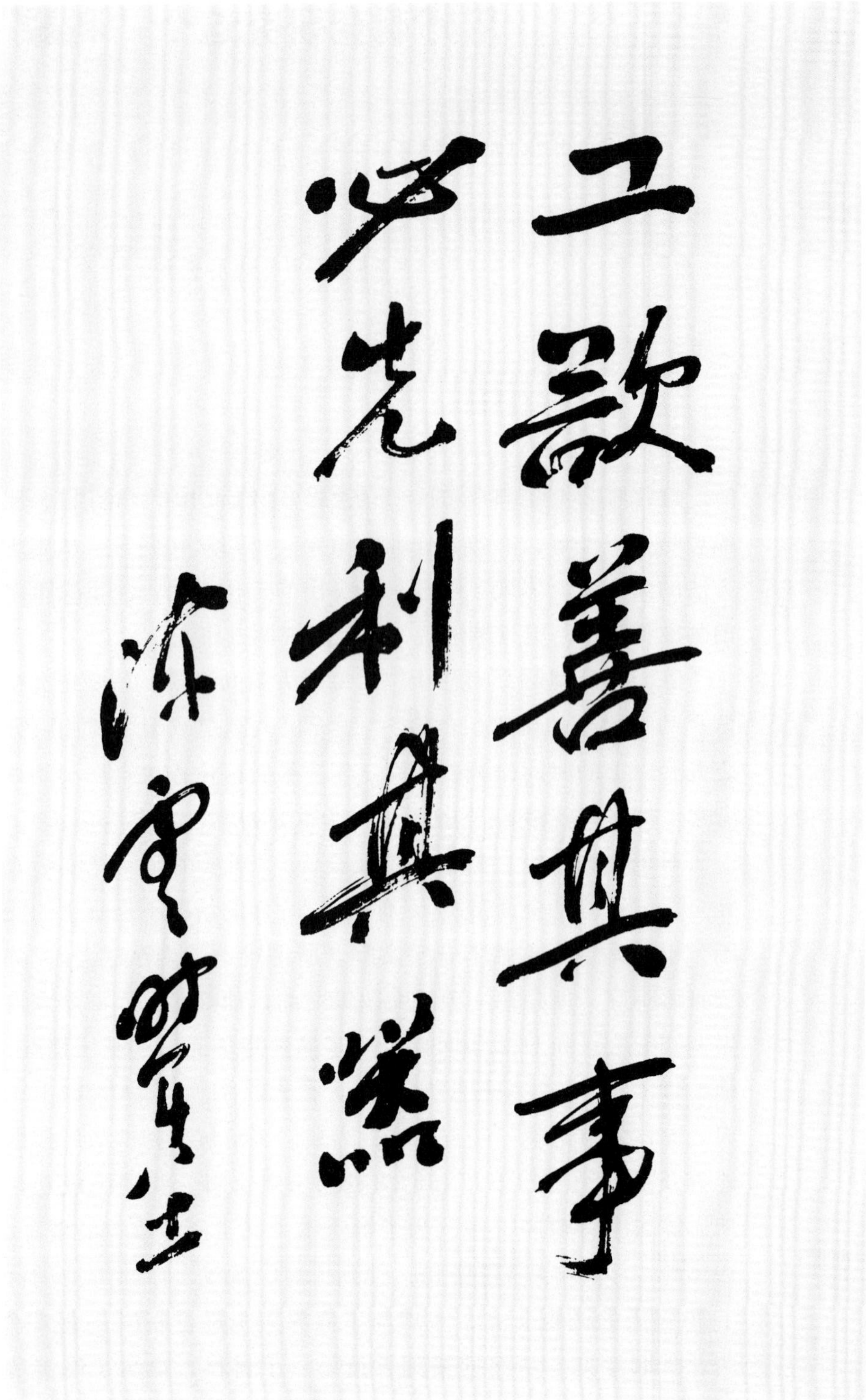
工欲善其事
必先利其器
陈云

况，最后采取了有效的措施。“文革”在江西“蹲点”期间，陈云也充分利用时间走访了当地很多工厂，进行调研。

深入、细致是陈云进行调查研究的一个显著的特点。他反对简单粗暴、走马观花的调研。1961年陈云到家乡青浦县做调查，吃住都在农民家里，而且一住就是半个月。他亲自问、亲自看，取得大量的第一手材料，从而保证了决策的正确性和可行性。回北京以后，他向中央写了《母猪也应该下放给农民私养》的报告，其中写道：（私养母猪）“对最后生下来的比较弱的奶猪特别照顾，把它放在奶水最多的第三个奶头上吃奶。经过安排，奶猪就习惯于在固定的奶头上吃，大小长得比较均匀。”报告写得如此细致，可见陈云观察思考的深入和周到。

鼓励讲真话、敢于坚持真理，也是陈云进行调查研究的重要特点。“要讲真理，不讲面子”是陈云的名言，毛泽东也赞扬陈云敢于坚持真理的勇气。陈云认为，调查研究的成败，关键是被调查者敢不敢讲真话，他鼓励大家要无所顾忌、左思右想，从各种角度考虑问题会周到一些，避免片面性。他曾给干部群众说过：“我特别喜欢听坏话，坏话其实大部分是老实话。是写字台上的头条新闻。党和政府如果只喜欢听好话、颂扬话，不喜欢听坏话、老实话，政权就靠不住。”陈云这种敢讲真话、鼓励大家讲真话的精神，是调查者必须具备的政治品质。陈云也是敢讲真话的典范。1962年他派农业部副部长周康民去安徽调查，发现37个搞责任制的队粮食平均亩产比上年增加38.9%，另外36个条件相同没实行责任田的队平均亩产则只比上年增长12%。因此，他顶着巨大压力，向党中央提出了包产到户的建议。

陈云把调查研究作为工作方法和思想方法介绍给同志们。1956年7月2日，他同国务院相关部委的同志谈话时说，我们搞经济的人，要长上四个眼睛，即业务部门、工人、党委和资本家。他说：“四个方面的话都听了，大体上不会错。”

陈云指出，要善于做调查研究，注意调查研究的方法。改革开放新时期，我们的工作更复杂、更全面了。在1987年1月

16日中央政治局扩大会议上，陈云讲话指出，书记处要改变工作方法，在讨论决定重大问题时，事先要调查研究。要准备好方案，而且要准备两个方案，不要只准备一个方案。他还联系自己在60年代做调查研究的经验，指出，调查研究很需要，方法应该妥当。

陈云的一生大错没有，小错也很少，一个很重要的原因就是他注重调查研究实际情况。“调查研究”也是他留给我们党宝贵的工作经验和思想“利器”。

逆境中坚忍不拔

未出土时先有节　及凌云处尚虚心

陈云　时年八十一

陈云一生爱竹，晚年的他特别喜欢在杭州的“云栖竹径”流连。

1985年4月的一天上午，陈云又前往云栖，在竹林小径散步思考。漫山翠竹引发了陈云的情怀，下午练字时他就把对竹子的赞赏和喜爱诉诸笔端，写下了这个条幅，赞扬竹子的坚韧不拔、谦虚谨慎。

人的爱好总与他的品性相关。这个条幅，又何尝不是陈云自己坚毅刚正、谦虚温和高尚人格的写照呢？逆境最能体现出一个人的本质特点，陈云面对个人遭遇的不公，始终如翠竹一般淡泊、笃定，折射出他一生的处世态度。

面对逆境，人们总不免颓唐、愤怒、急躁，作为“经过大风大浪的过来人”，陈云却能在逆境面前保持从容镇定、泰然处之。党的八大以后，陈云在经济建设速度上坚持“反冒进”，受到不公正批评，并基本上被取消了领导经济工作的发言权，但他没有消沉抱怨，而是进行了大量的调查研究，抱着病体走了很多地方。待到重新出来工作时，陈云马上就对克服当时经济困难提出了符合实际和卓有成效的意见，以及若干具体方案。

在“文化大革命”中，很多老同志受不了打击，或身体垮了，或精神垮了，陈云却从不曾惊慌失措过。面对各种来势汹

未出土時先有節
及凌雲處尚虛心
時年八十一

汹的批判，他只是淡淡地对家人说了这样一句话：“我大概不会参加中央的工作了。”他甚至嘱咐夫人于若木，要准备好厚的棉衣棉裤，预备挨批斗的时候用。后来到江西“蹲点”，陈云把自己的生活安排得井井有条，除了工作调研，他还要看书学习，追踪思考世界大事，过得非常充实。

“无私者无畏。”陈云之所以能从容面对不公，与他的个性豁达、胸襟开阔有关，更重要的是他把党的事业和人民的利益看得高于一切。无论身居要职还是被打倒失去领导权，陈云对待个人的得失毫不烦恼，始终牵挂的是关系党和人民利益的大事，并敢于挺身而出、坚持真理，对最坏的结果作好心理准备。1962年，陈云经过调查研究，提出了分田到户或包产到户的主张。当时党内对这个问题认识不统一，有的同志听说陈云要提这个意见后，劝他要慎重，不要急于提出。他对秘书说，这件事关系到党的声誉、人心的向背，我负责全国的经济工作，明明看到了解决问题的办法，怎么能延误时间。后来他为此被错误批评，并遭冷遇，但他不沮丧，只说了一句“不以成败论英雄”表明自己的心境。

“强项风雪，偃而犹起。”陈云的从容还来自于他敢于坚持真理的坚定信念。陈云即使身处逆境，依然坚守自己的正确意见。凡是认定的真理、看准了的事情，陈云从不轻易放弃，他相信自己的主张和观点经得起历史的检验、人民的检验。毛泽东曾夸陈云很勇敢，敢于坚持真理，就是指他在1959年敢于提出钢铁指标无法完成一事。在“文化大革命”的政治风暴中，陈云仍相信党内健康、向上的力量会让一切都好起来的。1967年社会上出现了攻击陈云的大标语，造反派甚至闯到了陈云家里。陈云在周恩来的关心下安全转移了，事后，陈云听说了红卫兵抄家的事，丝毫不为所动，说：“红卫兵抓住我，也没什么了不起，我和他们评理就是了。”他边说还边做出走正步的姿势，表示革命的道路还要坚定地走下去。在江西“蹲点”期间，陈云坚持每天看书，系统地阅读了马列主义的理论书籍，坚持调查研究，静静地等待机会重新出来工作。正是陈云敢于坚持真理的坚韧不拔，支撑着他走过“文化大革命”的艰难处境，胜利迎来改革开放新的历史时期。

提倡做不怕吃亏的老实人

吃亏是福　难得糊涂
书赠周太和

陈云　八十三

这是陈云1987年赠给秘书周太和的条幅。

“吃亏是福，难得糊涂”，是清朝乾隆年间郑板桥的名言，后人喜欢这几个字中包含的人生哲理，常以条幅的形式悬挂家中，作为警句。对于这几个字，由于郑板桥本人没有明确作出解释，所以历朝历代的文人骚客对此作出了不同的释义。在释义中，有消极亦有积极，有涉及人生价值的亦有涉及处事方法的，众说纷纭。

陈云之所以题赠这八个字，是因为他对条幅有自己的解释——提倡做不怕吃亏的老实人。

怎样做一名共产党员？怎样做一名老实人？陈云曾有深刻的思考和论述。

早在1939年5月30日，他就发表过一篇题为《怎样做一名共产党员》的文章，其中论述说：“每个党员必须对于民族、对于革命、对于本阶级、对于党，表示无限的忠诚，把个人利益服从于民族的、革命的、本阶级的和党的利益。”这里，陈云准确地把握住了一名合格共产党员的题中之意——对党忠诚。延安时期，担任中央组织部部长的陈云，在一次军事干部会议的讲话提纲中曾指出：“老实人不丢脸，不老实，怕丢脸，越会丢脸。请教别人是否降低自己地位？地位靠做好工

吃虧是福
難得糊塗

作，不靠搞形式，摆架子。搞形式，摆架子，统统靠不住。”他在中共中央西北局高干会上，在谈及共产党员应具有的品质时，又特别强调了“老实”这一品质。他说：“老实的态度大体是不会吃亏的。相反，如果不老实，那就一定要吃亏。党的历史上无论过去也好，现在也好，不老实没有一个不失败的。”陈云举例说，我们党在历史上有过几次错误路线，总有一些同志跟着走入迷途，这就是所谓的盲从性。如何避免？就是要真正学习马列主义。陈云专门强调这个学习是“是真正的、是老实的、不是假的”。

关于做老实人，陈云曾有一段鲜为人知的故事。在延安，由于工作压力很大，加上本身体质较弱，陈云患上了流鼻血的毛病。为更好地照顾陈云的病情，组织专门派政治可靠的于若木照顾陈云。相处久了，陈云和于若木产生了感情。有一天，陈云很正式地对于若木说：“我是个老实人，做事情从来老老实实。你也是一个老实人。老实人跟老实人在一起，能够合得来。”于若木被陈云的真诚所打动，两人在1938年3月结了婚。婚后，于若木给远在英伦的大哥于道泉写信，介绍陈云时说：“我对自己的婚姻很满意，他是一个非常可靠的忠实的人。”时光流转，岁月如梭，1995年90岁的陈云在病床上即将离世，他对于若木说了一句话：“你看，我没有骗你吧。”陈云在自己的婚姻中，一辈子遵循了最初的承诺：“我是个老实人。”

1940年，两名新党员分别找陈云反映情况。他们已经在延安的学校毕业，不久将派出工作。前一位同志交代了三件本应该填却未填在入党志愿书上的事情。第二位同志则报告自己曾因生计原因加入过国民党，但是既未开过会，也未领过党证。加入中国共产党时，怕党组织不接收他为党员，所以未向组织汇报。这几件事情虽然都不是严重的政治问题，但在陈云心中，它们所突显的本质却不容小觑。陈云后来在《党员对党要忠实》一文中深刻指出：“我们共产党是言行一致的政党，而且只有共产党才能言行一致。我们共产党内也不允许有对党言行不一致的党员，不允许任何党员对党讲一句假话。我们决不能像剥削阶级政党那样，党员可以说假话，鬼话连篇，欺骗人民。如果我们的党员也染上了这种恶习，那末，我们党内的互相信任就不可能建立，党的意志的统一和铁的纪律也就不能建立，共产党将不成其为无产阶级有组织的队伍，也决不能被人民信任而成为人民的领袖。”

当年，有些作家写文章喜欢用讽刺讥笑的口吻抨击延安生活中的一些消极现象。陈云对文艺界出现的这个问题非常关心。他指出：“对于文艺界某些写不满文章的人，应采用个别谈话与自我检查的方式，帮助他们改正错误。”1943年3月10日，延安召开党的文艺工作者会议，中央组织部部长陈云出席会议并讲话。他在讲话中谈道：“我们共产党是一个照实际办事的党，是一个说老实话的党。我们做文艺工作的同志也应该照实际办事，能够说老实话，听老实话。这对于同志们自己，对于党，对于整个新文艺运动，都是有好处的，都是必要的。”陈云强调，作家也要做老实人，不能感情用事，要多学习一些马克思列宁主义的学说。

共产党员要做老实人，是陈云终生秉持的原则。20世纪70年代末80年代初，由于“文化大革命”的破坏，党的干部队伍受到严重影响，出现青黄不接的现象。但即便是党和国家急需用人之际，在提拔干部时，陈云仍强调指出，“三种人”一个也不能提拔。1982年9月6日，陈云在党的十二大上发言指出：“关于提拔中青年干部问题，我要说的另一句话是：在‘文化大革命’期间跟随林彪、江青一伙造反起家的人，帮派思想严重的人，打砸抢分子，这‘三种人’一个也不能提拔，已经提拔的，必须坚决从领导班子中清除出去。”陈云之所以坚决反对“三种人”进入干部队伍，最重要的原因在于，他们政治标准没有过关。为什么没有过关？因为他们没有一名共产党员应有的原则，他们不是老实人。

陈云曾在党和国家的不同战线和工作岗位上奋斗过，包括领导农民暴动、搞特科工作、担任组织部长、领导财经工作、主持中纪委等等，尽管工作内容和性质各不相同，但他对做老实人的要求从未放松过。

为党和人民鞠躬尽瘁的“老臣”

数点梅花亡国泪　二分明月老臣心

陈云　八十五

这是陈云1989年手书的条幅。条幅内容出自清代文人张尔荩为扬州史可法祠堂撰写的楹联，此联意在歌颂史可法高尚的民族气节和英雄风骨，意境极其深远，人们传诵至今。

1978年12月，在党的十一届三中全会上，73岁的陈云重新走上了党和国家的领导岗位。此时的中国百废待兴、任重道远，而他已人到晚年。

陈云的体质不好，夫人于若木曾用八个字来形容：“先天不足，后天失调。”他也说自己是一辆“木炭汽车”，走走停停，需要不断加热修理。他的身体状况能不能适应繁重的领导工作，成为国内外十分关注的一个问题。

1979年秋，陈云因身体不适到北京医院检查。检查的结果令人忧心，陈云被确诊患有结肠癌。医生建议立即手术。此时的陈云已经74岁，接受一次大手术，其中的危险性不言而喻。陈云淡然地表示愿意接受手术。对自己的生命，陈云对医生只提出了一个“两年计划”。这个计划成为了陈云晚年为国家奉献的独有方式。也就是他将自己的有生之年，将他最需要为党、为国、为人民要做的事，安排在两年之内。两年，实在不是太长的时间，陈云的愿望，有着一种“烈士暮年，壮心不已”的情怀，他要为党和国家的事业奋斗到底。这次手术十分成功，不到4个月的时间，陈云就离开了医院。出院后的陈云

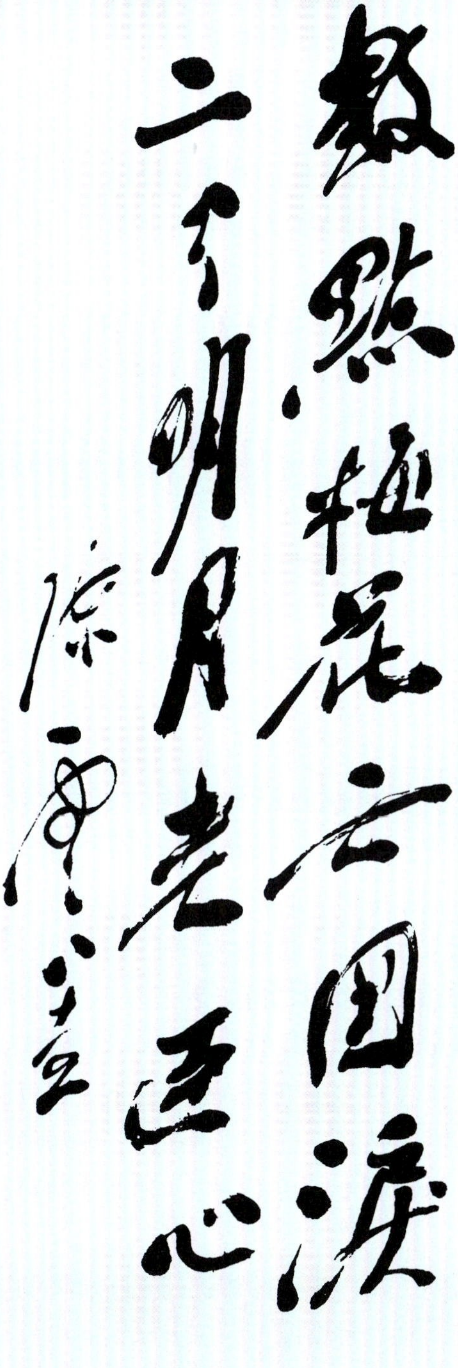
数点梅花亡国泪
二分明月故臣心

开始着手实施自己的“两年计划”。

鉴于陈云的身体状况，医护人员建议陈云最好每年都能到南方休养一段时间。于是，杭州成为陈云经常停留的城市。在柳岸垂青的西子湖畔、在竹林茂密的云栖，迎来了一位老年朋友。这位老年朋友在这里一边散步、一边思考，定计谋国。

1981年5月，陈云像往常一样来到杭州。而这一次，细心的工作人员发现，陈云的表现与往常有些不同。时任陈云秘书的萧华光回忆说：“首长是来杭州休养，怎么晚上老写东西啊，因为首长在那写着，我们不好老催他睡觉。最后他跟我讲，他说我们今年早点回北京。他要把他写的报告给胡耀邦一份，要中央讨论这个事情。”

陈云在夜里挑灯疾书，写的是一篇关系党和国家前途命运的报告——《提拔培养中青年干部是当务之急》。1978年陈云重新担任中央副主席时，他已经73岁了。此时，干部队伍青黄不接，人才储备出现危机，这种情况使陈云和邓小平、叶剑英等一些老同志非常焦虑。陈云的这份报告，后来印发给了参加中共中央政治局扩大会议的各同志和参加中共十一届六中全会的所有代表。

党的十一届三中全会以后，党和国家实现工作中心转移，并作出实行改革开放的决策。改革开放是一个全新的事业，陈云时刻关注着新工作中出现的新问题，积极思考应对之策。国外的资金我们要不要？国外的技术我们要不要？面对这些疑问，有着丰富经济工作经验的陈云表了态：“资金不够，可以借外债。这是打破闭关自守后的新的形势。打破闭关自守的政策是正确的，今后在自力更生的总的条件下，还可以借些不吃亏的外债，引进有利技术。这个技术前面，要加两个字有利就是了，也是必要的。要走一步看一步，随时总结经验，坚持把改革搞好！”

改革开放初期，高度集中的传统计划经济体制已不能适应经济发展的需要。在这种情况下，陈云从实际出发，实事求是地审视这个问题。1979年的3月，他写出了计划与市场的提纲手稿，其中明确提出，社会主义的经济有两种经济，一种是计划经济，一种是市场经济。他在多次谈话当中，都提到计划经济和市场经济的结合问题。陈云关于计划经济下要有市场调节的思想，为人们更好地认识社会主义经济体制打开了一扇窗户。

1989年春夏之交，中国爆发了一场严重的政治风波。在这个关乎中国前途命运的重要历史关头，陈云果断停止了在杭州的休养，火速回到北京，同邓小平和党中央站在一起，准备应对这个极其复杂的局面。“这个局面不能再退，没有余地了。要拥护邓小平，拥护中央常委”，“这个时候，我们老同志不出来讲话不行了。事情就是这样简单”。这是为了制止动乱，中央政治局常委扩大会议决定在北京部分地区实行戒严后，陈云同薄一波一次谈话的主要内容。在这次谈话中，陈云要求召开中央顾问委员会常委会议。在5月26日中顾委常委会议上，陈云针对反对动乱问题作了重要讲话。他强调，现在是关键时刻，不能后退；如果后退，2000万革命先烈用头颅换来的社会主义的中华人民共和国，就会变成资本主义的共和国；作为老同志，现在就是要坚决拥护以邓小平同志为核心的中国共产党。

陈云旗帜鲜明地支持了中央的决策，并全力帮助党内同志统一思想，团结一致。在关键时刻，陈云这位“老臣”又一次发挥了关键作用。

1979年7月，中央决定在深圳、珠海、汕头、厦门试办特区。经济特区成为了中国对外开放的重要窗口。1992年邓小平发表“南方谈话”之后，中国的改革开放进入了一个新的阶段。因为自己年事已高行动不便，陈云要求身边的工作人员代他到经济特区进行考察、调研。调研用了25天时间，考察了100多个企业。考虑到陈云此时的身体状况，工作人员用三个半天向陈云做了详细的汇报。每次汇报陈云都听得很仔细，问得很具体。1992年7月，陈云在为李先念写的悼词中，坚定地表明了自己和李先念对经济特区的支持态度：“先念同志和我虽然没有到过特区，但我们一直很注意特区建设，认为特区要办，必须不断总结经验，力求使特区办好。”1992年“五一”节前夕，在听取上海市委书记吴邦国、市长黄菊的工作汇报时，陈云高兴地说：“上海大有希望。”并笑着对黄菊说：“不是有新闻记者向你打听陈云对开发开放浦东的态度吗？你回答得很好，我非常赞成开发浦东，开放浦东！”

从1979年陈云提出“两年计划”开始到1995年，已经是陈云的第八个“两年计划”了。作为一名有着近70年党龄的老共产党员，无论是退居二线，还是完全退休，陈云一直用他坚强的毅力维持着自己的身体来全力推动现代化建设大业。怀着对祖国人民的无比眷恋，他完成了一个又一个“两年计划”，甚至在他生命的最后时刻，心里装着的还是党和人民。

陈云说过：“做一个革命者，就要准备为革命奋斗到底。”什么叫“到底”？他解释说，就是人死的时候，用上海话来说，叫“翘辫子”的时候。

陈云，正是这样一位为党的事业、为国家和人民利益付出自己一生的“老臣”。

273★

学习哲学的要言妙道

不唯上、不唯书、只唯实，交换、比较、反复。
书赠李泽民

陈云　八十五

这15个字，被称为陈云的“十五字箴言”，也是陈云一生学习哲学的要言妙道。

1990年1月24日，农历春节即将来临时，陈云在杭州西子宾馆会见了前来探望的浙江省党政负责同志。谈话刚开始，陈云就将事先题写好的“不唯上、不唯书、只唯实，交换、比较、反复”条幅，送给了时任浙江省委书记李泽民。陈云问李泽民：“你们开始学哲学没有？”李泽民回答：“从一月份开始学。中顾委发的陈云同志的三个讲话，我们常委都学了。”李泽民后来回忆说：“我理解，他写的十五个字是他投身中国革命建设改革事业的经验总结，是党的历史经验科学总结。”

这“十五字箴言”，是陈云学习哲学所总结出来的独特的体会。在许多同志的手里，都珍藏着陈云的书法作品，而这15个字，是陈云最爱写的内容之一。

陈云自己解释说，这15个字，前9个是唯物论，后6个字是辩证法，总起来就是唯物辩证法。不唯上，并不是上面的话不要听；不唯书，也不是说文件、书都不要读；只唯实，就是从实际出发，实事求是地研究处理问题。交换，就是互相交换意见；比较，就是上下、左右进行比较；反复，就是决定问题不要太匆忙，要留一个反复考虑的时间。

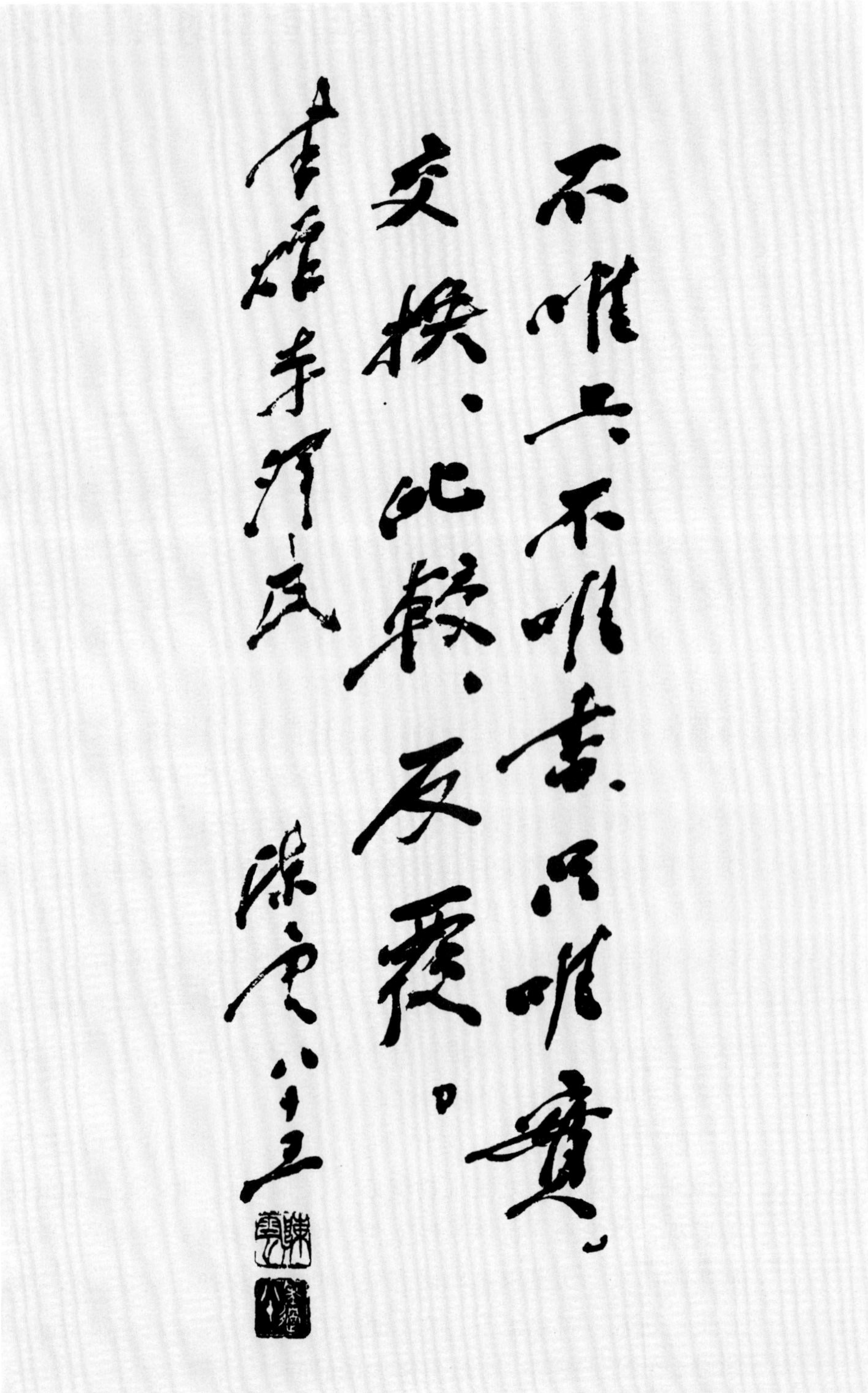
不唯上、不唯书、只唯实，
交换、比较、反复。
陈云 八十三

陈云在延安与哲学结下了一生的不解之缘。抗日战争爆发后，陈云从苏联返回延安。此前，一个问题令陈云十分不解，那就是一些有学问的人为什么会犯错误？例如陈独秀、瞿秋白和李立三等人。陈云曾反复思索，但一直没有获得自己满意的答案。在延安，他三次就怎样才能少犯错误或不犯大的错误等问题向毛泽东请教。毛泽东说，犯错误的重要原因是“思想方法不对头”，并建议陈云读点哲学著作，学点唯物辩证法。于是陈云开始细致学习马克思主义哲学和中国古代哲学。他通过学习哲学认识到，“过去我们犯错误，主要是因为不根据客观实际办事，主观与客观相脱离”，“要少犯错误，就要避免认识上的片面性。其方法，我概括为三条：一、交换，二、比较，三、反复”。

在延安的学习课上，经常邀请一些哲学专家和学者给学员讲课，陈云认真听讲并做了翔实的笔记。从目前留存下来的几十本笔记中，可以窥见陈云学习哲学的系统性和全面性。他的笔记涵盖德国古典哲学、费尔巴哈唯物论、马克思主义哲学、社会心理、社会意识及宗教、文化起源、孙中山哲学思想、资本论、民族战争与统一战线等。

无论在工作中还是在生活中，陈云都始终善于用哲学的思辨方法思考问题、探索问题、解决问题。“不唯上、不唯书、只唯实，交换、比较、反复”，是陈云一生学习哲学最精辟的总结。随着斗争局势的变化，中国共产党取得政权后，陈云又奋战在新中国建设的各项事业中。尽管工作繁忙，但他从来没有放弃对哲学的学习和进一步的思考。

即便在自己政治生涯的低谷，陈云也从未放弃哲学学习。1969年，陈云下放江西“蹲点”。陈云离开北京时，他特别交代身边的工作人员，要将马列的书带上，说他到江西后要抽空看书。于是，他带上了两个铁皮箱和一个木箱去往江西，箱子里有《马克思恩格斯全集》、《马克思恩格斯选集》、《资本论》、《列宁全集》、《列宁选集》、《毛泽东选集》等书籍。陈云的几个孩子曾先后到江西探望过父亲。父亲好学的精神给他们留下了深刻印象。子女们回忆说："在他下放江西的日子里，我们去看他，他给我们讲得最多的就是要我们认真读马列的书，读毛主席著作，学好哲学。"1970年12月14日，陈云给陈伟华写信时向女儿建议："哲学是马列主义根本中的根本。这门科学是观察问题的观点（唯物论）和观察解决问题的办法（辩证法），随时随处都用得到。四卷毛选的文章，都贯彻着唯物论辩证法。"

陈云一贯提倡学习哲学，他在不同场合都向身边的人强调要学好哲学，同时，他还能够时刻将哲学思维运用在实践中。在起草历史决议时，陈云特别强调："在党内，在干部中，在青年中，提倡学哲学，有根本的意义。"这个提议得到了邓小平的高度赞同。邓小平说："现在我们的干部中很多人不懂哲学，很需要从思想方法、工作方法上提高一步。"

除了在公开场合提倡学哲学，陈云还特别重视培养年轻同志学习哲学。宋平回忆说："1987年初，中央调我到中央组织部工作，陈云同志特意送我两本哲学书，叮嘱我好好学习哲学。"这两本哲学书，是艾思奇主编的《辩证唯物主义历史唯物主义》和韩树英主编的《马克思主义哲学纲要》，它们是陈云用自己的工资在人民出版社买的。陈云买了很多套，分送党内的同志。书送出去后，陈云往往还会跟进大家的学习情况。陈云曾给姚依林通过电话，问："送你的哲学书和字收到了没有？"陈云说的"字"，是指他写给姚依林的一张条幅，即"实践是检验真理的唯一标准"。这幅字讲的也是实事求是的哲学道理。在通话的最后，陈云还强调一句："好嘛，还要读书啊！"

陈云说："学习哲学，可以使人开窍。学好哲学，终身受用。"陈云总是用自己的切身体会，教育党的领导干部学习哲学，用辩证唯物主义的方法论来研究新情况，解决新问题。这也正是陈云能在重大历史关头发挥关键作用的原因之一。

习近平总书记在纪念陈云同志诞辰110周年座谈会上讲："陈云同志一直倡导党员干部要学习哲学，认为学哲学是共产党员树立正确的思想方法、工作方法和少犯错误的关键。""全党同志一定要把学习作为一种政治责任、一种精神追求、一种生活方式，不断接受马克思主义哲学智慧的滋养，自觉坚持和运用辩证唯物主义世界观和方法论，广泛学习各方面知识，做到学以益智、学以励志、学以立德、学以修身。”